문광훈 충북대학교 독어독문학과 교수

석영중 고려대학교 노어노문학과 교수

박현섭 서울대학교 노어노문학과 교수

유종호 전 연세대학교 석좌교수

로이 알록 꾸마르 부산외국어대학교 인도학부 교수

고전 강연 7

근대 · 현대 소설 (2)

문화의 안과 밖

고전 강연

문광훈
석영중
박현섭
유종호
로이 알록
꾸마르

7

근대 · 현대
소설 (2)

민음사

머리말

『고전 강연』은 네이버 문화재단이 지원하는 '문화의 안과 밖' 강연의 두 번째 시리즈 '오늘을 성찰하는 고전 읽기'를 책으로 엮은 것이다. '문화의 안과 밖'은 오늘날 학문의 여러 분야에서 문제가 될 만한 주제들을 다루면서, 학문의 현재 위상에 대한 일단의 성찰을 시도하고 그 기초의 재확립에 기여할 것을 목표로 한 기획이었다.

지금까지 우리 학문의 기본자세를 결정한 것은 긴급한 시대의 부름이었다. 이는 정당한 것이면서도, 전통적으로 학문의 사명으로 정의되어 왔던 진리 탐구의 의무를 뒷전으로 밀리게 하는 일이기도 했다. 그리하여 새삼스럽게 상기할 필요가 있는 것은 진리에 대한 추구가 문화의 핵심에 자리할 때 건전한 사회가 유지될 수 있다는 사실이다. 그리고 그에 비추어서만 현실 문제에 대한 진정한 해답도 찾을 수 있다.

'문화의 안과 밖'은 학문적 기준을 지키면서도 일반 청중에 열려 있는 강연 시리즈다. 일반 청중과의 대화는 학문 자체를 위해서도 중요한 의미를 지닌다. 그것은 특별한 문제에 집중하여 전문적으로 연구하는 학문을 보다 넓은 관점에서 되돌아보게 한다. 사회적 열림은 자연스럽게 학문이 문화 일반과 맺는 관련을 생각하게 한다. 그리고 그에 요구되는 다면적 검토는 학문 상호 간의 대화를 자극할 것이다.

그리하여 넓어지는 학문적 성찰은 당면하는 문제의 궁극적인 배경으로서 보편성의 지평을 상정할 수 있게 한다. 가장 넓은 의미에서의 건전한 사회의 바탕은 여기에 이어져야 마땅하다고 할 수 있다.

그러나 너무 넓은 관점에서 시도되는 성찰은 지나치게 일반적이고 추상적인 것이 되어 학문적 사고가 태어나는 구체적 정황을 망각하게 할 수 있다. 현실에 대한 개념적 이해는 학문이 추구하는 목표의 하나다. 이에 못지않게 중요한 것은 그러한 개념과 이해가 생성되는 이해의 동역학이다. 이것을 생각하게 하는 계기의 하나는 고전 텍스트의 주의 깊은 독서일 것이다. 그러나 고전이 된 텍스트는 새로이 해석되어야 비로소 살아 움직이는 현실로서 이해될 수 있다. 해석은 텍스트에 충실하면서 그것이 오늘의 삶에 지니는 의미를 생각해 보는 작업이다. 또 고전이 동시대에 지녔던 자리와 의미를 알아보는 일도 필요하다. 이러한 동시대적 의미를 밝힘으로써 고전은 삶의 핵심적 사건으로서 구체성을 얻게 되고, 오늘의 삶의 조명에 도움을 줄 수 있다.

물론 고전을 읽는 데에 한 가지 고정된 접근 방법이 있는 것은 아니다. 선택된 고전을 어떻게 읽느냐 하는 것은 고전의 독특한 성격에 따라, 또 강연자의 관심에 따라 다를 수밖에 없다. 접근 방법을 고정하는 것은 고전을 통하여 사회의 정신을 넓히고 깊게 하는 것이 아니라 그것을 좁히고 옅게 하는 일이 될 것이다.

이번 고전 강연 시리즈에서 다루는 텍스트는 50여 권에 한정된다. 이를 선택하는 것은 극히 어려운 일이었다. 우리는 강연에서 다루는 고전들이 다른 고전 텍스트로 나아가는 길을 열기를 희망한다. 시리즈의 처음, 1권에 자리한 여러 고전 전통에 대한 글은 보다 넓은 고전들의 세계로 나가는 길잡이로서 계획된 것이다. 고전 읽기가 우리 문화의 안과 밖을 넓히고 깊이 있게 하는 데 도움이 되기를 바란다.

문화의 안과 밖 자문위원회

42

자기 충실의 삶,
헤세를 읽는 한 가지 방식

헤세의 『수레바퀴 아래서』와 『데미안』 읽기

문광훈 (충북대학교 독어독문학과 교수)

헤르만 헤세(Hermann Hesse, 1877~1962)

1877년 독일 남부 칼프에서 선교사의 아들로 태어났다. 어린 시절 시인이 되고자 수도원 학교에서 도망친 뒤 시계 공장과 서점에서 수습사원으로 일했으며, 15세 때 자살을 기도해서 정신 병원에 입원하는 등 질풍노도의 청소년기를 보냈다. 20대 초부터 작품 활동을 시작하여『페터 카멘친트』,『수레바퀴 아래서』,『크눌프』등을 발표했다. 스위스의 몬타뇰라로 이사한 1919년을 전후로 작품 세계에 전환점을 맞이하여,『클링조어의 마지막 여름』,『데미안』등을 집필하며 이른바 '내면으로 가는 길'을 추구하기 시작했다. 이어『싯다르타』,『황야의 이리』,『나르치스와 골드문트』,『유리알 유희』등 전 세계 독자들을 매료하는 작품들을 발표했고, 1946년에 노벨 문학상을 수상했다. 1962년 8월 제2의 고향인 몬타뇰라에서 영면했다.

대부분의 사람들은 사고와 정열의 모든 에너지를 사회나 국가, 학문과 예술 그리고 교육 방법의 상태나 설비에 기울인다고 나는 여겼다. 그러나 아주 적은 사람들은 외적인 목적 없이, 자기 자신을 쌓아 올리고, 시간과 영원에 대한 자신의 개인적 관계를 밝히려는 욕구를 아는 것으로 내게 여겨졌다.
— 헤세,『페터 카멘친트』

1   시작하기 전에

이 글에서 주로 다룰 작품은 헤르만 헤세의『수레바퀴 아래서 (*Unterm Rad*)』(1906)와『데미안: 한 청년의 이야기(*Demian. Die Geschichte einer Jugend*)』(1919)라는 두 편의 작품이다. 이 두 작품은 그 줄거리나 내용은 다르지만, 그러나 크게 보면 헤세의 대부분의 작품이 그러하듯이, 한 젊은이의 방황을 그렸다는 점에서 서로 닮아 있다. 그러나 더 큰 유사점은 두 작품이 전체적으로 차분하고 내성적(內省的)이며 자전적이고 자연 친화적이라는 데 있을 것이다. 여기에는 물론 여러 가지 요인 — '내면성'을 중시한 작가의 성향이나, 동양적 지혜에 오랫동안 골몰한 그의 이력이 작용하기 때문이기도 하고, 이런 이력을 담은 그의 내밀하고 서정적이며 여성적인 문체 때문이기도 할 것이다.

조용하지만 집요한 — 헤세의 약력에서 눈에 띄는 것들

한 사람의 특성은 그 약력을 보면 대략 드러난다. 헤세의 경우도 마찬가지다. 그의 삶에서는 서너 가지 사실이 눈에 띈다.

첫째, 헤세는 열네댓 살 무렵(1891~1892) 마울브론 수도원 학교에 입학했지만, 7개월 뒤 도망친다. "시인 이외에는 아무것도 되고 싶지 않았기 때문"이라고 한다. 열다섯 살 무렵에 자기 삶의 경로를, 이 경로의 운명적인 힘을 느꼈다니 놀라운 일이 아닐 수 없다.

어쨌든 그는 이때 이후, 그러니까 열일곱 살 이후 칼프에 있는 한 시계 공장에서 15개월간 견습생으로 일했고, 이어 튀빙겐의 헤켄하우어(Heckenhauer) 서점에서 판매원 및 서적 분류 조수로 일한다. 그러면서 이 무렵에 벌써 『낭만적인 노래들』을 출간한다. 『수레바퀴 아래서』 출간은 8년 뒤의 일이다. 그 사이 그는 이탈리아와 인도를 여행하고 — 여기에는 유명한 인도학자이자 선교사였던 외할아버지의 영향이 컸다. — 결혼도 한다.

둘째, 1914년 제1차 세계 대전이 일어났을 때 그는 군 입대를 자원하지만 '복무 부적격' 판정을 받는다.(그가 처음에 병역에 지원한 것은 전쟁이 불가피했다고 보았기 때문이다. 하지만 1914년 8월 독일이 벨기에를 침략하자 전쟁에 비판적인 입장이 된다.) 대신 1915년부터 1919년까지 베른의 '독일포로구호기구'에서 일하면서 전쟁 포로와 억류자를 위한 책자를 공급한다. 그는 《독일포로신문》을 발행하고, 포로들을 위한 책을 전문으로 내는 출판사도 만들어 스물두 권의 책을 출판한다. 몸이 허약하여 불합격 판정을 받았음에도 전쟁으로 인해 고통 받는 자들을 위해 자기 식으로, 말하자면 문학적 방법으로 '참여'한 것이다. 이때를 전후하여 그는 전쟁 반대 호소문, 공개서한, 정치적 논문을 여러 곳에서 실명 혹은 익명으로 발표한다. 이 때문에 여러 군데서 비판

받기도 한다. 1917년 '에밀 싱클레어(Emil Sinclair)'라는 가명으로 글을 발표한 이유도 그의 시대 비판적 논조에 대한 경고 때문이었다.(『데미안』은 처음에 이 가명으로 출간되었다.) 전쟁 후에는 조국을 배반한 작가로 낙인찍히는 등 극우파들의 박해 속에서 결국 독일 국적을 포기하고 1923년에 스위스 국민이 된다.

셋째, 1939년에서 1945년 사이 그의 작품은 독일에서 불온하다는 평가를 받고 더 이상 인쇄되지 못한다. 이렇게도 내성적이고 조용한 작가의 작품이 금지된다는 것은 역설적이고 끔찍한 일이 아닐 수 없다.(금지된 작품들은 1946년 이후에야 독일에서 다시 출간되기 시작한다.) 그는 1933년 히틀러 정권하에서 집필에 착수한 만년의 대작 『유리알 유희』를 1943년에 발표하여, 유럽의 정신문화가 짓밟히고 있는 현실에 문학적으로 대응하고자 했다. 이후에도 집필 활동을 이어가다가 1962년에 세상을 떠난다.

나는 이런 물음을 갖는다. 내성적인 사람의 현실 참여는 어떻게 이루어지는가? 우리는 가장 소극적인 방식으로도 이 세상에 대항할 수 있는가? 왜냐하면 우리는 전혀 말하지 않고 일정하게 행동함으로써, 그리고 이런 행동이 '그르지 않게 되도록 함으로써' 이 부당한 세상에 그 나름으로 저항할 수도 있기 때문이다. 정말 그런가?

『수레바퀴 아래서』에 묘사된 삶의 모습은, 전체적으로 보면, 그렇다고 할 수도 있다. 적어도 이 작품의 주인공 한스는 그런 삶을 살지 못했다고 할 수도 있다. 왜냐하면 그의 삶은 때 이른 죽음으로 치닫기 때문이다. 그러나 그의 삶을 읽고 보고 다시 생각하는 우리는 나 자신의, 그리고 우리의 어떤 바른 삶의 방식에 대해 생각할 수 있

자기 충실의 삶, 헤세를 읽는 한 가지 방식

다. 그리고 이렇게 생각할 수 있는 것은 물론 헤세의 작품 덕분이다. 그러니까 헤세의 글/문학은 주인공 한스 자체보다 훨씬 더 강력한 현실 대응의 방식이 아닐 수 없다. 우리는 우리 각자의 삶을 그 나름으로 온당하게 꾸리는 것 자체가 기성의 질서에 대한 안티테제가 되는 그런 삶을 생각할 수도 있다. 그런 삶이란, 요약하건대, 소극적으로는 '자기를 잃지 않는' 삶이고, 적극적으로 말하면, '자기 충실의 삶'이다. 자기 충실의 삶이야말로 지금의 비틀어진 삶에 대한 최대한의 저항일 수 있다. 그리고 이러한 저항은 남에게 과시하기 위해서가 아니라 '스스로 행복하기' 위해서다.

내면성의 지평——이 글의 목표

> 당신이 그리워하는 저 다른 현실은 오직 당신 자신의 내면에 있습니다. 나는 당신 자체 속에 이미 존재하지 않는 그 어떤 것도 당신에게 줄 수 없습니다. 내가 당신에게 열어 줄 수 있는 것은 당신의 영혼의 화랑(畵廊)뿐입니다.
>
> ── 헤세,『황야의 이리』

이 글에서 상세하게 다룰 것은, 앞서 언급했듯이, 헤세의 두 작품 ──『수레바퀴 아래서』와『데미안』이다.[1] 그러나 한 작가에게서 난 작품들이란 대체로, 마치 한 부모에게서 난 여러 다른 자식들처럼 ── 작품이란 '정신의 자식들'이라고 할 수 있다. ── 주제론적으로 서로 유사하고 문제의식이 이어진다. 그러니만큼 선택된 대상의 의미를 좀 더 정확하고 객관적으로 살피기 위해서는 그 앞뒤에 나온 작품도, 때로는 부분적으로라도, 살필 필요가 있다. 그리하여 20대에 쓴, 헤세의 첫 소설이라고 할 수 있는『페터 카멘친트(*Peter Camenzind*)』(1904)에서 시작하여, 30대 말에 쓴『크눌프: 크눌프 삶의 세 가지 이야기(*Knulp. Drei Geschichten aus dem Leben Knulps*)』(1915)와 40대 초에 쓴『싯다르타(*Siddhartha*)』(1922)를 거쳐, 50대의 원숙기에 쓴『황야의 이리(*Der Steppenwolf*)』(1927)와『나르치스와 골드문트(*Narziß und Goldmund*)』(1930), 그리고 말년의 대작『유리알 유희(*Das Glasperlenspiel*)』(1932~1943)까지 분석 대상에 포함하려 한다.[2]

이러한 분석의 절차와 목표는 다음과 같다.

첫째,『수레바퀴 아래서』와『데미안』을 관통하는 작가의 핵심적인 문제의식은 무엇인가? 나는 이것을,『수레바퀴 아래서』에 대한 분석을 글의 중심으로 삼고,『데미안』의 주요 문제의식을 앞 작품과 연결 지으면서 펼쳐 나가고자 한다. 왜냐하면 두 작품에 들어 있는 작가의 문제의식의 근본 방향──'사회성 비판으로부터 내면성과 자연성으로의 복귀'는 상통한다고 보기 때문이다.

둘째, 위의 두 작품에 대한 분석을 두 작품에만 제한하지는 않을 것이다. 두 작품에 나타난 여러 가지 문제의식──주인공의 현실 대응 방식이나 자연 이해는, 이것은 곧 작가의 현실 인식이기도 한데, 오늘날의 관점에서 보면 지나치게 소박하거나 연약하게 보일 수 있고, 바로 그래서 지루하거나 미심쩍어 보일 수도 있기 때문이다. 그러나 반드시 그런 것은 아니다. 오히려 거기에는, 필자의 판단으로는, 현재의 시각에서도 매우 중요한 통찰들이 곳곳에 있기에 더 넓은 시각에서 살펴볼 필요가 있다. 이것을 필자는, 이들 두 작품을 전후로

자기 충실의 삶, 헤세를 읽는 한 가지 방식

한 헤세의 다른 작품들과의 관계 속에서, 말하자면 상호 텍스트적 맥락에 의지하여 알아보고자 한다. 두 개의 '보론(보론 1과 보론 2)'이 바로 그 자리다.

셋째, 헤세의 작가적 통찰의 중심에 있는 이른바 '내면성'의 사실적 근거는 무엇이고, 그 현실적 정합성 그리고, 만약 그것이 있다면, 오늘에 주는 의미는 어디에서 찾을 수 있는가? 이러한 물음에 대하여, 필자가 보기에 내면성의 철학적 근거를 한국 인문학에서 가장 명료하고도 깊이 있게 정초한 것으로 여겨지는 김우창의 '내면적 전회'라는 개념에 기대어, 문학에서의 내면성 개념을 좀 더 철저하게 성찰해 보려 한다. 세 번째 보론에서 다룰 이러한 물음은 헤세의 문제의식이 갖는 현재적 의미를 보다 포괄적이고 객관적으로 검토하는 계기가 될 것이다.

그리하여 결국 남은 것은 무엇인가? 앞에서의 논의가 설득력을 보인다면, 우리는 헤세의 문제 제기를 오늘날에도 살아 있는 것으로 여길 수 있을 것이고, 그가 알려 준 삶의 가치를 더 큰 믿음으로 받아들일 수 있을 것이다. 그리하여 우리의 방향 상실과 나 자신의 과오를 조금은 더 줄일 수도 있을 것이다.

2 깊은 마음으로부터 희구되는 삶
——『수레바퀴 아래서』 분석

『수레바퀴 아래서』의 주인공은 열두세 살 되는 어린 소년 한스

기벤라트(Hans Giebenrath)다. 한스는 독일 남부의 작은 마을에서 태어나 주위 사람들의 촉망을 한 몸에 받으며 신학교에 합격한다. 그러나 학교생활은 그리 만족스럽지 못하다. 그는 이런저런 일에 연루되고, 마침내 신경 쇠약에 걸려 학교에서 쫓겨난다. 그 후 고향 마을로 돌아와 견습공으로 새로운 삶을 시도해 보지만, 힘겨운 노동의 일과 속에서, 또 실연의 아픔 속에서 좌절한다. 그러다가 어느 날 친구들과 어울려 술을 마신 후 강물에 빠져 죽는 것으로 이야기는 끝난다.

이 간단한 줄거리를 이루는 기둥은 크게 세 가지 ─ 첫째, 마을 분위기와 학교 그리고 주변 사람들이고, 둘째, 한스의 성향과 생활이며, 셋째, 자연의 이해라고 볼 수 있다. 차례대로 살펴보자.

사람 사는 세계 ─ '평균적으로' 옹졸하고 속물적인

> 하지만 그들의 삶 어디에나 치유할 수 없는 고루함이 배어 있었다.
>
> ─ 헤세, 『수레바퀴 아래서』

『수레바퀴 아래서』에 나오는 사람들의 삶은 어떠한가? 이것은 소설의 첫대목 ─ 한스의 아버지에 대한 묘사에서 잘 나타난다. 한스의 아버지 요제프 기벤라트는 건장한 체격에 중개업과 대리업을 하며 성실하게 살아가는 인물이다. 그러나 이런 안내 다음에 나타나는 글은 자못 신랄하다.

요제프 기벤라트 씨는 중개상이자 대리업자로서, 그의 마을 사람들과 비

자기 충실의 삶, 헤세를 읽는 한 가지 방식

교할 때, 그 어떤 장점이나 특징도 없었다. 그는 여느 사람들처럼 듬직하고 건강한 체격에 어지간한 장사 수완을 갖고 있었고, 이 수완은 돈에 대한 솔직하고 충심 어린 존경심과 결부되어 있었다. (……) 교회에 대한 그의 생각은 약간 깨어 있으나 겉치레에 지나지 않았다. 신(神)과 국가 당국에 대해서는 적절한 존경심을 표하였고, 시민적 예의범절의 확고한 계율에 대해서는 비굴할 만큼의 맹목적인 복종심을 보였다. 그는 가끔 술을 마시기는 했지만, 결코 취하지 않았다. 때로는 의혹을 받을 만한 일을 벌이기도 했지만, 형식적으로 허용되는 한계를 결코 넘어서지 않았다. 가난한 사람들에게는 가난뱅이라고 욕하고, 부유한 사람들은 졸부라고 욕했다. 그는 마을 단체의 일원으로 매주 금요일이면 '독수리' 주점에서 열리는 공던지기 놀이에 참석했고, 빵 굽는 날이나 고기 수프나 소시지 수프를 먹는 날에도 빠지지 않았다. 일할 때면 그는 값싼 여송연을, 식후나 일요일에는 고급 담배를 피워 물었다.

그의 내면생활은 속물의 삶이었다. 그가 지녔던 정서는 오래전에 먼지가 되었고, 낡고 거친 가족 의식과 아들에 대한 자부심, 그리고 이따금 가난한 사람들에게 베푸는 변덕스러운 마음으로 되어 있었다. 또한 그의 정신적 역량은 엄격하게 한계가 그어진 타고난 교활함과 계책을 넘어가지 못했다. 그가 읽는 것은 신문뿐이었고, 예술 향유에 대한 그의 욕구를 충족시키는 데는 해마다 시민 단체에서 여는 애호가를 위한 연극과 서커스 구경이면 충분했다.

그가 이웃의 어느 누구와 이름이나 집을 바꾼다고 해도 무엇 하나 달라지지 않을 것이다. 그의 영혼에서 가장 깊이 자리 잡고 있는 것들 역시, 이를테면 모든 우월한 힘과 인물에 대한 끊임없는 불신과, 그리고 일상적이지 않은, 보다 자유롭고 보다 세련된 정신적인 것에 대한 본능적인, 시기심에서 싹튼 적대감도 그 도시의 다른 모든 가장들과 다를 바 없었다.(7~9/137)

위의 인용을 자세히 읽으면, 어디에도 전적인 긍정이 없음을 발견하게 된다. 이것은 요제프 기벤라트의 어정쩡한 삶 — 아무런 생각 없는 순응적 삶에서 기인한다. 그는 신과 국가 당국에 대해서는 "적절한 존경심"을 표하지만, 부르주아적 예의범절에는, 마치 그것이 "계율"인 것처럼, "비굴할 만큼 맹목적"이다. 술을 마시지만 취한 적은 없고, 의심스러워 보이는 일을 해도. 이 일은 늘 "허용되는 한계" 안에서 일어난다. 그러면서도 가난한 사람은 가난한 사람대로 미워하고, 부자는 부자대로 미워한다. "가난한 사람들에게는 가난뱅이라고 욕하고, 부유한 사람들에게는 졸부라고 욕했다." 혹은 "이들은 관리 앞에서 모자를 벗어 인사하며 교제하려고 애썼고, 자기네들끼리는 못사는 놈이나 서기(書記) 종놈이라고 불렀다."(10/138) 그러므로 이들의 인사는 인사가 아니고, 그들의 친절은 친절이 아닌 것이다. 그들은 모두를 질시하고, 모두로부터 질시당하며 사는 것이다.

한스 마을 사람들은 먹는 곳이 있는 데라면 빠지지 않고 다 찾아다니고, 일어나는 사건마다 빼놓지 않고 다 참석한다. 마치 그것이 자기의 성실함을 증명이라도 한다는 듯이. 마찬가지로 무슨 대단한 규율을 지키기라도 하듯이, 담배는 주간과 주말에 종류를 달리하여 피운다. "그는 일할 때에는 값싼 여송연을, 식후나 일요일에는 고급 담배를 피워 물었다." 그러니까 이들의 존중과 복종심, 자부심과 성실

　　　　　　　　　　　　　자기 충실의 삶, 헤세를 읽는 한 가지 방식

그리고 규율 준수는, 넓은 의미에서, 어떤 수완 ─ 살아남기 위한 술책 혹은 살아가기 위한 처세법의 하나인 것이다.

이것은 요제프 씨의 내면생활로 눈을 돌리면 더욱 참혹하게 드러난다. 가족에 대한 의식이나 아들에 대한 자부심은 판에 박혀 있고, 이웃에 베푸는 자선은 변덕스럽다. 그의 "정신적 역량은 엄격하게 한계가 그어진 타고난 교활함과 계책을 넘어가지 못"하기 때문이다. 그가 읽는 것은 "신문뿐"이다. 이런 그가 마을의 다른 사람들과 크게 다를 수는 없다. 그래서 작가는 적는다. "그가 이웃의 어느 누구와 이름이나 집을 바꾼다고 해도 무엇 하나 달라지지 않을 것이다." 그러니까 한스의 아버지 요제프 씨는 그를 그답게 만드는 무엇 ─ 자기의 정체성(identity) 없이 살아가는 사람이다. 그에게는 자기 자신의 색깔, 자신의 고유한 가치와 기준과 관점과 견해가 누락되어 있다. 그는 자기 자신이 결여된 채, 자기 없이 살아가는 사람이다. 이것은 끔찍한 누락이고 상실이 아닐 수 없다. 그를 지배하는 것은 그 자신이 아니라 외부에서 부과된 가치 ─ 세속적 속물적 기준인 것이다.

그리하여 작가는 이렇게 결론 내린다. "그에 대해서는 이것으로 충분하다. 오직 사려 깊은 풍자가만이 이 천박한 삶과 무의식적인 비극을 묘사할 수 있을 것이다."(9/137) 이 문장은 아마도 작가가 "천박한 삶"과 생각 없는 생활의 비극성("무의식적인 비극")에 대하여 쓸 수 있는 최대한의 비판일 것이다.

이 천박하고 고루하고 옹졸한 질투심의 세계에서 사람은 어떻게 살 수 있는가? "치유할 수 없는 고루한 습관"(10/138)이 지배하는 현실에서 한 영혼은 자신의 순수함을 지키기 위해서, 아니 자신이 순수한지 아닌지 알 수는 없으나 적어도 자신을 더럽히지 않기 위해서 어떻게 살아야 하는가? 그것은 쉽지 않다. 한스는 바로 이 같은 문제 앞에 놓여 있다. 그를 어렵게 만드는 것도 바로 이것이다. 그는 이 호락호락하지 않은 환경 속에서 자기 삶을 시작한다.

── 보론 1: 헤세의 현실 이해 ──────────────────

> 나는 나의 이전 세계와 고향으로부터, 부르주아 사회와 학문으로부터, 마치 위궤양에 걸린 사람이 돼지고기를 끊듯이, 작별하였다.
>
> ── 헤세, 『황야의 이리』
>
> 나의 유래는 여럿이고, 내 관심과 소망들 모두는 비(非)국가적/민족적이다.
>
> ── 헤세, 「콘라트 하우스만에게 보내는 편지」(1921)
>
> 독일 청년들이 오용하는 단어인 '지도자'라는 말을 증오한다는 것을 나는 고백한다. 스스로 책임지지 않고 스스로 생각하지 않는 사람은 지도자를 원하고 갈망한다.
>
> ── 헤세, 「M. A. 요르단 씨에게 보내는 편지」(1932)

헤세의 문학은 차분하고 서정적이고 명상적이다. 이러한 성격은, 우리가 흔히 그러한 대로, '활동적 삶'과 '관조적 삶'으로 나눈다면, 관조적인 삶에 가깝다. 그의 소설 주인공으로 행동자보다는 관찰자가 자주 나오는 것도 그런 이유에서일 것이다. 그래서 그의 문학은 너무 '나약하다'거나 '순응적'이지 않은가 의심받기도 한다.

자기 충실의 삶, 헤세를 읽는 한 가지 방식

(1) 반전(反戰), 반(反)국가주의

그러나 말할 것도 없이 헤세의 문학은 그가 살아가면서 겪게 되는 현실의 무수한 경험들, 이 경험의 시행착오로부터 생겨난 것이었다. 거기에는 열네 살 무렵에 들어갔던 수도원 학교에서의 억압적 삶에서부터 시작하여, 한 번의 자살 기도와 그로 인한 정신 병원 입원, 열일곱 살부터 시작되었던 시계 공장에서의 실습 생활도 포함된다. 그러나 무엇보다 그의 삶에 결정적이었던 체험은 두 번에 걸친 세계 대전이었을 것이다. 2차 대전 때도 크게 다르지 않았지만, 1차 대전 때에도 독일 사람 대부분은, 여기에는 정치가나 기업가, 군인이나 언론인 그리고 교수를 포함하는데, 극우적인 발언을 일삼았고 전쟁에 찬성하였다. 여기에 대한 비판은 헤세의 글 곳곳에 보이지만, 『황야의 이리』에서도 잘 나타난다. 주인공 하리 할러(Harry Haller)는 이렇게 말한다.

모든 국민 그리고 심지어 모든 개개인은 거짓된 정치적 '죄과' 문제로 선잠에 빠지는 대신, 우리 자신이 과오와 태만 그리고 나쁜 습관 때문에 전쟁과 모든 다른 세상의 비참에 얼마나 책임이 있는지 스스로 살펴보아야 한다. 그것만이 아마도 이다음 전쟁을 막을 유일한 길일 것이다. (······) 황제나 장군들, 대기업가나 정치가 그리고 신문들 가운데 그 누구도 비난받을 것은 없고, 그 누구도 책임을 지려 하지 않았어! 세상은 모든 게 멋진데, 그저 수백만 사람들이 맞아 죽었을 뿐이라고. (······)

하지만 나는 그들 때문에 슬프다. 내 나라 사람들의 3분의 2가 이런 종류의 신문을 읽고, 매일 아침과 저녁에 이런 논조를 읽고, 매일 설득되고 경고받고 선동당하면서 불만과 악의를 갖게 되지. 그래서 이 모든 것의 목적과 끝은 다시 전쟁이 되네. 다가오는 전쟁은 아마 이번 전쟁보다 훨씬 끔찍하겠지. (……)

한 시간 성찰해 보고 잠시 자신 속으로 들어가, 그 자신이 이 세상에서의 무질서와 악행에 얼마나 동참하고, 그에 얼마나 함께 책임을 가지는지 자문해 보는 것, 그것을 아무도 하려 하지 않아! 그러니 상황은 계속되고, 다음 전쟁은 수많은 사람들에 의해 매일매일 열심히 준비되네. 그것이 나를, 그것을 내가 알게 된 이래, 마비시키고 절망시키지. 내게는 그 어떤 '조국'도 없고, 어떤 이상도 없어. 그 모든 것은 이다음 학살을 준비하는 자들을 위한 장식에 불과할 뿐.[3]

위의 글에서는 세상의 고통에 대한 정치가와 언론인 그리고 기업가의 책임, 현실의 악행에 대한 개인의 무감각이 분명하게 비판되고 있다. 그리하여 헐러에게 조국은 별 의미가 없다. '조국'이든, '이상'이든, 이 "모든 것은 이다음 학살을 준비하는 자들을 위한 장식에 불과할 뿐"이다.

그러나 이렇게 분명하게 비판하면서도 이 비판이, 가볍고 저급하며 안락한 것들이 찬미되는 요즘 세상에서는 '너무도 까다로운' 요구라는 것도 주인공은 잘 안다. 그리하여 이런 요구를 하는 사람은 절망을 피하기 어렵고, 그런 바람을 갖는 사람은 실패할 수밖에 없다. "졸렬한 연주 대신 음악을, 향락 대신 기쁨을, 돈 대신 영혼을, 장사 대신 진정한 노동을, 놀이 대신 진정한 열정을 요구하는 사람에게 이 아름다운 세상은 결코 고향이 될 수 없어요."[4] 헤세의 말대로, 모든 진실한 것은, 그것이 감정이든 행위든, 영원성에 속하는지도 모른다. 죽을 수밖에 없는 인간은 그런 진실된 것을, 적어도 깊은 의미에서, 체험하기란 어렵다. 혹 그런 것을 체험한다면, 그것은 엄밀한 의미에서 진실한 것의 그림자일 뿐인지도 모른다.

이러한 반전과 반국가주의 개념과 관련하여 우리는 헤세의 정치적 입장을 좀 더 분명하게 살펴볼 필요가 있다. 여기에 좋은 텍스트의 하나가 폴커 미헬스가 편집한 책 『겁내지 않고 생각하기』이다.[5] 이 얇은 책은 정치나 이성, 지식과 의식에 대하여 헤세가 언급한 생각을 여러 작품이나 편지에서 간추려 뽑은 것이다. 여기에는 전쟁과 폭력, 죽음과 억압에 대한 일관된 반대 입장이 표명되어 있는데, 특이한 것은 그것이 1차 대전이 일어나는 1914년 무렵이나 나치가 기승을 부리는 1933년을 전후해서만 있는 것이 아니라, 그 이전인 1910년 전에서부터 말년인 1950년대 말까지 일평생 계속된다는 점이다.

그러나 반전이나 평화를 주장한다고 하여 헤세가 이것을 소박하게, 다시 말해 이상주의적이거나 낭만주의적으로 생각하는 것은 아니다. 그는 평화란 "어떤 낙원적 근원 상태도 아니고, 규정된 공존의 타협 형식도 아니"라는 것, 그것은 "어떤 말할 수 없이 복잡한 것이고, 변하기 쉽고 위협받는 것이어서, 입김 한 번 불어도 파괴될 수 있는 것"이며, 따라서 "서로에게 의지한 단 두 사람이 진정한 평화 속에서 서로서로 살아가는 것은 그 모든 다른 윤리적이거나 혹은 지적인 성취보다도 더 드물고 더 어려운 것"이라고 적었다.(7) 이 때문에 전쟁 역시 "앞으로도 오랫동안 있을 것이고, 어쩌면 영원히 있을 것"이지만, 그러나 "그럼에도 불구하고 전쟁의 극복은 이전이나 지금도 우리

의 가장 고귀한 목표이고, 서구적 기독교적 예의범절의 궁극적 귀결이다."라고 그는 말한다.(7)

개인/개인성의 개선   이러한 목표에서 헤세의 무게 중심은 '개인성'에 놓여 있다. 그의 반전과 반국가주의 입장의 핵심에는 개인적 삶의 진실에 대한 포기할 수 없는 옹호가 있다. 물론 개인적 진실에 대한 옹호에도 사회 역사적 차원에 대한 관심과 그 중요성에 대한 생각은 있다. 그러나 사회 역사적 차원은 그 자체로 존재하는 것이 아니라 개인과 개인 그리고 그 상호 주관적 관계의 확대된 형태로 자리한다. 그러므로 그 출발은 개인의 삶이어야 마땅하다. 개인은 오직 한 번뿐인 삶을 살고, 그 때문에 대체될 수 없으며, 바로 그런 이유로 존중되어야 마땅한 까닭이다. 그가 정치가가 아니라 문학가/작가가 된 것도 이런 맥락 속에 있을 것이다. 문학은, 더 넓게 예술은 무엇보다 개인의 개별적 실존적 진실을 옹호하기 때문이다.

그러나 예술이 옹호하는 개인의 진실은, 되풀이하건대, 단순히 개인적인 차원에만 포박되어 있지 않다. 예술의 진실은 '구체적 보편성'의 진실이다. 즉 그것은 개인적 삶의 구체적인 세목에 주목하고 그를 존중하는 가운데, 바로 이 존중으로서의 표현 속에서 개인적 차원을 넘어 보편적 차원으로 넘어가기 때문이다. 그리하여 예술의 진실은 구체적 개인의 보편적 진실이다. 여기에서 핵심은 다시 개인의 진실 — 개인적 실존적 삶이고, 이 삶의 개선 가능성이다. 이와 관련된 중요한 언급을 네 군데만 살펴보자.

사회에 관한 한 모든 것이 개별적인 사안의 것보다 그 자체로 그리고 무조건적으로 더 중요하고 성스럽다는 이런 견해에 나는 동의할 수 없다. 사회성으로의 성향이나 의무는 우리가 지닌 성향과 의무의 하나다. 그것은 하나의 중요한 의무이지만, 그러나 유일한 의무는 아니고, 최고의 의무인 것은 더더욱 아니다. '최고의' 의무란 결코 없다.

— 「H. 브로어에게 보내는 편지」(1932, 67)

실제로 인간에게는 오직 단 하나의 희망 — 세계와 타인들이 아니라, 적어도 자기 자신을 어느 정도 변화시키고 더 낫게 할 수 있다는 희망만 있는 것으로 보이고, 이 일을 하는 사람에게 세계의 구제는 비밀스럽게 놓여 있다.

— 「살로메 빌헬름에게 보내는 편지」(1950, 50)

마르크스와 나 사이의 차이점은, 마르크스의 훨씬 큰 차원을 제외하면, 이렇다. 마르크스는 세계를 변화시키려 하는데, 나는 그러나 개별 인간을 변화시키려 한다. 그는 대중으로 향하고, 나는 개인으로 향한다.

— 「헤르만 숄츠에게 보내는 편지」(1954, 48)

인류를 개선시키고자 하는 것은 언제나 희망 없는 것으로 남는다. 그 때문에 나는 나의 믿음을 늘 개별적인 인간 위에 놓았다. 왜냐하면 개별 인간은 교육할 수 있고 개선할 수 있기 때문이다. 내 믿는 바에 따르면, 세상에서 선하고 아름다운 것을 지키는 사람들은 언제나 선한 의지를 갖고 헌신할 준비가 되어 있으며 용기 있는 소수의 엘리트였다.

— 「파울 헤커에게 보내는 편지」(1956, 54)

헤세가 둔 희망의 궁극적 근거는 '개인'이라고 할 수 있다. 개인은, 그가 설명하고 있듯이, 교육시킬 수 있고, 그래서 좀 더 나은 상태로 변할 수 있기 때문이다. 그러나 그것은 저절로 되지 않는다. 그래서 쉬운 일도 아니다. 헤세가 희망을 둔 것은 "세상에서 선하고 아름다운 것을 지키는 사람들"이고, 그래서 "언제나 선한 의지를 갖고 헌신할 준비가 되어 있으며 용기 있는" 사람들이다. 이들은 현실에서 많은 수가 아니다. 그런 점에서 '엘리트'라고 부를 수 있다.

그러나 헤세가 희망의 근거를 '엘리트'에게서 보았다고 하여, 그가 엘리트주의에 빠졌다고 말하기는 어렵지 않을까 싶다. 왜냐하면 헤세가 말하는 엘리트란 어떤 명문가 출신이나 무슨 대단한 대학을 나온 사람이 아니라, 그가 썼듯이, "세상에서 선하고 아름다운 것을 지키는 사람들"이고, 그래서 "언제나 선한 의지를 갖고 헌신할 준비가 되어 있으며 용기 있는" 사람들이기 때문이다. 그러므로 헤세는 엘리트주의를 강조했다기보다는 '엘리트에 대한 다른 이해'를 했다고 보는 것이 더 적당할 것이다. 그러나 다른 한편으로 희망을 둘 수 있고, 또 이런 희망을 현실 속에서 실제로 구현해 가는 사람은, 그가 말한 대로, 여전히 "소수(kleine Zahl von Menschen)"인 것도 사실일 것이다.

그러나 각각의 개인이, 헤세가 말한 대로, "언제나 선한 의지를 갖고 헌신할 준비가 되어 있으며 용기 있는" 태도를 갖기란 얼마나 어려운가? 그것은 참으로 오랜 고민과 체험, 심각한 교육과 교양의 과정을 필요로 한다. 그래서 그는 이렇게 적었을 것이다. "대부분의 인간은 정말이지 그 어떤 개인적 신념이 아니라, 그들 계급의 신념을

자기 충실의 삶, 헤세를 읽는 한 가지 방식

갖는다. 자본주의자도 사회주의자도, 그 견해를 재검토해 보면, 99퍼센트까지 그들 정신이 결코 충분하지 않은 견해의 추종자에 불과하다."(1930, 40) 그러니 삶의 모범이 되는 사람은 언제나 소수일 것이다. 삶의 희망은 실제로 변변찮다.

집단적 열광에 반대하며   현실에서 희망은 희망적이기 어렵다. 이런 희망의 절망적 성격은, 인간의 현실에서 개인이 얼마나 쉽게 무너지면서 폭력화되는가를 살펴보면, 쉽게 알 수 있다. 헤세는 개인을 압살하는 모든 집단주의적 구호의 위험성과, 자아의 박탈을 당연시하는 맹목적 도취의 폭력성을 정확하게 직시한다. 두 개의 인용문을 읽어 보자.

모든 인간은 어떤 개인적이고 일회적인 것이며, 그래서 이 개인적인 양심 대신에 어떤 집단적인 양심을 내세우는 것은 이미 폭력이고, 따라서 모든 전체주의적인 것으로의 첫걸음이다.(1951, 17)

나는 여러 차례, 사람으로 가득 찬 하나의 강당이, 사람으로 가득 찬 한 도시가, 또 사람으로 가득 찬 한 나라가 어떻게 도취와 흥분 속에 사로잡혔는지, 그래서 그 많은 개별 인간으로부터 하나의 통일이, 하나의 동질적인 대중이 만들어지는지, 어떻게 모든 개인적인 것이 지워지면서 단합된 열광과 모든 충동이, 감격과 탐닉, 자아 박탈과 영웅주의에 사로잡힌 채, 그 수백 수천 혹은 수백만의 집단적 충동으로 흘러드는지, 그리고 이때의 영웅주의가 처음에는 환호와 아우성 그리고 의리 속에서 감동과 눈물 속에서 표명되다가, 그러나 결국에는 전쟁과 광기와 유혈 사태로 끝나는지 주시하였다. 공동의 고통과 공동의 과시, 공동의 증오와 공동의 명망을 남몰래 기다리는 이러한 인간의 능력에 대하여 나의 개인주의자적 본능과 예술가적 본능은 언제나 가장 격렬하게 내게 경고했다. 어떤 방이나 강당에서, 혹은 어느 마을이나 도시 혹은 나라에서 이런 숨 막히는 격앙의 분위기가 느껴질 때, 나는 냉정해지고 불신하게 된다. 나는 몸서리치면서, 피가 흐르고 도시가 화염에 휩싸이는 것을 벌써 보게 되는 것이다…….
(1947, 26~27)

헤세에게 개인/개인성의 옹호는 모든 집단적이고 전체주의적이며 국가주의적인 것에 대한 거부와 같은 뜻이다. 이 집단적인 것 속에서 모든 종류의 폭력이 시작되기 때문이다. 이 폭력은 여러 차원에 걸쳐 있다. 폭력은 개인 심리적 차원에서는 '탐욕' 혹은 '욕심'으로 나타날 것이고, 집단적 차원에서는 '마녀사냥'이나 '따돌리기' 현상으로 나타날 것이며, 민족이나 국가 사이에서는 '전쟁'과 '정복'으로 나타날 것이다. 또 개념적으로는 '배제'와 '축출'로 나타날 것이고, 이념적으로는 '국가주의/민족주의'나 '전체주의'가 될 것이다. 어떤 것이나 그 바탕에는 광신적 획일화의 움직임이 있다. 획일화가 나쁜 것은 그것이 모든 자연적인 것에 어긋나기 때문이다. 전쟁을 야기하는 것도 어떤 획일화된 권력이다.

집단적 획일화와 그 결과로서의 광신주의는 모든 생명적인 것을 외면하고, 동료 인간의 갖가지 곡절을 단순화한다. 이런 획일화 ── 광신주의와 전쟁을 막는 것이 모든 정신/지성/이성의 의무라고 헤세는 보았다. 폭력의 반대, 평화의 옹호도 그런 맥락 속에 있다. 평화의 옹호란 인간성과 이성의 옹호다. 그것은 전쟁과 광기, 폭력과 미움을 막는 가운데 공동체의 평화를 희구한다. 이 공동체적 평화의 바탕에는 모든 사람이 '자기 자신과의 관계에서 갖는 평화'가 있다. 자기 자신과의 평화로운 관계에서는 배제나 축출이 아니라, 이해와 포용의 자세가 자리할 것이다. 무엇을 위한 이해와 포용인가? 그것은, 간단히 말하여, 차이와 뉘앙스에 대한 이해와 포용이다. 사람에 대한 연민, 자연에 대한 공감은 이런 뉘앙스를 헤아리는 섬세한 마음에서 생겨날 것이다. 그리하여 개인의 평화가 이웃이나 사회의 평화를 위한 바탕이자 전제 조건인 것이다.

폭력 없는 변화로　세계의 변화는 너무도 중요하고 또 필요하다. 그러나 이런 변화를 위한 의지가 폭력으로 전환되지 않도록 하는 것은 더 중요하다. 그러므로 세계의 변화를 꾀하되, 이런 변화의 노력이 폭력화되지 않도록 우리는 숙고해야만 한다. 이때 다시 상기해야 할 기준은 이데올로기가 아니라 지금 여기이고, 여기 이곳에 살아 있는 모든 삶과 생명의 경이로움이다. 나아가 뭇 생명에 대한 이런 존중은 모든 사물에 대한 존중으로 이어져야 한다.

헤세는 정치적인 것에 대한 참여가 필요할 때면, 거기에 물론 따라야 한다고 여겼다. 그러나 이때의 행동이 외적으로, 그러니까 어떤 집단이나 '지도자' 혹은 국가에 의해 강제되는 것이라면, 거부해야 마땅하다고 생각했다. 그가 정치적 프로그램이나 정당 가입에 반대한 것도 이런 이유에서다. "나는 정당의 당원으로 가입하거나, 나의 작가 생활을 어떤 프로그램에 봉사하는 데 완전히 그리고 결연하게 반대한다."(1931, 45)[6] 그는 공산주의가 다가올 인간성을 위한 프로그램이라고 여겼지만, 그렇다고 이 공산주의가 삶의 이런저런 문제에 대해 그 이전의 지혜보다 더 나은 대답을 줄 것이라고 여기지 않았다. 헤세가 절실하게 느낀 것은 이 세상의 밖이 아니라, '이 세상 안에서' '자기 자신을 실현하는 책임감'이었다. 이것은 다시, 이 글에서 거듭 강조한 자기 충실적 삶의 필요성이라는 테제와도 연결되는 것으로 보인다.

(2) "머나먼, 갈망하면서도 두려운 가능성"

그리하여 인간에게는 그 어떤 진실한 것도, 적어도 항구적인 의미에서의 그것은 주어지지 않는 것이라고 해야 할지도 모른다. 그렇다는 것은 진실한 것에 대한 인간의 꿈은 멍청하고 터무니없는 것일 수도 있다는 뜻이다. 진정한 것들은 여기 이 땅에서 체험하기 어렵다. 어쩌면 간혹 체험할 수는 있어도, 그것이 항구적인 형태로 실현될 수는 없다.

다시 몇 걸음 물러서자. 참으로 진실한 가치가 항구적인 형태로 실현될 수 없다고 해도, 우리가 맨 처음에 말한 대원칙 ── 전쟁에 반대하고, 평화를 사랑하며, '조국'의 불의에 대해 항의하는 것은 '여전히' 그리고 '가장' 중요한 일이지 않을 수 없다. 음악 대신 서툰 가락이 들려오고, 기쁨이나 영혼 그리고 참된 노동 대신 향락과 돈과 거래가 지배한다고 해도 우리는 좀 더 나은 것, 좀 더 고귀한 진선미의 실현을 믿는다. 그래서 그 실현을 위해 애쓰고자 하고, 또 그렇게 애쓸 만한 가치가 우리의 삶에는 있다고 판단한다. 그것이 없다면, 삶이란 무엇이고, 윤리나 학문은 왜 있는 것인가? 더 나은 가치에의 지향이

자기 충실의 삶, 헤세를 읽는 한 가지 방식

없다면, 그것은 학문과 윤리의 파산 선고다. 아니, 더 나은 가치에의 추구가 없다면, 학문의 파산 선고 이전에 인간이 '인간'이기 어렵다. 그런 경우 인간의 인간다움은 사라지기 때문이다.

인간은, 헤세가 보기에, 그 속성이 미리 정해져 있는 어떤 확고한 존재가 아니다. "인간은 수백 개의 껍질로 된 양파이고, 수많은 실로 짜인 천이다."[7] 인간은 자연과 정신 사이에서, 기원과 목표 사이에서 이리저리 방황하며 휘둘리며 요동치는 존재다. 왜 휘둘리며 요동치는가? 그것은 인간이 인간됨을 위해서이고, 진정한 인간에 이르기 위해서다. 그래서 그 길은 '좁고 위태롭게' 놓여 있다. 인간은 "자연과 정신 사이에 난 좁고 위태로운 다리"이며, 그의 삶은 "차라리 하나의 시도이자 건널목"이다.[8] 인간은 "어떤 머나먼, 갈망하면서도 두려운 가능성"인 것이다.[9]

바로 보다 높은 가능성을 갈망과 두려움 속에서 추구하기에 인간은 전쟁과 폭력을 지지할 수 없고, 평화를 포기할 수 없는 것이다. 그래서 『황야의 이리』에서 할러는 이렇게 말한다. "이 '놈팽이'이자 조국도 모르는 녀석은 바로 나 할러다. 우리나라를 위해서 그리고 세계를 위해서, 적어도 몇몇 생각할 줄 아는 인간이, 맹목적이어서 새로운 전쟁을 향해 돌진하는 일 대신에, 적어도 이성과 평화 사랑을 고백한다면, 그것은 더 좋은 일이다."[10]

그러므로 우리가 생각할 줄 알아야 하는 것은 결국 인간이기 때문이고, 인간됨으로 나아가기 위함이고, 그리하여 불멸에의 갈망 때문이다. 인간은 외적으로 주조되는 것이 아니라, 스스로 창조해 가는 존재이기 때문이다. 인간은 만들어지는 것이 아니라 스스로를 만들어 간다. 이 창조의 과제 ─ 인간 스스로 자기 자신에게 부과한, 보다 높은 가능성으로의 매진은 좁게는 '정신'의 요구이고, 우리가 '아름다움'이나 '성스러움'을 믿는 이유이다. 그리고 그것은 우리가 '영혼'을 가진 이유이기도 하다. 우리가 '문화'라고 부르는 것들은 모두 이런 고귀한 가치들로 구성된다.

"자기 자신의 힘으로" ─ 한스의 인생 경로

> 작가는 모른다. 우리 인생에서 가장 중요한 것, 말하자면 가장 근사한 것, 그것 때문에 세상에 존재할 가치가 있는 그것이 무엇인지.
>
> ─ 미하일 조셴코, 『감상소설』(1927)

대부분의 마을 사람들처럼 아버지 요제프 역시 자기 아들이 가능하면 대학까지 공부하고 관료가 되길 원한다. 이것이 어려울 경우, 재능 있는 아이들은 수도원에 들어가 목사가 되거나 대학의 강단에 서길 꿈꾼다. 한스도 이런 경로를 가게 된다.

이전 세계로부터 멀어지다

한스는 학교 수업 이외에도 교장 선생이나 목사의 가르침을 방과 후에 받으면서 진학 시험을 준비한다. 그가 공부하는 것은 그리스어와 라틴어 문법, 종교 복습, 수학 등이다. 이것은 그 나름의 신선함과 자극을 주지만, 불안과 두려움이 없는 것은 아니다. 그는 자기를 둘러

　　　　　　　　자기 충실의 삶, 헤세를 읽는 한 가지 방식

싸고 있던 세계, 이 세계와의 친숙한 교류가 점점 멀어지고 있다고 느끼기 때문이다. 그는 시장터와 대장간, 다리의 난간, 강물이나 수문, 둑과 방앗간, 초원과 강변, 그리고 이 강변의 버드나무 가지를 아쉬운 마음으로 떠올린다. 그러면서 수영하고 잠수하고 배 타고 낚시하던 시절을 그리워한다. "푸른 강변 전체를 바라볼 때 그는 생각에 빠져 슬퍼졌고, 그래서 어린 소년의 아름답고 자유롭고 거친 즐거움이 그토록 멀리 저 뒤에 놓인 것만 같았다."(17/142)

구둣방 아저씨

"시험이란 그저 외형적이고 우연한 일에 지나지 않는다. (……) 시험에 떨어지는 것이 수치는 아니라는 것, 그것은 가장 뛰어난 학생에게도 생길 수 있고 (……) 신은 모든 영혼에게 특별한 섭리를 가지고 있으며, 그들을 자기 자신의 길로 이끈다."(18~19/143)

구둣방 아저씨 플라이크는 한스의 주변에 있던 사람들 가운데 그를 가장 깊이 이해한 인물이었다고 할 수 있다. 그는 구두 수선공이었지만 깊은 신심을 가지고 있었고, 이 신심은 학교나 책에서 배워 익힌 것이 아니라, 살면서 스스로 체득한 종류의 것이었다. 그 때문에 그의 믿음은 목사의 그것과도 달랐다. 한스는 이 구둣방 아저씨처럼, "마음을 바른 곳에 가지고 신을 두려워한다면"(20/144), 라틴어 공부는 그리 중요하지 않을 거라고 여긴다. 라틴어 문법이나 종교적 교리도 중요하지만, 그러나 이보다 높고 깊은 세계가 있음을 그는 생각하게 되는 것이다. 그리하여 그는 "자기만의 자그마한 방"에서 "어느 누구에게도 방해받지 않는 주인"(24/146)이 되고 싶어 하고, "학교나 시험,

그리고 다른 모든 것을 뛰어넘어 보다 높은 존재의 영역을 꿈꾸게" 된다.(24/146)

이 높은 존재의 영역이란 무엇인가? 그것은, 뒤에 나오는 다른 대목과 연결시키면, "성적이나 시험이나 성공에 의해서가 아니라, 오직 양심의 순결 혹은 얼룩에 따라 고려되는 어떤 다른 세계"이다.(134/208) 그러니까 한스는 세속적 성공이나 세상의 척도가 아닌 양심과 영적이고 정신적인 가치가 지배하는 세계를 희구하는 것이다. 여기에서는 일상을 채우는 싸움이나 노여움, 시기와 경쟁과 증오와 야단법석 혹은 규율이 없다.

"무너져 가는 영혼"

한스는 118명이 응시하여 36명만 합격하게 되는 주(州) 시험을 통과한다. 그리고 마침내 집을 떠나 수도원 학교를 다니기 시작한다. 그는 수업을 듣고, 이런저런 친구들과 어울리며 여러 일을 겪는다. 어떤 친구는 수도원에서 도망가기도 하고, 또 어떤 친구는 퇴학 처분을 받기도 하고, 심지어 자살하는 친구도 있다. 그런 친구들 중에 중심은 하일너(Heilner)라고 하는 시인 지망생이다. 한스는 이 친구와 깊은 교분을 나눈다. 그는 하일너가 좋아하는 셰익스피어와 실러에게서 현실의 세계와는 다른 세계 — 자기가 꿈꾸어 온 높고 깊은 세계를 본다. 이런 세계를 경험하면서 그는 점차 더 진지하고 성숙한 청년으로 변해 간다.

그러나 친구들 사이에서, 또 학교 선생과의 관계가 언제나 탐탁한 것은 아니었다. 무엇보다 학교의 엄격하고 강제적인 규율은 한스에게 견디기 어려운 것이었다. 이것은 친하게 지내는 하일너가 퇴교 처분을 받았을 때, 더 심해진다. 그는 친구들 무리에 끼어들지 못한 채, "문둥병자나 다름없는 존재가 되어 버린 것"이다.(169/228) 기성 제도의 이런 억압성에 대하여 작가는 이렇게 항의하듯 서술한다.

> 아마도 저 동정심 많은 복습 교사를 제외하고는 그 누구도 여윈 소년의 얼굴에 보이는 절망적인 미소 뒤로 어느 무너져 가는 영혼이 괴로워하면서 익사하며 불안과 절망 속에서 주위를 두리번거리고 있다는 것을 보지 못했다. 학교와, 아버지 그리고 몇몇 선생들의 야만적인 명예심 때문에 이 연약한 존재가 그 지경이 되어 버렸다는 사실을 그 누구도 생각하지 못했다. 왜 그는 가장 예민하고 상처받기 쉬운 소년 시절에 매일 밤늦게까지 공부를 해야만 했는가? (⋯⋯) 왜 그에게 낚시하거나 어슬렁거리며 돌아다니는 것을 금지시키고, 심신을 피곤하게 만들 뿐인 하찮은 명예심 같은 공허하고 천박한 이상을 주입했는가? 왜 시험이 끝난 뒤에도 응당 가져야 할 휴식조차 허락하지 않았는가?
> 이제 쫓기고 쫓긴 망아지는 길가에 쓰러진 채 더 이상 쓸모없게 되어 버렸다.(172~173/229)

방학이 되기 3주 전 한스는 알 수 없는 열병에 휩싸인다. 그리고 요양을 위해 집으로 휴가를 얻어 온다. 그러나 그는 이제 더 이상 학교생활을 하기 어려움을 깨닫는다. 신학교니 학문이니 야망이니 하는 말들이 더 이상 자기와 무관하다는 것을 절감한 것이다. 이와 더불어 자신의 행복했던 유년 시절 또한 떠나가 버렸음을 느낀다. 이렇게 그는 집에 돌아와 다시 숲속을 거닐고, 정원에 앉아 햇볕을 쬐거나 이런저런 몽상을 한다. 그러면서 학교를 떠난 친구 하일너를 떠올리기도 하고, 죽음을 생각하기도 한다. 어릴 때 좋아하던 엠마 게슬러를 만난 것도, 또 동네의 친구들과 어울려 술을 마시고 돌아다니는 것도 이때다. 그러나 이들도 모두 떠난다. 엠마는 그의 연인이 되어 주지 않고, 동네 친구들 역시 그를 이해하진 못한다. "다시는 어린아이가 될 수 없다는 것, 그리고 이제는 저녁 무렵 피혁 공장의 뜰에서 (동화책을 읽어 주던) 리제 곁에 앉아 있을 수 없다는 것을 깨달았다." (198/244)

이런 식으로 유년 시절과의 작별이 완성된다. 어리석고 서툴렀지만, 그렇다고 이런저런 인위적인 것으로 삶을 강제하지는 않았던, 그리하여 많은 것이 훨씬 아름답고 즐거웠으며 활기에 넘쳐흘렀던 세계는 한스로부터 떠나 버린다. 이런 그에게 남아 있는, 그래서 그가 선택할 수 있는 출구는 없거나 거의 보이지 않았을 것이다. 그는 "자기 자신의 힘으로" "구원의 길을 찾아"(212/251) 나서지만, 그러나 실패하고 만다. 그리하여 죽음은 어느 정도 필연적으로 보인다.

한스의 삶을 이야기한 헤세이지만 그가 반드시 한스가 선택한 삶에 동의한다고 보기는 어렵다. 오히려 그는 순정한 영혼의 이 비극적 종말에 어떤 아쉬움을 가졌다고, 혹은 좀 더 나가면, 비판적 거리감을 가졌다고 말할 수도 있다. 그리고 이 아쉬움 혹은 비판적 성찰력 때문에, 한스의 삶을 읽는 독자/우리는 그와는 다른 삶을 살아야 하기 때문에, 헤세는 이 작품을 쓰게 되었을 것이다. 그런 점에서 한스가 보여 주는 삶의 모습, 그가 사랑한 생활의 모습은 다시 음미해 볼 만하다. 그 삶이란 무엇일까? 그것은 한마디로 '자연스러운 삶'이 되지 않을까 싶다.

여름비, 가을 이슬, 과일나무의 윤기, 봄 햇살 —— 자연스러운 삶

> 한때 나는 바위나 풀밭 위를, 아니면 물가를 하릴없이 거니는 것보다 더 좋은 일을 알지 못했다. 산이나 호수, 폭풍과 태양은 나에게 얘기했고 나를 키웠으며, 나에게는 오랫동안 그 어떤 사람이나 사람의 운명보다 더 사랑스럽고 친숙했다. (……) 이 넓은 세상에서 나보다 더 구름을 잘 알고 더 사랑하는 사람이 있다면, 나에게 보여 달라.
>
> —— 헤세, 『페터 카멘친트』

그러나 이 절망적 한스에게도 그를 들뜨게 하는 것들은 분명 있었다. 그의 마음을 매혹한 것은 도시의 거리와 건물, 어떤 화려한 칭찬 혹은 명성이나 지위가 아니었다. 이 모든 외물적(外物的)인 것은 그에게 일종의 '소음' 같았다. 그를 변함없이 흐뭇하게 한 것은 자연이었고, 이 자연 속에서 영위되는 나날의 삶 —— 자연스러운 삶이었다. 이런 대목은 소설의 곳곳에서 확인된다. 두 군데만 읽어 보자.

1년 내내 그가 매달 기뻐하는 일들이 있었다. 그것은 때로 풀을 말리는 일이거나, 때로 토끼풀을 베는 일이었고, 그러다가 첫 낚시질을 가거나 가재를 잡는 것이었으며, 호프를 거둬들이고 나무를 흔들어 자두를 따고, 불을 피워 감자를 굽고 곡식 타작을 시작하는 일이었다. 그 사이에도 즐거운 일요일과 축제일이 덤으로 있었다.

그 밖에도 한스를 비밀에 찬 마법으로 끌어당기는 것들이 많이 있었다. 집이나 골목길, 계단, 곡물 창고의 바닥, 분수, 울타리 그리고 사람들이나 갖가지 동물들이 그에게는 모두 사랑스럽고 친숙하게 여겨지거나 수수께끼처럼 유혹하는 것이었다. 호프를 딸 때는 같이 거들어 주었고, 다 큰 처녀들이 어떻게 노래 부르는지 귀 기울였으며, 그 노랫말을 알려고 애썼다. 대부분의 가사는 우스우리만치 익살스러웠고, 어떤 것은 그러나 상당히 애절하여 들을 때면 목이 멜 정도였다.(185~186/237)

한스는 "1년 내내 매달 기뻐하는 일들"을 기억한다. 풀을 말리거나 토끼풀을 베는 것, 첫 낚시질에 나서거나 가재를 잡는 것, 호프를 거둬들이거나 나무를 흔들어 자두를 따는 것, 불을 지펴 감자를 굽고 곡식 타작을 시작하는 것은 그가 특히 좋아하던 일이었다. 그러나 그 사이에도 이런 일이 없는 것은 아니다. 그는 "일요일과 축제일"도 기쁜 마음으로 지낸다. 그러니까 그는 1년 내내, 사계절이란 모든 시간을 사랑한 것이다. 마치 보이는 모든 것 ─ "집이나 골목길, 계단, 곡물 창고의 바닥, 분수, 울타리 그리고 사람들이나 갖가지 동물들이 그에게는 모두 사랑스럽고 친숙하게 여겨진" 것처럼. 그러니까 그는 삶 전체를 소중하게 여긴 것이다. 그래서 어떤 노래의 한 소절에도 "목이 메는" 사람이다. 이것은 다음 구절에서도 확인된다.

깨어 문 사과의 바스락거리는 소리는 떫으면서도 입맛을 돋우었다. 여기로 와서 이것을 듣는 사람이라면 누구나 사과 하나를 손으로 덥석 집어

물지 않을 수 없었다. 등나무 바구니에는 갓 짜낸 달콤한 과즙이 적황색을 띤 채 햇살 아래 밝게 미소 지으며 흘렀다. 이곳으로 와서 이 광경을 본 사람이라면 누구나 한 잔 청해서 재빨리 시음해 보지 않을 수 없었다. 그러고는 그 자리에 서서 젖은 눈망울을 한 채, 달콤하고도 유쾌한 물결이 몸 전체를 지나간다고 느꼈다. 그리하여 이 달콤한 과즙은 즐겁고도 강렬하며 값진 향내를 저 멀리 대기까지 가득 채웠다.

이 향기야말로 한 해를 통틀어 최고급의, 말하자면 완숙과 결실의 정수이다. 다가오는 겨울에 앞서 이런 향기를 들이마실 수 있다는 것은 좋은 일이다. 그럼으로써 사람들은 감사하는 마음으로 헤아릴 수 없이 많은 좋고 멋진 일들을 기억하게 되기 때문이다. 부드러운 5월의 비, 쏴 하며 내리는 여름비, 시원한 가을의 아침 이슬, 가녀린 봄날의 햇살, 유리처럼 따갑게 내리쬐는 여름 햇볕, 하얗게 또는 새빨갛게 빛나는 꽃망울, 수확하기 전 잘 익은 과일나무가 보여 주는 적갈색 윤기 그리고 그런 계절이 몰고 오는 모든 아름다운 것들과 즐거운 것들.

그것은 누구에게나 빛나는 나날이었다. 부유한 사람이나 허풍쟁이들도, 스스로 뻐기지 않고 직접 나타나는 한, 통통한 사과를 손에 들고 무게를 재 보기도 하고, 열 개 남짓한 자루를 세어 보기도 하고, 은으로 된 휴대용 잔으로 시음해 보기도 했다. 그리고 자신들 과즙에는 물 한 방울도 섞지 않는다고 주위 사람들이 듣도록 말하기도 했다. 가난한 사람들은 한 자루의 사과 포대만 가졌지만, 유리잔이나 질그릇으로 맛보기도 하고, 물을 타기도 했다. 그렇다고 해서 이들의 자긍심이나 기쁨이 덜하진 않았다. 어떤 이유에서인가 과즙을 짤 수 없었던 사람들은 친지나 이웃들의 압착기를 찾아다니며 한 잔씩 얻어 마시거나 사과 하나를 받아 넣기도 했다. 그럼으로써 이들은 전문가다운 말로 자기들도 이 분야의 일부를 이해하고 있음을 드러내었다. 하지만 많은 아이들은, 가난하든 잘살든, 작은 잔을 들고 여기저기를 돌아다녔고, 모두들 베어 먹은 사과와 빵 한 조각을 손에 쥐고 있었다.(202~203/245~246)

위 글에서 헤세가 강조하는 것은, 한마디로 말하자면, "계절이 몰고 오는 모든 아름다운 것들과 즐거운 것들"의 지극한 행복감이라고 할 수 있다. 아니면, 어떤 종교적 함의에도 불구하고, 삶의 순수한 은혜라는 뜻에서 '은총'이나 '축복'이라고 표현할 수 있을지도 모른다. 이 아름답고 즐거운 것들의 향유에는 신분이나 빈부의 차별이 없는 까닭이다. 어디 돈 있고 힘 있는 사람만 5월의 비와 가을의 아침 이슬을 맞이하는가? 가난한 사람들도 마치 부자처럼 여름의 시원한 장마나 수확 전 과일나무의 윤기를 누릴 수 있다. 그래서 이 모든 것은 사람이면 "누구에게나 빛나는 나날"이다. 적어도 삶의 현존적 기쁨 — 지금 여기 살아 있음의 자연적 기쁨을 향유하는 데에는 신분의 서열, 언어와 인종과 직업의 불평등은 따로 없는 것이다.

주어진 삶의 기쁨에 대한 '근본적으로 평등한 향유'에 대해서 작가는 좀 더 설명을 덧붙인다. "부유한 사람이나 허풍쟁이들도, 스스로 뻐기지 않고 직접 나타나는 한, 통통한 사과를 손에 들고 무게를 재 보기도 하고, 열 개 남짓한 자루를 세어 보기도 하고, 은으로 된 휴대용 잔으로 시음해 보기도 했다." 그렇듯이 "가난한 사람들은 한 자루의 사과 포대만 가졌지만, 유리잔이나 질그릇으로 맛보기도 하고, 물을 타기도 했다." 이렇게 적고 나서 작가는 강조적으로 부연한다. "그

　　　　　　　　　　　　자기 충실의 삶, 헤세를 읽는 한 가지 방식

렇다고 해서 이들의 자긍심이나 기쁨이 덜하진 않았다." 그래서 모자라는 사람들은 얻어 마시기도 하고, 그 나름의 견해로 자기 지식을 입증하려 애쓰기도 하는 것이다.

한 가지 짚고 넘어가자. 헤세의 문학 세계는 흔히 내면적이고, 그 언어는 섬세하며, 그 감성은 여성적이라고 말해진다. 맞는 지적이다. 그러나 그렇다고, 이런 내면성의 작가에게 종종 일어나듯이, 그가 고답적이고 현실 도피적인 것은 아니다. 또 남성 우월주의적인 것은 더더욱 아니다. 헤세는 더없이 내밀하고 조용한 가운데 그 누구보다 현실에 열려 있고, 이 현실의 부당함을 비판하고 그 불합리에 저항한 사람이기도 하다. 이것은, 앞서 보았듯이, 신체 허약으로 군 입대 불합격 판정을 받은 후에도 전쟁 포로와 억류자를 위해 그가 1914년에서 1919년에 걸친 그 혹독했던 사회 정치적 시절에 잡지를 발행한 데서도 이미 확인되던 것이었다. 현실 접근과 현실 개입의 정당한 방법은 사람의 수만큼이나 다양한 것이다.

그리하여 한스는, 마치 작가 헤세가 그러하듯이, 계절과 함께 찾아드는 모든 아름다운 것들을 기뻐하고, 매일 매 순간 체험하는 삶의 크고 작은 일을 즐거워한다. 그 시간은, 다시 한 번 강조하건대, "누구에게나 빛나는 나날"이기 때문이다. 그래서 그는 자주 둑에 걸터앉아 낚시를 하고, 강물에 떠다니는 잉어를 바라보며, 수영을 하거나 토끼 먹이를 찾기도 한다. 아니면 오후 햇살을 받으며 잣나무 사이를 걷고, 이 잣나무 그늘 아래 누워 있는 것, 이렇게 누워 산의 구름을 쳐다보거나 책을 읽는 것을 그는 사랑한다. 그럴 때면 그는 자기도 모르게 애수에 젖어 들고 정신이 충만해지고 걱정이 사라지면서 알 수 없는 예감에 들떠 행복감에 휩싸이곤 한다. 우리는 지금 여기 현존의 기쁨을 누리는 데 자긍심을 덜 가질 이유도 없고, 그 행복감을 덜어 내야 할 이유도 없는 것이다. 그는 생기발랄한 호기심을 가지고 구름을 바라보고 햇볕을 머금으며 나무와 꽃을 들여다보면서 자연의 다채로움을 누린다. 바로 이것이 '육체를 썩히지 않으면서도 동시에 영혼을 정화하는 일'이다. 혹은 죽어 가는 육체 속에서도 영혼을 견지하는 일이다.

그러므로 우리는 해당되는 사안의 모든 것을 무조건 또 절대적으로 긍정할 것이 아니라 선택적으로 파악해야 한다. 그러면서 이 선택적 이해의 원칙은 보다 큰 원리 — '지금 여기의 기쁨'이란 원리 아래 종속된다. 우리는, 신을 믿든 믿지 않든, "보다 높은 존재의 영역"을 생각할 수 있기 때문이다. 특정한 종교가 없더라도, 그래서 비록 '신자'가 아니어도, 우리는 구둣방 아저씨처럼 온전한 마음과 신에 대한 경외심을 가질 수 있다. 그리고 이때의 경외심은 그 자체로 지금 여기에 살아 있음, 그 살아 있음으로서의 나와 우리 모두의 존재에 대한 경외일 수 있다. 바로 이것이 삶에 대한 믿음이고, 이 삶이 죽음보다 강하다는 믿음이다. "삶이 죽음보다 강하고, 믿음이 의심보다 강하기 때문이다."(62/167)

그러므로 쉬고 일하고 향유하는 일 속에서 몸의 건강과 영혼의 순화는 결코 별개의 것이 아니다. 그것은 차라리 하나로 만난다. 이것이 어린 시절의 세계를 현재 속에서, 현재의 어른 세계에서도 재경험하는 하나의 방식이다. 그러나 이것은 저절로 되는 것이 아니라 "자기자신의 힘으로" 가능하다. 기존 현실과는 다른 현실 — 꿈 혹은 양심의 세계는, 적어도 성년의 세계에서는, 오직 자기 자신의 주체적 노력에 의해 잠시 경험될 수 있다. 다음에서 말하는 변화는 그렇게 찾아올 것이다.

한스가 아름다운 햇살을 받으며 골목길을 거닐었을 때, 그는 몇 달 만에 처음으로 일요일이 주는 기쁨을 다시 느꼈다. 평일에 손이 시꺼메지고 팔다리가 피곤해지도록 일을 하고 난 뒤라야 거리는 더욱 축제처럼 되고, 태양은 더욱 쾌청하게 빛나고, 모든 것이 더 찬란하고 더 아름다웠다. 햇볕이 드는 집 앞의 의자에 앉아 마치 왕처럼 밝은 표정을 한 정육점 주인이나 피혁공, 빵집 사람이나 대장장이를 한스는 이제 이해했고, 그래서 그는 그들을 더 이상 가련한 속물이라고 여기지 않았다. 그는 약간 비뚤게 쓴 모자에 흰 깃이 달린 셔츠, 솔로 턴 나들이옷을 입은 노동자와 숙련공 그리고 견습공들이 무리 지어 산책을 하거나 음식점으로 가는 모습을 바라보았다.(243~244/269)

이전에 한스는 치즈 가게나 사무실 견습생을 보면서 그 비루한 삶을 경멸했지만, 이제는 더 이상 그렇지 않다. 그는 이제 정육점 주인이나 피혁공, 빵집 주인이나 대장간 주인을 여러 직업 중의 하나로 본다. 좀 더 정확하게 구분하자.

한스가 이들 평민의 삶을 긍정하는 것은, 이 삶들에 깃들 수 있는 비루하고 옹졸함을 긍정해서라기보다는 그 누구나 누리는 '일하는 삶의 기쁨'을 이들 역시 누리고, 이렇게 누릴 권리를 마땅히 가진다고 보기 때문이다. 일하는 삶의 기쁨이란 "평일에는 손이 시꺼메지고 팔다리가 피곤해지도록 일을 하고 난"뒤에 맞는 "일요일이 주는 기쁨"이고, 이 기쁨 속에서 "마치 왕처럼 밝은 표정으로" 휴일과 이 휴일의 햇살을 즐기는 일이다. 이 모든 것은, 직업이나 신분이나 빈부에 무관하게, 숙련공이든 견습공이든, 모두에게 골고루 주어진 자연권인 까닭이다. 마치 계절마다 찾아오는 아름답고 즐거운 일상이 그러하듯이. 이 자연권을 우리는 마땅히 가감 없이 누려야 하는 것이다. 그러면서도 동시에 이 평균적 삶에, 모든 삶에 그렇듯이, 깃들 수 있는 폐해에 대하여 한스는 거리를 둔다. 바로 이들의 편협한 생각과 옹졸한 태도로 인해 그가 죽어 가기 때문이다. 그러나 어떻든 이들에 대한 한스의 시각은, 작품의 전체에서 보면, 하나의 변화요 발전으로 보인다.

자연스러운 삶이 가진 의미를 조금 더 넓은 맥락에서 해석해 보면 어떨까? 자연스러운 삶이란 주어진 자연의 사물과 주어진 생명의 귀함을 느끼는 삶이고, 이 삶에서 자기의 꿈을 찾고, 자기의 감각과 사고와 언어로 자기 생애를 만들어 가는 일이다. 꿈을 좇아 자기가 사랑하는 일을 하는 삶은 예술가에게서, 그가 가수이건 지휘자이건 아니면 작가이건 간에, 가장 전형적으로 나타나지만, 사실은 보통의 사람들에게도 하나의 모델이라고 할 수 있다. 그것은 다른 누군가를 위해서가 아니라, 바로 '자기 자신을 위해서' 가장 권장할 만한 하나의 길이 되는 것이다.

그러나 이런 자연스러운 삶의 가치를, 이 삶이 축복이라고 느꼈음에도 불구하고, 한스는 자기의 것으로 만드는 데 실패한다. 그렇게 하기에 그는 너무 어렸고 외로웠다. 그의 주변에는 그를 이끌어 줄 조

자기 충실의 삶, 헤세를 읽는 한 가지 방식

언자나 친구나 선생이 부족했다. 그의 아버지조차 아들에 대한 기대가 앞섰을 뿐, 그를 깊은 의미에서 이해했다고 말하기 어렵다. 그리하여 한스는 "자신이 무엇을 하고 싶어 하는지, 도대체 무엇을 원하는지 알 수 없었다."라고 작가는 서술한다.(218/254) 사랑하는 엠마가 떠난 후, 그는 그토록 아름다웠던 세계가 완전히 낯선 세계인 것처럼 느끼면서 절망 속에 흐느낀다. 자신이 더럽혀지고 있다는 것, 무엇인가에 모욕당한 느낌에 압도되는 것이다. 그리하여 그는 세상으로부터 벗어나려고 하듯이, 자기 자신으로부터도 도망치려고 한다. 고향으로 돌아와 다시 시작한 직공 일은 이 때문에 오래가지 못한다.

── 보론 2: 헤세의 지향점 ──────────────

헤세가 궁극적으로 지향하는 가치는 무엇인가? 이것은 물론 최후의 대작인 『유리알 유희』의 곳곳에 매우 포괄적인 형태로 나타나 있다. 그런데 이러한 문제의식은 그가 마흔다섯 살 때 쓴 『싯다르타』에서도 보인다.

오늘날 『싯다르타』를 다시 읽어 보면, 여러 대목이 지루하고, 때로는 너무 '지당한 말씀'만 늘어놓지 않는가라는 인상이 들기도 한다. 이것은 작가의 관심이 내면성이나 침잠 쪽으로 놓여 있어서 그렇기도 하지만, 다른 한편으로 이 이야기의 배경이 인도 사회이고 ─ '인도'라는 나라는 명칭이나 그 문화적 이미지만으로도 얼마나 느리고 답답하고 복잡한 것인가? ─ 그 대상이 불교라는 점에 이미 들어 있다. 그러나 이 작품에는 헤세가 지향하는 정신의 어떤 궁극 지점이 드러나지 않나 여겨진다.

(1) 기다리고 생각하며 귀 기울이는 일

> 그러다가 그것도 지나가고, 아무 일도 일어나지 않으며, 그
> 래서 수수께끼는 풀리지 않고, 비밀스러운 마법도 풀리지
> 않는다. 그래서 마침내 사람은 늙어서 (……) 아무것도 여
> 전히 모르고, 그래서 여전히 기다리며 귀 기울였다.
>
> —— 헤세, 『나르치스와 골드문트』

『싯다르타』에서 주인공 싯다르타는 유복한 가정에서 태어나 모든 사람들로부터 사랑을 받는 존재다. 그러나 이런 사랑에도 불구하고 그는 자신의 내면이 충족되지 못함을 느낀다. 그리하여 집을 떠나 머리를 깎고 떠돌아다니면서 도를 구하는 사문(沙門) 생활을 시작한다. 그러면서 이런저런 사람들을 만나기도 하고, 친구를 사귀기도 하고 스승을 찾아 설법을 듣기도 한다. 그가 가장 경계하는 일은 말로 인하여 불필요한 시비(是非)에 빠지는 일이다. "지식에 목마른 자, 그대여, 의견의 덤불에, 그리고 말 때문에 벌어지는 싸움을 조심하시오. 이런저런 의견이란 중요치 않소. 그것은 좋을 수도 있고 추할 수도 있으며, 현명할 수도 있고 어리석을 수도 있소. 그래서 모든 사람은 그것을 추종할 수도 있고 내던져 버릴 수도 있소."[11] 왜냐하면 싯다르타는 "사람이란 어떤 것도 배울 수 없다"고, 따라서 "우리가 '배움'이라고 칭할 수 있는 것이 사실상 존재하지 않는다"고 여기기 때문이다.[12]

이것은 배움 자체가 중요하지 않다는 것이 아니라, 차라리 이 배움보다 사는 것이 더 중요하다는 뜻일 것이다. 사는 것의 중요성은 깨

닫는 데 있을 것이고, 이 깨침은 물론 배움으로부터 올 수도 있다. 그러니까 싯다르타는 쉼 없이 배우지만, 이 배움 이상으로 '깨닫고자' 애쓴다. 이렇게 깨달으면서 말보다는 사물 자체로 다가서려 한다. 그는 말보다는 사물을 더 중시하기 때문이다. 왜냐하면 참으로 중요한 것은 말로 전달될 수 없기 때문이다. 이를테면 지식은 말로 전달될 수 있지만, 지혜는 전달하지 못한다. 만약 말이 중요하다면, 그것은 우리를 사물 자체로 인도할 때일 것이다. "진리란 언제나 오로지, 그것이 일면적일 때, 말해질 수 있고, 말로 감싸여 있을 뿐이다."

그리하여 싯다르타는 사물 자체에 주의하고자 하고, 이렇게 주의하려는 자기의 마음에 주의한다. 그가 자기 내면의 목소리에 귀 기울이는 것은 이런 맥락에서다. 『싯다르타』 전편을 통해 반복적으로 나오는 얘기 중의 하나는 "나는 생각할 줄 아오. 나는 기다릴 줄 아오. 나는 굶을 줄 아오."이다. 이것은 싯다르타가 속세에서 만난 여자인 카말라가 당신은 무엇을 할 수 있는가라는 물음에 대한 답변이다. 그는 이것을 무엇보다 '강(江)'에서 '배우고자' 한다.(이 배움의 태도는, 앞서 '인간은 어떤 것도 배울 수 없다'는 작중 인물의 말을 떠올릴 때, 자기모순이지 않을 수 없다. 이러한 논리적 모순은 이것 이외에도 더러 나타난다. 예를 들어 '모든 형상은 덧없다'고 작가가 쓸 때도 그렇다. 왜냐하면 우리가 읽는 헤세의 작품 역시 하나의 '예술적 형상물'이기 때문이다.)

좀 더 정확히 살펴보자. 강의 무엇을 배울 수 있는가? 그것은 "아래를 향하여 나아가는 것, 가라앉는 것, 깊이를 찾는 것(nach unten zu streben, zu sinken, die Tiefe zu suchen)", 혹은 "기다리고, 인내하며, 귀 기울이는 일(warten, Geduld haben, lauschen)"이다.[13] 싯다르타는 매일 매

순간 흘러가는 강물에서 생각하고 참고 기다리고 귀 기울이며 절제하는 법을 배운다. 이런 배움 속에서, 이 배움 역시 착잡하게 모순적이긴 하나, 그는 나날의 기쁨을 누리고, 분노나 성급함을 줄이며, 그래서 다른 사람에게 해를 입히지 않게 된다. 이렇게 배우면서 그는 하나의 목적, 말하자면 삶의 궁극적인 원리로 나아간다.

(2) 생명의 통일성

강에서 배우는 것이 귀 기울임이라고 한다면, 우리가 결국 귀 기울여야 할 것은 이 원리와 다르지 않다. 이 원리란, 헤세의 말로, '통일성의 사상' ── 모든 생명의 통일성 혹은 단일성에 대한 의식이다.

> 그가 오랫동안 추구한 것의 목표는 매 순간, 삶의 한가운데서 통일성의 사상을 생각할 수 있는, 통일성을 느끼고 숨을 들이쉴 수 있는 하나의 능력이고, 어떤 비밀스러운 기술이며, 그렇게 할 수 있는 영혼의 준비 상태에 다름 아니었다.[14]

모든 것은 수백 수천 갈래로 뒤섞이고 얽힌 채 흘러간다. 마치 강물이 수증기가 되어 하늘로 올라갔다가 비가 되어 아래로 떨어져 샘이 되고 시내가 되고 강이 되어 다시 바다로 흘러들 듯이, 삼라만상은 부단히 흐르고 움직이고 흘러가면서 합쳐지고 나눠진다. 그리고 이런 이합집산 속에서 그것은 시작도 끝도 알 수 없는 생성과 소멸을 거듭한다. "그리하여 모든 것이 함께, 모든 목소리와 모든 목표, 모든 갈망과 모든 고통, 모든 쾌락과 모든 선과 악, 이 모두가 세상이었다.

모든 것이 함께 사건의 강물이었고, 생명의 음악이었다."[15]

　세상에 대한 이런 인식 앞에서 싯다르타는 운명과 맞서는 것을 그만두고, 고민하는 일도 멈춘다. 그의 세계관에서 기쁨은 고통과 이어지고, 선은 악과 구분하기 어렵기 때문이다. 그렇듯이 삶은 죽음과 다르지 않고, 사랑은 미움과 짝한다. 그런 그가 스스로 깨달은 최고의 생각으로 "모든 진리란 그 반대도 마찬가지로 진리다."라고 말하는 것은 자연스러운 일인지도 모른다.[16]

　그러나 주의할 일은, 그렇다고 하여 싯다르타가 아무 일도 하지 않고, 주어진 운명에 무조건적으로 순응하는 것은 아니라는 사실이다. 그는, 더 정확히 말하여, 운명과 맞서는 일체의 싸움을 포기했다기보다는 '어떤 종류의 싸움'을 포기했을 것이고, 또 '어떤 종류의 고민'을 그만두었다고 보는 것이 더 옳을 것이다. 그는, 헤세 작품의 많은 주인공들이 그러하듯이,[17] 어쩌면 적극적이라기보다는 수동적이고, 참여자보다는 관찰자 혹은 관망자에 가깝다고 할 수 있다. 헤세 주인공의 이 같은 근본적 수동성은 그러나 모든 사람이란 자신의 몫을 철저히 '혼자서' 지고 가는 것, 삶의 어떤 부분은 한 사람이 다른 사람과 결코 공유하지 못한다는 뼈저린 인식으로부터 생겨난 어떤 행동의 원리로 파악되어야 한다. 그런 점에서 싯다르타 역시, 헤세의 다른 주인공들이 그러하듯이, 자기 나름의 원칙 속에서 움직이고 있다고 할 것이다.

　헤세의 주인공들이 가진 삶의 원칙이란, 예를 들면, 말보다는 사물을 더 믿고, 말(약속)로써 자신을 구속시키지 않는 일이다. 그러나 이보다 더 중요한 원칙이란, 앞서 언급하였듯이, 모든 생명은 하나로 이어져 있다는 통찰이고, 둘째, 이 통찰 아래 '자신의 천성에 따라 살아가는' 것이다. 사실 그의 작품에서 등장하는 대부분의 인물들은 가능한 한 집착이나 탐욕을 버리고, 누구의 간섭이나 외적 강제 없이, 스스로의 선택과 결정에 따라 살아가는 사람들로 보인다. 그래서 자주 방랑하고 추구하며 갈망한다. 그의 주인공은 근본적으로 낭만주의자들이다. 싯다르타 역시, 헤세의 대부분의 주인공들처럼, 아무런 목표도 의지도 없이 살아가기보다는 스스로 설정한 가치에 따라 고민하고 깨치면서 자기 나름으로 싸워 나갔다고 보는 것이 더 온당한 해석일 것이다.

싯다르타가 세운 목표도 이런 관점에서 이해될 수 있다. 그것은 "비우는 일, 갈망을 비우고 소망을 비우며 꿈을 비우고 기쁨과 고통을 비우는 일이다. 자기 자신을 지워서, 더 이상 나이지 않는 것, 빈 마음으로 고요를 찾는 것, 탈아적(脫我的) 사고 속에서 경이로움에 열려 있는 것, 그것이 그의 목표였다."[18] 자기를 비우면서 일체의 감정 상태로부터 가능한 한 거리를 유지하는 것, 기쁨이나 고통도 줄여 가는 것, 이렇게 줄여 가면서 "경이로움에 열려 있는" 것, 이것은 왜 필요한가? 그것은 소극적으로는 '미워하지 않기 위해서'이고, 적극적으로는 '사랑하기 위해서'이다.

그러나 나에게 오직 중요한 것은 세상을 사랑할 수 있는 것이고, 세상을 업신여기지 않는 것이며, 세상과 나를 미워하지 않는 것, 세상과 나와 모든 존재를 사랑과 놀라움과 외경심을 가지고 바라볼 수 있는 것입니다.[19]

자기 충실의 삶, 헤세를 읽는 한 가지 방식

결론적으로 말하면 이렇다.

싯다르타는 삶의 수천 갈래 얽힘과 그 관계 속에서 — 이것이 '생명의 통일성' 사상이다 — 바로 이 얽힘 때문에 진실이 거짓일 수 있다는 뼈아픈 인식에도 불구하고 참고 기다리는 것, 기다리면서 귀 기울이는 것, 이 귀 기울임 속에서 '경탄과 외경심'으로 이 세상의 전체에 열려 있고자 한다. 바로 이 열림이야말로 미워하고 업신여기지 않는 일, 즉 삶을 사랑하는 일이기 때문이다. 그리고 이 사랑을 통해서만 모든 인간관계에 숨은 삶의 심연을, 이 심연의 강을 우리는 간신히 건널 수 있을지도 모른다. 이 삶의 가능성은 불교의 가르침이기도 하지만, 그 이전에 강물에게서 깨치는 일이다.

(3) 헌신과 싸움 — 예술의 원칙

> 그러나 자네는 덧없는 것들을 외면하지 않고, 그것에 자신을 바친다네. 자네의 이 헌신에 의해 덧없는 것들은 최고의 것으로, 영원한 것의 비유로 된다네.
>
> — 헤세, 『나르치스와 골드문트』

세계의 비밀   그런데 흥미로운 것은, 이것은 매우 중요한 사실인데, 인간이 만든 것이면서도 동시에 자연의 사물처럼 이 세계의 전체 — 생명의 통일성을 보여 주는 것이 있다는 사실이다. 그것은 곧 예술이다.

뭐라 이름할 수 없는 저 사물들의 아름다움이 아무런 형태도 없이 오로지 비밀로만 되어 있다면, 예술 작품에서 그것은 전혀 딴판이었다. 예술 작품은 전적으로 형식이었고, 그것은 완전히 명료하게 말하였다. 그려진 혹은 나무로 조각한 머리나 입의 선(線)보다 더 가차 없이 명료하고 확고한 것은 없었다. (……)

골드문트는 그 점에 대해 몰입하여 숙고해 보았다. 생각할 수 있는 가장 확고한 형식을 가진 작품이 어떻게 가장 파악하기 어려운 무형태적인 것과 너무도 똑같은 효과를 영혼에 끼칠 수 있는지 그에게는 분명치 않았다. 그렇지만 이런 생각에서 한 가지는 분명해졌다. (……) 꿈과 최고의 예술 작품이 공통으로 가진 것은 바로 비밀이었다.

(……) 내가 사랑하고 추적하고자 하는 것은 비밀이다. 나는 이따금 그것이 번개처럼 스치고 가는 것을 보았고, 예술가로서, 언젠가 가능하다면, 그것을 묘사하고 싶고, 그것을 말하게 만들고 싶다. (……) 그 신비는 (……) 이런저런 개별적인 모습으로 특별한 충만함이나 빈약함, 거침이나 세련됨, 힘이나 우아함 속에서 나타나는 것이 아니라, 달리 통합될 수 없는 세상의 가장 큰 대립물이 이 형상 속에서 평화를 맺고 나란히 공존하는 방식으로 존재한다. 그 비밀은 탄생과 죽음, 선과 잔혹함, 삶의 소멸을 포용했다.[20]

위의 긴 인용문에서는 크게 세 가지 사실이 언급된다.

첫째, 자연이 무형태 속에서 아름답다면, 이 자연을 묘사한 예술 작품 역시, 적어도 그 묘사가 '제대로' 된 것이라면, 아름다울 수 있다. 그 이유는 예술이 자연의 '비밀(Geheimnis)'을 '형상' 속에서 포착하기 때문이다.

자기 충실의 삶, 헤세를 읽는 한 가지 방식

둘째, 예술의 이 형상적 비밀 혹은 비밀스러운 형상 속에서 자연의 대립물은 서로 배제하는 것이 아니라 하나로 융합한다. 그래서 "세상의 가장 큰 대립물"은, 평상시에 서로 통합될 수 없음에도 불구하고, 이 형상 속에서 "평화를 맺고 나란히 공존"한다.

셋째, 따라서 예술가의 목표는 이 비밀 — 자연과 예술 작품에 공통적으로 존재하는 비밀을 형상 속에서 포착하는 일이다. 비밀의 포착을 통해 예술가는 지금 여기의 무상성을 넘어 무한과 불멸을 꿈꿀 수 있다. 그러니까 예술적 충동의 뿌리에는 모든 소멸하는 것들 — 모든 유한성과 죽음에 대한 두려움이 자리한다.

위의 세 가지 생각은 헤세의 문학예술론을 구성하는 핵심적 통찰이지만, 더 넓게는 예술론 일반과 관련하여 보아도 소중하고도 의미심장한 성찰이라고 하지 않을 수 없다. 그런 점에서 다시 한 번 풀어서 음미할 필요가 있다.

자연의 사물들 — 풀과 나무, 산과 강과 바람과 숲, 돌계단과 골목과 햇살과 오후의 정적 등은 언제나 같아 보이면서도 사실은 알 수 없는 예감과 그림자 그리고 유동적인 형태 속에 자리한다. 그것은 가장 분명하면서도 가장 불가사의하고, 가장 현실적이면서도 가장 비현실적이기도 하다. 자연의 비밀이란 바로 이런 모호한 요소 — 모호한 충일성을 일컫는다. 이 비밀 혹은 신비야말로 자연의 본질적 속성인 것이다. 따라서 예술 작품이 이 비밀과 신비를 담아내지 못한다면, 그것은 지루하거나 천박하거나 혐오스러운 것이 된다. 뛰어난 예술은 그 자체로 어떤 불확실하고 모호하며 불가사의하고 비밀에 찬 요소를 내장하게 되는 것이다. 바로 이것을 예술은 형상 — 형태를 통한 의미 부여 속에서 해낸다. 왜냐하면 예술은 가장 감각적이고 구체적인 것으로부터 시작하여 가장 추상적이고 보편적인 것으로 나아가기 때문이다. 그렇듯이 그것은 순수하게 정신적이고 이념적인 세계에서 가장 원초적이고 육체적인 세계로 돌아오기도 한다.

화해와 균형 ─ 예술의 변증법　살아 있는 모든 것이 무수한 대립물 ─ 확실성과 불확실성, 미와 추, 번성과 소멸, 쾌락과 환멸, 순간과 영원, 질서와 혼돈으로 가득 차 있다면, 이 이원성을 어떤 화해적 가능성 속에서 보여 주는 것이 예술이다. 대부분의 인간 활동이 이 이원성을 무미건조한 양자택일 속에서 수용하거나 배제한다. 그와는 달리 예술은 이 대립을 어떤 충일성 속에서, 대상 그 자체의 신비는 존중하는 가운데, 재구성한다. 이 재구성의 과정이 곧 예술적 형상화(Gestaltung)의 과정이다. 이때 세상의 경이는 예술 속에서 축약되거나 추상화되는 것이 아니라, 새로운 형상 속에서 '재배치'되고 '재발견'되며 '재경험'된다. 그리하여 우리는, 마치 그림 속에 묘사된 풀과 나무에서 자연의 새 모습을 깨닫게 되듯이, 문학에서 묘사된 인간과 사건을 새롭게 이해하게 되는 것이다. 예술가는 세계의 저 먼 이데아를 지금 여기의 작품 속에 구현한다. 예술가의 정신, 세계의 이데아, 영혼의 신비는 하나로 엮여 있는지도 모른다.

그리하여 예술의 메커니즘, 예술의 변증법은 가장 구체적인 것과 보편적인 것 사이에서, 가장 정신적인 것과 가장 육체적인 것 사이에서 움직인다. 헤세가 예술 혹은 예술가와 관련하여 '화해(Versöhnung)'나 '공존(Beieinander/Beisammenwohnen)', '양면성(Doppelgesicht)'이나 '통합 가능성(Vereinbarkeit)' 같은 단어를 반복적으로 쓰는 것은 이런 이유에서일 것이다. 예술의 형상화 과정 속에서 삶의 대립들은 하나로 만난다. 현실 속에서 갖가지 대립물은 그 자체로 통합되지 못한 채 서로 상충하며 따로따로 존재하지만, 예술의 형식 속에서 그것들은 하나로 만나 평화롭게 공존하는 것이다. 그렇다면 이 신비 — 자연의 불가해한 전체, 이 전체의 화해적 공존 가능성을 포착하는 것은 예술가의 목표가 아닐 수 없다. 그것은 물론 쉽게 되지 않는다. 거기에는 엄청난 노력이 요구된다. 헤세는 적고 있다. "그러나 예술은 그저 주어지는 선물이 아니다. 그것은 결코 공짜로 가질 수 있는 것이 아니라, 엄청나게 많은 비용이 들며 희생을 요구했다."[21]

바로 이 때문에 예술가들은 예술을 위해 삶을 희생하고, 자유를 위해 쾌락을 저버린다. 자신의 작업실에 하루 종일 틀어박혀 어떤 기념비를 세우고, 이 기념비를 통해 삶의 덧없음을 넘어 불멸로 나아가길 꿈꾸지만, 그러나 대부분은 그르치고 마는 것이다. 여기에 대해 헤세는 두 가지 — 창작과 일상의 충일성, 창조의 고귀한 정신과 향유의 삶이 양자택일적으로 간주되는 것이 아니라 같이 가야 한다고 강조한다. "아, 온전한 삶은, 이 두 가지 — 불멸과 자유를 싸워 얻을 수 있을 때, 그래서 삶이 이 무미건조한 양자택일 때문에 균열되지 않을 때만, 의미를 가지는 것이다! 창작을 하되 이 창작 때문에 삶을 대가로 지불하지 않아야 한다! 살면서도 그러나 창조의 고귀함을 포기하지 않아야 한다! 이것이 대체 불가능한 것인가? 아마도 이것을 해낼 수 있는 사람이 있을 것이다."[22]

죽을 수밖에 없는 것과 불멸, 지금 여기의 삶과 저기 저곳의 창조, 향유와 자유는 마땅히 같이 가야 한다. 그러나 그것은, 다시 한 번

더 강조하여, 간단한 일이 아니다. 그것은 너무도 힘겨운, 엄청난 인내와 수련을 요구하는 일이다. 그리하여 그것은 '소수의 인간'에게 '예외적으로' 나타날 뿐이다.『나르치스와 골드문트』에서 전형적인 학자로 나오는 나르치스는, 자신의 학식이 아니라 오히려 그의 고요와 초연함 그리고 평화를 부러워하는 골드문트에게 이렇게 말한다.

> 물론 평화가 있기는 하지만 계속하여 우리 마음에 살아 있는, 그래서 우리를 더 이상 떠나지 않는 평화란 없다네. 언제나 또다시 끊임없는 싸움을 통해 얻어지는, 그리하여 날마다 새롭게 싸워 획득해야만 하는 평화만 있을 뿐이라네. 자네는 내가 싸우는 것을 보지 않았겠지……. 자네는 내가 자네보다 기분에 덜 좌우된다는 것을 보고서 평화롭다고 생각하겠지. 그러나 그것도 싸움을 통한 것이라네. 그것도, 모든 제대로 된 삶처럼, 또 자네의 삶처럼, 싸움과 희생을 통한 것이라네.
>
> (……) 그러나 선의를 가진 모든 사람에게 공통된 것이 있네. 그것은 우리가 만든 작품이 결국에는 우리를 부끄럽게 만든다는 것이고, 그래서 우리는 언제나 다시 처음부터 시작하지 않으면 안 된다는 것이며, 따라서 늘 새롭게 희생을 바쳐야 한다는 사실이라네.[23]

다시 정리하자. 그것은 다섯 개의 테제로 서술될 수 있을 것이다.

첫째, 예술은 가장 구체적인 것으로부터 가장 보편적인 것으로 나아가고, 감각과 정신, 사라지는 것과 불멸의 것을 서로 잇는다.

둘째, 예술은 그 이음 ── 유한과 불멸의 변증법을 형상화한다.

셋째, 따라서 예술에는, 적어도 뛰어난 예술이라면, 삶의 신비와

자기 충실의 삶, 헤세를 읽는 한 가지 방식

세계의 비밀이 포함되어 있다.

넷째, 예술가는 지금 여기에서 저 너머를, 유한한 것 속에서 무한한 것을 포용하고자 한다. 그럼으로써 대립의 화해, 세계의 포용을 지향한다. 바로 그 때문에 예술가가 만들어 낸 작품에는 이미 세계의 비밀 — 이데아의 무한한 형상이 들어 있다. 그러므로 이데아적 형상은 '세계에 숨어 있는' 것이면서 동시에 '예술가의 영혼 속에도' 내장되어 있다. 이데아의 고향은 세계 혹은 자연이면서 예술가의 영혼인 것이다. 이것이 예술의 경이로움일 것이다. 이데아적 형상 속에서 우리가 일상의 피로를 견뎌 내고 삶의 무상감을 이겨 내는 것은 그 때문일 것이다.

다섯째, 그러나 이것은 오직 각고의 노력 — 헌신과 싸움을 통해 실현할 수 있다.

이 헌신과 싸움은 '매일 새롭게', 그래서 '처음부터 다시 시작되어야' 한다.

관조적 성찰—수동적 능동주의   우리는 앞에서, 헤세의 작품에서는 '기다리고 생각하며 귀 기울이는 일'이 중요하고, 이때 기다리고 생각하고 귀 기울이는 대상은 '자연의 말 없는 생명력', 이 '생명의 통일성' 혹은 '단일성'이라고 지적했다. 이런 작가의 어조에는, 헤세 작품의 여러 주인공들이 보여 주듯이, 관찰자의 수동적 태도가 배어 있음을 언급했다. 그러나 이 수동성은, 만약 그 태도가 어떤 깊은 통찰, 말하자면 인간의 삶은 각자 자신의 몫을 '혼자' 지고 간다는 것, 삶의 어떤 부분은 어느 한 사람이 다른 사람과 결코 공유하지 못한다는 뼈저린 인식으로부터 생겨난 것이라면, 단순히 수동적이라고 말할 수 없다.

결론적으로 이렇게 말할 수 있다. 헤세에겐 분명 관망자적 관찰자적 입장 ─ 수동성에 대한 강한 경사(傾斜)가 있다. 이것은 그가 칭송해 마지않는 여러 가치들, 이를테면 '고요'나 '저녁', '나무'나 '햇살' 그리고 '정원' 등에서 이미 드러난다. 그는 방해받지 않는 것을 좋아했다.(그는 가까운 이웃과 친구를 사랑했지만, 그의 집 대문에는 '실례지만, 방문은 사절합니다.(Bitte Keine Besuche)'라는 팻말이 늘 걸려 있었다.) 그러나 이런 관찰자적 입장은 무책임한 무원칙의 소산이 아니라 그 나름으로 철저한 반성의 결과로 자리한다. 모든 작가나 철학자는 근본적으로 활동적 삶(vita activa)보다는 관조적 삶(vita contemplativa)을 살아가는 사람들일 것이다. 또 크게 보아 예술의 그리고 인문학의 언어가 근본적으로 간접적이고 비유적이라면, 이런 간접성은 관조적 성찰적 삶의 수동성 ─ 이 수동성의 수동주의가 아니라 오히려 그 강인한 능동주의에 있다고 해야 할 것이다. 왜냐하면 예술은 바로 이 성찰적이고 관조적인 활동을 통해 근원 ─ 모든 시간적인 것의 한계를 넘어 무한하고 신적인 것에 대한 갈망을 담고 있기 때문이다.

우리가 낙원을 예감하는 것은 예술의 언어에 어린 무한한 것의 그림자를 통해서일 것이다. 또는 유토피아는 오직 예술 속에서만 '비유적으로' 드러날 것이다. 인문학이 수동적이라면 이 수동성은 바로 이 비유적 언어의 반성적 성찰적 비활동주의에서 올 것이고, 그럼에도 그것이 적극적이라면 그 적극성은 이 성찰적 반성적 에너지에 내장된 현실 개입적 가능성 때문일 것이라고 나는 생각한다. 왜냐하면 예술의 언어는 기존의 현실과는 '언제나 다른 언어'이기 때문이다. 예술은 늘 기성의 질서 속에서 그 바깥을, 이 바깥의 다른 가능성을 염원한다. 헤세가 문학이나 그림을 통해 보여 주려는 것도 바로 이 것 ── 자연의 말 없는 기쁨과의 유대였다. 그는 문학을 통해 앞에 살아 있는 모든 것들의 불멸성을 얘기하고자 했고, 그림을 통해 보는 법과 즐기는 법, 그리고 사물의 기쁨을 보여 주려 했다.

피로와 슬픔 그리고 기만 ── 어디로 갈 것인가?

> "그럼, 그래야지. 아무튼 지치지 않도록 해야 하네. 그렇지 않으면 수레바퀴 아래 깔리게 될지도 모르니까."
>
> ── 헤세, 『수레바퀴 아래서』
>
> 신의 가슴에 나를 던져서, 내 보잘것없는 삶을 무한한 것과 무시간적인 것과 친교 맺고 싶은 오래되고 쓸쓸한 갈망이 내 속에서 어두운 충동이 되어 솟구쳐 올랐다.
>
> ── 헤세, 『페터 카멘친트』

문제는 '수레바퀴 아래' 깔리지 않는 일이다. 중요한 것은 수레바퀴 아래 깔리는 것이 아니라, 어떻게 이 삶의 수레바퀴를 스스로 끌고 나갈 것인가다. 말하자면, 그것은 어떻게 자기 삶의 주인이 될 것인가와 다르지 않다. 조셴코 같은 러시아 작가는 인생에서 가장 중요하고 근사한 것이 무엇인지 모른다고 솔직하게 고백했다. 많은 것은 스스로 만들어 가야 한다. 절실한 것은 각자가 자기 삶의 주인으로서 자기 삶을 스스로 돌보며 조직해 가는 것이다.

무엇으로? 자기 자신의 느낌과 생각과 말과 실천을 통해서다. 자기의 감각과 사고와 언어와 실천을 통해 자기 삶을 조직하는 일은 가능한 것인가? 쉽지 않다. 그러나 불가능한 것도 아니다. 가능하다면 그것은 노력하는 자에게 찾아든다고 할 수 있다. 그것은, 헤세의 말을 빌리면, 외적인 시험의 합격 여부에 두려워하거나 부끄러워하는 것이 아니라 자기 자신의 가치를 좇아 보다 높은 영역을 꿈꾸는 것이고, 계산과 술책이 지배하는 고루하고 옹졸한 세계가 아니라 양심이 지배하는 세계로 나아가는 것이다. 이것은 삶을 사랑하기 위해 자신만의 꿈을 찾아 헤매는 일과 다르지 않다.

우리는 자기가 찾아 헤맨 꿈과 사랑에서 그 누구와도 구별되는 자신의 이름을 쓸 수 있고, 자기 자신만의 방을 만들 수 있다. 이 양심의 세계에서 다른 사람의 삶도, 빈부와 직업을 떠나 존중할 수 있을 것이고, 그러는 한 우리 모두는 인간 대 인간으로서 인간다움의 천부권을 누릴 수 있을 것이다. 그러나 한스는 이런 권리를 누리지 못한 채 죽어 간다. 다음은 친구와 술을 마신 후 홀로 나와 돌아다닐 때의 모습이다.

어느 사과나무 아래 축축한 풀밭에 그는 누웠다. 수많은 불쾌한 감정과 괴로운 불안감 그리고 어정쩡한 생각 때문에 그는 잠들 수 없었다. 그는 자신이 더럽혀지고 수치스럽게 여겨졌다. 어떻게 그가 집으로 갈 것인가? 아버지에게는 무슨 말을 해야 하는가? 그리고 내일이면 어떻게 될 것인가? 그는 자신이 너무도 망가져 비참하다는 생각이 들었고, 그래서 이제 영원히 쉬고 잠들고 부끄러워해야 할 것만 같았다. (……)

그가 노래를 끝내기도 전에 마음속 깊은 곳이 아파 왔고, 어렴풋한 상념과 기억, 수치심과 자책감이 음울한 물결이 되어 한스를 덮쳤다. 그는 큰 소리로 흐느끼며 풀밭에 탄식하듯 쓰러졌다.

한 시간 뒤에는 이미 날이 어두워져 있었고, 그는 일어나 불안하고 힘들게 언덕 아래로 내려갔다.(259~260/278)

살아 있을 때 한스의 마지막 모습을 특징짓는 것은 "수많은 불쾌한 감정과 괴로운 불안감 그리고 어정쩡한 생각"이다. 이런 감정에서 그는 "자신이 더럽혀지고", 그래서 "수치스럽게" 여겨진다. 이 오욕의 감정과 수치심 때문에 그는 아버지를 두려워하고 집으로 돌아가지 못한다. 저녁 식사 시간이 되었는데도 아들이 돌아오지 않자, 그의 아버지는 화를 내며 욕설을 퍼붓는다. 그러면서 등나무 회초리를 꺼내놓고, 현관문도 잠가 버린다. 그는 아들 때문에 잠을 잘 못 이루지만, 그 시간은 결국 지나간다. 그러나 바로 그 시각에 한스는 이미 죽어 있다.

같은 시각에 그토록 꾸지람을 받던 한스는 이미 차갑고 고요하게 검은 강물을 따라 계곡 아래로 천천히 떠내려가고 있었다. 구역질이나 부끄러움 그리고 고통도 그에게서 떠나갔다. (……) 그가 어떻게 물속으로 빠지게 되었는지 아무도 몰랐다. 아마도 길을 잃고, 어느 가파른 곳에서 미끄러졌는지도 모른다. 아니면 물을 마시려다가 균형을 잃어버렸는지도 모른다. 어쩌면 아름다운 강물의 풍경에 유혹되어, 그 위로 몸을 굽혔는지도 모른다. 그래서 그렇게 가득한 평화와 깊은 안식이 어린 밤과 창백한 달이 비쳐 와서, 그가 피로와 두려움 속에서 어찌할 수 없이 죽음의 그림자 속으로 빠져들었는지도 모른다.(260~261/279)

한스가 죽은 이유는 알 수 없다. 그것은 자살일 수도 있고, 어떤 실수에 의한 것일 수도 있다. 분명한 것은 그의 죽음에 중요하게 자리하는 것은 "구역질이나 부끄러움 그리고 고통", 혹은 "피로와 두려움"이다. 그가 죽은 것은, 마치 발을 잘못 디뎌 몸의 균형을 잃을 때 그러하듯이, 삶의 균형을 잃어서였을 것이다. 죽음이란 삶의 균형 상실인 까닭이다. 다음은 그가 죽은 후의 모습이다.

깨끗한 침대 위에 누워 있는 아이는 여전히 섬세한 이마와 창백하고 영리해 보이는 얼굴을 하고 있었다. 그 아이는 뭔가 특이했고, 그래서 마치 여느 사람들과 다른 운명을 가진 것이 자신의 타고난 권리를 가진 것처럼 여겨졌다. 이마와 두 손의 살갗은 약간 푸르스름하고 불그스름하게 굵혀 있었고, 곱상한 표정은 잠들어 있었다. 두 눈은 하얀 눈꺼풀로 덮여 있었고, 꼭 다물어지지 않은 입은 흡족하여 거의 명랑하게 보일 정도였다. 이 소년은 한창때 갑자기 꺾여 즐거운 인생의 행로에서 벗어난 듯한 모습이었다. 아버지 역시 피로와 외로운 슬픔 속에서 이 미소 짓는 환멸에 쓰러져 있었다.(261~262/279)

핵심은 인간의 누구라도 "여느 사람들과 다른 운명을 가지고" 있고, 이 다른 운명이란, 헤세의 시각에서 보면, "자신의 타고난 권리"가 된다는 사실이다. 그러나 이 제각각의 개별적 고유성은 실현되기 어렵다. 그래서 어떤 경우에는, 한스처럼, "한창때 갑자기 꺾여 즐거운 인생의 행로에서 벗어난 듯한 모습"을 보이기도 한다. 그렇다면 중요한 것은 자기의 본래 행로에서 '억지로 벗어나지' 않도록 하는 것이고, 그래서 "이 미소 짓는 환멸 속에 쓰러져 있지" 않는 것이다.

그러나 이 풍요로운 세계 앞에서 한스는 죽어 간다. 그는 물론 햇살과 이슬과 아지랑이와 이끼와 송진과 잣나무 잎과 버섯이 내는 향내를 즐겼고, 이 세상을 이루는 다양한 색채를 누렸다. 공부 때문에 수척해진 그를 보고 플라이크 아저씨가 권한 것도 바로 이런 세계였다. "어리석은 일이야, 한스. 그것은 죄악이라고. 너만 한 나이에는 바깥 공기도 마시고, 운동도 제대로 하며, 충분히 쉬어야 하는 법이라고. 도대체 뭣 때문에 방학이란 게 있는 줄 아니? 방구석에 틀어박혀 계속 공부만 하지 말거라. 넌 정말 뼈와 가죽만 앙상하구나!" (79~80/177) 공부만큼이나 중요한 것은 휴식이고, 더 중요한 것은 공부 중의 휴식이다. 혹은 공부 자체가 휴식이 되도록 하는 것일까? 아니면 휴식하듯 공부하는 것일까? 가장 근원적인 것인 공기와 땅과 생명이 어울려 있는 삶의 세계를 느끼고 생각하며 살아가는 일이다.

지금 여기의 세계란 교리 문답이나 설교 혹은 연구서나 논문의 그것에 비하면 얼마나 넓고 아득한 것인가? 이 세계를 말하는 것은 단순히 감상주의를 부추기거나 몽상성 혹은 신비주의를 강조해서가 아니다. 그것은 우리가 매일 매 순간 느끼고 감각하는 모든 것을 사실상 채우는 것이다. 그런 점에서 그것은 현실주의적 요구이고, 이 현실의 진폭과 다차원성에 대한 호소이다. 이 넓은 현존의 세계를 채우는 냄새와 색채와 소리를 느끼며 사는 것, 이렇게 살고 있다는 것의 놀라움을 예감하고 경험하는 것은 그 자체로 고귀하다. 아니 단순히 고귀한 데 그치는 것이 아니라 선하고 윤리적이기도 하다. 왜냐하면 감각과 육체의 기쁨은 보다 넓은 세계 ─ 영혼의 기쁨을 주는 보다 온전한 세계로 이어지기 때문이다. 이 세계를 감지하지 못하는 삶은 '뼈와 가죽'으로만 남은 앙상한 것이고, 그것은, 플라이크 씨의 말을 빌리면, '죄악'과 다름없기 때문이다. "영혼을 더럽힐 바에야 차라리 열 번이라도 육신을 썩히는 게 낫단다."(80/178)

그러나 플라이크의 이 같은 지혜는 한스에게 전달되지 못한다. 어쩌면 한스는 너무 이르게 자신의 종말에 이르렀는지도 모른다. 혹은 더 깊게 삶을 성찰하기에는 현실의 무게가 너무 무거웠거나, 그의 나이가 너무 어렸는지도 모른다. 바로 이 때문에 나는 어떤 아쉬움을 가진다. 이 아쉬움이란 작게는 한스의 행동에 나타난 소박함 혹은 취약함 때문이고, 크게는 이야기를 더 길게 그리고 더 복합적으로 끌고 가지 않은 작가 때문이다. 어떤 것이든 나는 한스의 현실 대응 방식이 좀 더 집요하고, 그 현실 인식이 더 철저했으면 하고 바란다. 바로 이 점에서 『데미안』의 내용은 한번 검토해 볼 만하지 않나 여겨진다.

3   어떻게 살 것인가? ─ 『데미안』 분석

산다는 것이 아직도 가능한 것인가?

─ 헤세, 『싯다르타』

골드문트의 마음속에서는 삶 이외의 어떤 것도 현실적이거나 생생하지 않았다. 심장의 불안한 고동이나 아픈 가시 같은 그리움, 그리고 그의 꿈이 가진 기쁨과 불안이 곧 삶이었다.

— 헤세, 『나르치스와 골드문트』

앞에서 우리는 한스 기벤라트가 속물적 세계에 휩싸여 있으면서도 이런저런 인물들 — 자기를 알아봐 주는 교장 선생님이나 몇몇 친구들의 도움으로 삶의 크고 작은 장애를 헤쳐 가는 것을 보았다. 특히 구둣방 아저씨 플라이크의 도움은 매우 컸다. 한스는 "자기 자신의 힘으로" "구원의 길을 찾아" 나서지만, 그러나 결국 실패하고 만다.

흥미로운 사실은 『수레바퀴 아래서』에서 전개된, '자기 자신의 힘에 의한 구원의 시도'라는 주제는 13년 뒤에 출간된 『데미안』에서 좀 더 본격적으로 전개된다는 점이다. 그러나 이것은 한두 마디로 구호화되어 있는 것이 아니라, 나의 판단으로는, 네 단계에 걸쳐 있다. 이 단계는 그 자체로 현실에 대한 일정한 방법적 대응이라고 할 수 있다. 그러니까 『수레바퀴 아래서』와 『데미안』이 보여 주는 것은 결국 '어떻게 살 것인가'라는 물음에 대한 헤세의 답변이지 않나 여겨진다.

첫째 단계, 인간 각자의 삶은 무엇인가?

둘째 단계, 삶 혹은 세계는 어떻게 구성되어 있는가?

셋째 단계, 이 삶에서 출발점은 무엇인가?

넷째 단계, 자기 자신이 삶의 출발점이라면, 이 '나'는 세계와 어떻게 관계하는가?

차례대로 살펴보자.

인간 각자는 누구인가?

『데미안』을 시작하면서 헤세는, 작가들이 글을 쓰면서 마치 신처럼 인간사를 다 아는 듯이 쓰는 것은 문제가 있다면서, 이렇게 적는다. "나는, 작가들이 그렇게 할 수 없듯이, 그럴 수 없다. 그러나 나에게는 나의 이야기가, 그 어떤 작가에게 그의 이야기가 중요한 것 이상으로, 중요하다. 그것은 나 자신의 이야기이기 때문이다."(7/235)

작가는 어느 다른 누구의 이야기가 아니라 자기 자신의 이야기를 해야 하는 사람이다. 그것이 정직한 일이고, 또 그가 감당할 수 있을 일이기 때문이다. 어떤 허구적이고 가공적인 인물이 아니라, 지금 여기에 살아 있는, 또 살아가는 이야기를 우리는 해야 한다. 하지만 '지금 여기에 살아 있는 각자가 누구인가'라는 것은 그 어느 시절보다 불명료해졌다고 헤세는 진단한다. 그러면서 자기 견해를 밝힌다.

그러나 모든 인간은 그 자신일 뿐만 아니라 일회적이고 완전히 특별하며, 어떤 경우에도 중요하고 주목할 만한 점(點)이며, 이 점에서 세계의 현상들이, 오직 한 번 그렇게, 그리하여 다시 되풀이되지 않고, 교차한다. 그 때문에 모든 인간의 이야기는 영원하며 신적이다. 그래서 각자는, 그가 어떻든 살아가면서 자연의 의지를 충족시키는 한, 경이로우며 그 모든 주의를 할 만하다.

(……) 나는 찾는 자이고, 아직도 그렇다. 그러나 나는 별을 쳐다보거나 책속에서 찾지 않는다. 나는 나의 피가 내 속에서 소리 내는 그 가르침을 듣기 시작한다. 나의 이야기는 편치 않고, 지어낸 이야기처럼 달콤하거나 조화롭지 않다. 그것은 자신을 더 이상 기만하지 않으려는 모든 사람들의 삶

처럼 어리석음과 혼란, 광기와 꿈의 냄새가 난다.(8~9/235f.)

위에서 드러나는 것은 헤세 작품의 개인적이고 실존적인 차원이다. 그것은 근본적으로 자기 자신의 자전적 삶을 기록한다. 이 자전적 기록물은 그러나, 더 꼼꼼히 살펴보면, 반드시 사적으로만 구성되지는 않는다. 작가의 자기 추구는 단순히 "별을 쳐다보거나 책 속에서" 이뤄지지 않기 때문이다. 그의 자아는 "자신을 더 이상 기만하지 않으려고" 애쓰는, "일회적이고 완전히 특별하며, 어떤 경우에도 중요하고 주목할 만한 점(點)"으로서, 이 점에서는 "세계의 현상들이, 오직 한 번 그렇게, 그리하여 다시 되풀이되지 않고, 교차한다."

헤세의 '나'는 나이면서 "어리석음과 혼란, 광기와 꿈"의 냄새를 풍기며 나를 '넘어서려는' 존재다. 그는 '확대된 나'다. 그는 일반화된 개인이면서 이 일반화된 개인성을 추구하는 보편적 주체인 것이다. 바로 이 점에서 그 자아는 "경이로우며 그 모든 주의를 할 만하다." 바로 이 보편적 개인이 헤세가 찾는 자아이고 그가 가닿고자 하는 개인이라면, 이 개인은 간단하지 않다. 그리하여 헤세는 이렇게 강력한 어조로 적는다. "모든 인간의 삶은 자기 자신으로 향한 길이고, 어떤 길의 시도이며, 하나의 오솔길에 대한 암시이다. 지금까지 그 어떤 인간도 전적으로 자기 자신이었던 적은 없었다."

어둠과 비밀의 포용

그런데 인간이 사는 세계는, 헤세가 파악하기에, 두 개의 상이한 영역으로 구성되어 있다. 그가 파악한 세계는, 다소 도식적이긴 하나,

밝음과 어둠으로 되어 있다. 한편으로는 깨끗하고 맑고 부드럽고 다정한 차원이 있는가 하면, 다른 한편으로는 비밀스럽고 무시무시하며 거칠고 잔혹한 차원이 있다. 그런데 이 두 차원은 분명하게 나뉜 것이 아니라 애매하게 겹쳐 있다. 그래서 진선미의 추구는 늘 좌초하고 만다. 바르고 선하며 아름다운 것은 언제나 '하나의 가능성'이자 '예감'으로만 남는 것이다.

소설 『데미안』에서 보이는 사건들은 이런 시도가 보여 주는 좌충우돌의 착잡한 과정이고, 더하게는 이런 시행착오 속에서 주인공 싱클레어가 어떻게 자기 삶을 만들어 가는가를 보여 준다. 악동 크로머의 괴롭힘이나 친구 데미안과의 만남, 소녀 베아트리체에 대한 사랑이나 오르간 연주자 피스토리우스와의 대화도 이런 이야기의 주요 줄기에 해당한다. 특이한 사실은 세계를 이루는 이 두 영역 가운데 뒷부분 — 세계의 어두운 부분은 흔히 악마 탓이라고 여겨지면서 자주 은폐되고 묵살되지만, 싱클레어는 이 어두운 차원 역시 중요하다고 여긴다는 점이다. "우리는 모든 것을 존중하고 성스럽게 여겨야 한다고 나는 생각해. 인위적으로 나누어진 공식적인 절반뿐만 아니라 세계 전체 말이지!"(83/281)

'직분'에의 충실

이 두 세계 앞에서, 두 세계 가운데 어둠과 비밀과 불확실성에 더욱 주의하면서 나는 무엇을 어떻게 해야 하는가? 『데미안』에는 '자기 자신으로 가는' 일이 전편에 걸쳐 반복적으로 강조된다. 그러나 그 뜻은 그 자체로는 불분명하다. 그것은 좀 더 구체적으로 파악될 수 있는

자기 충실의 삶, 헤세를 읽는 한 가지 방식

가? 헤세는 이렇게 적고 있다. 몇 가지를 인용하면 아래와 같다.

누구에게나 하나의 '직분(Amt)'이 있지만, 그러나 그것은 스스로 선택하고 고쳐 쓰고 자의적으로 다루어도 되는 것이 아니다. (……) 이 세상에 무엇인가를 주겠다는 것은 완전히 틀렸다! 깨어 있는 인간에게는 하나의 것, 말하자면 자기를 스스로 찾고, 그 속에서 확고해지며, 그래서 자신의 고유한 길을, 그것이 어디로 가든, 앞으로 더듬어 가는 것 이외에 어떤 의무도 없다. (……) 모든 사람에게 참된 소명(Beruf)이란 단 한 가지 — 자기 자신으로 가는 것이었다. 그는 시인이나 혹은 미치광이로, 예언가나 혹은 범죄자로 끝날 수도 있다. 그것은 그의 일이 아니었다. (……) 그의 일은 자기 자신의 운명을 찾는 것, 어떤 자의적인 운명이 아니라, 그 운명을 자기 자신 속에서, 완전히 그리고 굴절 없이 살아 내는 것이었다. 다른 모든 것은 어중간한 것이고 도피 행각이며, 무리(Masse)의 이상(理想)으로 도피하는 것이며, 순응이고, 자기 자신의 내면에 대한 두려움이었다. (……) 나는 자연이 던진 것이며, 불확실성 속으로, 어쩌면 새로운 것, 어쩌면 무(無)로 던져진 존재인지도 몰랐다. 그리하여 이 근원적 깊이로부터 던져진 존재가 활동하게 되고, 내 속에 든 그 의지를 느끼며, 이 의지를 온전히 나의 의지로 만드는 것, 오직 그것이 나의 소명이었다.(171~172/334f.)

"자기 자신으로 간다"는 것은 헤세적 의미에서 자기에게, 또 자기의 것으로 보이는 것에 무조건적으로 복무한다는 것이 아니다. 그것은 삶의 근본적 불확실성 앞에서 주어진 것에 순응하는 것이 아니라,

또 집단 혹은 무리(Masse)에 추종하는 것이 아니라, "자기 자신의 운명을 찾는 것이고(첫째), 어떤 자의적인 운명이 아니라, 그 운명을 자기 자신 속에서, 완전히 그리고 굴절 없이 살아 내는 것(둘째)"이다. 그것은 "자기를 스스로 찾고, 그 속에서 확고해지며, 그래서 자신의 고유한 길을, 그것이 어디로 가든, 앞으로 더듬어 가는 것(셋째)"이다. 그 점에서 그것은 하나의 '의무'이고, 나아가 '직분'이며 '소명'이기도 하다.

그런데 이러한 직분 혹은 소명은, 헤세의 견해로는, 인간 누구에게나 처음부터 들어 있는 것이다. 적어도 그가 인간으로의 "그 가능성을 의식하면서, 말하자면 그 가능성을 부분적으로 의식하는 것을 배움으로써 이 가능성은 자기 것이 된다."(143/318) 그렇다면, 자기에게로 가는 길, 자기 자신의 운명을 찾아가고 그 삶의 가능성을 만들어 가는 것은 우연이 아니다. 그것은 필연적인 사항이고, 그래서 '의무'가 된다. 아니 의무 이전에 "그 자신이, 그 자신의 갈망과 하지 않을 수 없는 성격(Müssen)이 그를 그쪽으로 이끌어 가는 것"이다.(131/310) 그리하여 헤세는 이렇게 쓴다. "자기 자체로부터 떠나가는 것은 죄악이다. 사람은 마치 거북이처럼 자기 자신 속으로 완전히 기어들어 갈 수 있어야 한다."(88/282)

패거리 짓지 않기

자기 자신으로 돌아가는 것을 헤세가 그렇게 강조한 데는 분명한 이유가 있다. 그것은 생각 없이 몰려다니면서 이런저런 이벤트나 쇼를 벌이거나, 시대의 유행을 좇아 모여드는 일을 불신했기 때문이

　　　　　　　　　　자기 충실의 삶, 헤세를 읽는 한 가지 방식

다. 헤세가 가장 경계한 것은 무리(Masse)의 일원으로 '패거리 짓는 일 (Herdenbildung)'이었다. 데미안에 대하여 작가는 작품의 마지막에서 이렇게 적는다.

> 그는 유럽의 정신과 이 시대의 징후에 대해 말했다. 도처에서, 그는 말하기를, 서로 모여 결합하고 패거리 짓는 일이 지배하고 있지만, 그러나 그 어디에서도 자유와 사랑은 없어. 대학생 모임과 노래 모임에서부터 국가에 이르기까지 이 모든 함께하는 모임(Gemeinsamkeit)은 하나의 강제된 모임이야. 그것은 불안과 공포 그리고 당혹감에서 비롯된 모임이지. 그 내부는 썩어 있고 낡아 있어서 곧 붕괴할 거네.
> 함께하는 모임은 좋은 일이지. 그러나 (……) 지금 함께하는 일에서 있는 것은 패거리 짓는 것일 뿐이야. 사람들은 서로에 대해 불안감을 가지기 때문에 서로 달려간다네. (……) 그런데 그들은 왜 불안한가? 자기 자신과 하나이지 못할 때, 사람은 불안감을 가지지. 그들이 불안한 것은 결코 자기 자신조차 스스로 알지 못하기 때문이야.(182/340f.)

위에서 보듯이, 헤세는 사람들이 서로 '함께하는 일(Gemeinsam-keit)' 자체를 반대하지 않는다. 그가 우려하는 것은 두려움과 당혹감에서 이뤄지는 어떤 타자로의 도피이다. 거기에는 '강제적인' 것이 작용하고, 그래서 '자유와 사랑'이 부재하다. 자유와 사랑 없이 어떤 다른 것에게로 강제되듯이 도망가는 것은 "자기 자신과 하나이지 못하기" 때문이고, "자기 자신조차 스스로 알지 못하기" 때문이다.

스스로 원해서가 아니라, 억지로 타자를 찾는 것은 자기 자신의 소명을 찾아내려는 대신 외부의 명령에 따르고, 자기 자신의 삶을 '굴절 없이' 살아가기보다는 이익 관계 속에서 주어지는 대로 살아가는 일이다. 이런 하나 됨에서 책임이나 윤리는 휘발된다. 이 강요된 패거리에서 사람들은 뭔가 스펙터클한 것이 '터지기'를 원하기 때문이다. 전쟁은 그렇게 하여 희구되는 가장 스펙터클한 폭력의 하나다. 유럽의 정신이 황폐화되는 것도 바로 이 개체의 전체화 — 생각 없는 패거리 짓기에서 온다. 헤세는 유럽에서 공장과 술집이 늘어나는 대신 영혼과 정신은 잃어버렸다고 말한다.

다시 한 걸음 물러나자. 패거리를 짓지 않고 자기 자신으로 돌아가는 데도 많은 준비가 필요하다. 이런 준비에는 몇 번의 결의뿐만 아니라, 여러 가지 체험과 절실한 고민 그리고 오랜 배움이 필요하다. 모든 좋은 일에 많은 책임과 부담과 노력이 필요하다는 것은 자명하다. 『수레바퀴 아래서』나 『데미안』에는 나오지 않지만, 10년에 걸쳐 헤세가 쓴 말년의 대작 『유리알 유희』에는 이런 구절이 있다.

여보게, 진리는 있네. 그러나 자네가 갈구하는 가르침, 절대적이고 완전하여 오직 현명하게 만드는 그런 가르침은 없다네. 결코 완전한 가르침을 갈구해선 안 되네. 그보다는 자네 자신의 완전함을 갈구하게. 신성은 자네 속에 있는 것이지 개념이나 책 속에 있는 게 아니라네. 진리는 살아 있는 것이지 강의할 수 있는 게 아니네. 싸울 각오를 하게, 요제프 크네히트. 싸움은 이미 시작되었네.[24]

어떤 가르침이나 교훈 자체가 완전하지는 않다. 완전한 것이 있

자기 충실의 삶, 헤세를 읽는 한 가지 방식

어야 한다면 개념이나 책이 아니라, 이 책을 읽는 자기 자신이어야 한다. 그리하여 가르침의 완전성이 아니라 자기 자신의 완전성을 추구해야 한다고 헤세는 말한다. 각 개인은 더 높은 완전성으로, 그래서 성숙성으로 나아가야 한다. 싸움은 이 나아감, 이 성숙성을 추구하기 위해 필요하다. "싸움은 이미 시작되었다."

이 대목에서 좀 더 자세히 검토해야 할 사항이 하나 있다. 그것은 앞에서 말한 '패거리 짓는 일'과 '홀로 있음', 대중과 개체, 집단과 개인의 문제이다. 흔히 말하는 자유와 책임, 사적인 것과 공적인 것의 문제도 집단과 개인의 문제에 대한 이런저런 변주의 한 형식에 불과하다. 헤세 문학의 사상적 기저에는 흔히 '양극성'의 이념 — 감성과 이성, 육체와 정신, 혼돈과 질서, 인간과 자연, 생명과 비생명, 세속성과 신성 등이 있다고 간주되지만, 이 양극성이라는 것도, 줄이고 줄이면, 결국 개체와 집단의 다양하게 확대된 하나의 버전일 것이다.

── 보론 3: 김우창의 '사회적 내면성'에 대하여 ──────────
이런 점에서 개체와 집단, 개인적인 차원과 사회적인 차원, 혹은 내면적인 것과 외면적인 것이 어떻게 어우러지면서 서로 이어지는가에 대한 면밀한 고찰이 필요해 보인다. 아니, 단순히 필요한 것이 아니라, 그것의 이론적 철학적 정초는 인문학의 가장 중대한 주제의 하나가 아닌가 나는 판단한다. 이 점에서 김우창의 '내면성' 개념 혹은 '내면적 이성'에 대한 탐구는 매우 중요해 보인다. 그러나 이 제한된 지면에 이성의 가능성에 대한 그의 생각을 모두 끌어들일 수는 없다.

왜냐하면 그는 첫 저작인 『궁핍한 시대의 시인』(1977) 이후, 특히 이 책에 실린 「문화-현실-이성」이나 「실천적 관심과 이상적 언어」 이후 지속적으로 '새로운 이성'의 가능성을 그 누구보다 철저하게 그리고 다각도로 탐색해 왔기 때문이다.

한국 사회는 개화 이후 지난 100여 년 동안 정치 경제적으로, 또 사회 역사적으로 너무나 극심한 변화를 겪어 왔다. 국권의 상실과 전통의 단절 그리고 외래문화의 유입으로 이어지는 지속적인 위기 속에서 이 땅의 사람들은 숱한 현대사의 굴곡들 ─ 8·15 해방과 6·25 전쟁 그리고 1970~1980년대의 산업화와 민주화를 정신없이 거쳐 왔다. 흔히 말하듯이, 이런 '압축적 근대화' 과정에서 상실된 중요한 가치의 하나는 '작은 삶의 행복'일 것이다. 이 작은 삶을 이루는 것은 말할 것도 없이 개인적인 것들이고, 이 개인적인 것들 속에 자리한 내면적인 가치들일 것이다. 이 내면적인 가치들에는 '반성'이나 '양심', '정직'과 '윤리', '마음'과 '이성' 등이 있다. 여기에서 중심은 이성의 문제다.

새로운 이성의 가능성을 모색하기 위해 김우창은 데카르트 이후 후설을 거쳐 하버마스와 푸코 그리고 찰스 테일러에 이르기까지의 서구 이성의 합리주의적 전통이 지닌 성취와 한계를 차례대로 검토할 뿐만 아니라, 동양의 사상적 전통에 대한 비판적 논평도 포함하면서, 또 파이어아벤트와 프리고진의 과학적 회의주의에 대한 진단뿐만 아니라 퇴니에스나 베버의 사회과학적 유산도 고려하면서, 그야말로 종횡무진으로 자신의 생각을 펼쳐 나간다. 특히 여기에서 전개되는 데카르트에 대한 논평이나, 하이데거와 하버마스 그리고 찰스 테일러와의 비판적 대결 속에서 시도되는 '근본적 반성성'의 철저성은 과히 전례 없지 않나 여겨진다.[25] 이런 모색의 방법은 어떻게 이뤄지는가? 그것은, 간단히 줄여 말하자면, 이른바 "내면적 선회"를 통해[26] 이뤄진다. 말하자면 어떤 추상적인 개념이나 선험적 초월적 원리가 아니라 우리 마음속에 있는 어떤 목소리 —— 마음의 내면 공간에서 일어나는 실존적 절실성과 그에 따른 선택과 결단에 그는 주의한다.(그래서 그에게는 '내면', '양심', '마음', '절실성', '선택', '결단' 같은 어휘들이 매우 중요하다.) 이에 대한 성찰은 곳곳에 흩어져 있으나 가장 핵심적으로 보이는 네 군데만 인용해 보자.

우리 속에 존재하는 외부의 권위라고 하더라도 그것은 우리의 내면을 통하지 않고는(비록 고뇌의 과정이 된다고 하더라도) 존재할 수 없다. 개체와 사회를 연결하는 어떤 요인의 경우에도, 그것이 양심이든 이성이든 또는 심미적 동화이든, 그러한 과정은 불가피하다. 다만 이 교량이 진정한 삶의 정열이 되기 위하여서는 외부의 힘과 우리의 내면의 일대일의 맞부딪침이 아니라 제3의 어떤 것, 우리 내면의 어떤 보편적 토대를 통하는 것이 아니면 아니 된다.(313)

그러나 우리가 여기에서 강조하고자 하는 것은 이성에 의한 양심의 중화가 아니라, 이성의 양심에의 착근이다. 이성은 내면성 속에 양심과 공존한다. 그것은 우리의 내면적 과정에서, 즉 다른 내면의 여러 요소들 그리고 우리 내면에 투입된 외부 힘들과의 긴장 관계 속에서 하나의 요인인 것이다. 그것은 그러한 요소와 작용 속에 이미 들어 있다. 위기와 고뇌 속에서 형성되는 내면적 비전은 불확실성 속에서의 여러 가능성의 하나를 선택한 결과이다. 이성의 작용이 가능성의 조감과 선택의 원리라고 할 때, 내면적 비전에는 이미 이성의 움직임이 있다고 할 수 있다.(318)

그러나 모든 원리가 정당화되는, 선험적 원리를 넘어가는 선험적 원리를 찾는 것은 불가능한 일일 것이다. 결국 모든 내면적 반성이 드러내는 선험적 원리는 한편으로는 어떤 종류의 편견의 파괴와 다른 한편으로는 그러한 파괴의 토대가 되는 다른 편견 사이에서 움직인다고 할 수 있다. 이 토대로서의 편견은 한 시대의 문화 속에서 정당화된다. 데카르트적이든 또는 전근대적이든, 내면적 반성의 기획은 보이지 않는 결정의 요인으로서 시대의 에피스테메(epistēmē)의 핵심 동기로서 존재한다.(302)

빠른 속도로 공급되고 사라지는 정보는 우리에게 참다운 생각과 느낌을 갖게 하려는 것보다는 우리에게 빠른 반응만을 허용하고, 또 그렇게 하도록 계획된 것이다. 우리의 반응은 반성되지 아니한 조종의 전략에 의하여 지배된다. (……) 우리는 자기로 돌아가서 자신을 되돌아볼 여유를 허용받지 못한다. (……) 이러한 상황에서 세계의 전체상에 대한 관조도, 양심의 투쟁을 통한 사회와 자신에 대한 반성도, 자신의 육체적 자질과 능력에 대한 자기 포착도, 또는 사회와 인간 해방의 전반적 기획으로서의 이성의 작용도 설 자리가 없게 됨은 당연하다.

그리하여 오늘날 필요한 일의 하나는 내면으로 돌아가는 길을 열어 놓는 일이다. 극단적인 경우 이것은 동양의 전통에서 익숙한 은둔 또는 유럽의 지식인에게 잘 알려져 있는 내적 이민이라는 패배주의를 의미할 수도 있다. 하버마스 교수의 현실주의 철학이 강조하는 바와 같이, 어떠한 가치도 사회 제

자기 충실의 삶, 헤세를 읽는 한 가지 방식

도로 옮겨질 때까지는 현실적 의의를 갖지 못한다. 그러나 우리는 유토피아의 상징들이, 앞에서 언급했던 스티븐스의 시가 말하고 있듯이, 마음의 중심의 암자에 숨어 들어가지 않을 수 없게 되는, 가치와 현실 제도의 분리가 불가피한 경우가 있음을 인정하지 아니할 수 없다. 할 수 있는 일이 없는 것은 아니다. 내면성의 과정이 사회 과정의 일부로서 중요함을 잊지 않게 하는 것도 작은 일만은 아니다. 또 이것은 내면성의 문제에 대한 교육의 문제로도 말하여질 수 있다. (……) 대학에서 내면성의 교육, 또는 더 좁혀서 이성 교육의 필요를 말할 수 있다.

오늘의 대학은 주어진 사실성의 세계에의 적응과 진입과 이용 전략을 가르치는 곳이다. 여기에서 바랄 수 있는 최선의 효과는 피상적인 의미에서의 합리적 계산 능력의 내면화이다. 심오한 의미에서의 이성의 교육이 이것과 완전히 별개의 것은 아니다. 이미 존재하는 것은 자기 초월을 통하여 전혀 다른 것으로 질적 변화를 이룩한다. 그럼에도 불구하고 나는 큰 의미에서의 이성, 또는 일반적으로 삶의 내면 과정에 대한 각성을 방법화하는 것이 절실하게 필요하다는 생각이 든다.(321)(강조는 모두 필자)

이렇게 이어지는 논의의 핵심에는, 최대한으로 줄이면 '이성의 내면적 토대'에 대한 탐구가 있고, 이런 탐구로부터 결정화(結晶化)되는 것은 '자기 성찰적 이성'의 가능성이다. 그리하여 김우창의 이성은 결국 '사회적 내면성'이라는 개념으로 수렴되지 않는가라는 나는 생각한다. 자기 성찰적 이성이란 다른 말로 반성적 의식이고, 크게는 인문적 이성이라고 할 수 있다. 왜냐하면 그것은 이성 자체가 아니라 감성으로부터 시작하고, 감성의 느낌을 존중하면서 그 너머로 나아가기 때문이다. 그의 이성을 '심미적 이성'이라고 부르는 것도 이런 이유에서다. 이 '사회적 내면성 혹은 '내면적인 것의 사회적 이성적 차원'을 최대한으로 줄인다면, 어떻게 되는가? 그것을 다섯 개의 테제로 줄여 보자.[27]

(1) 이성에는 내면적 토대가 있다.

김우창의 이성은 무엇보다 '내면적으로' 정초되어 있다. 이성은 말할 것도 없이 삶의 외면적 사회적 관계에 우선 적용된다. 그러나 그는 이성을 어떤 선험적 원리나 추상적 개념이 아니라, '마음으로부터 우러나오는', '마음으로부터 요청되는' 반성의 형식으로 이해한다. 김우창의 이성은 내면적 이성이다.

(2) 이성의 내면 공간에서 반성이 이뤄진다.

이성의 내면 공간이란 곧 마음이다. 이 마음에서 사물에 대한 판단, 진위와 선악에 대한 구분이 일어난다. 즉 반성이 일어나는 것이다. 이 반성을 통해 주체는 자신을 더 객관적으로 알고, 타인에 대해 책임지게 된다. 개개인의 정체성은 이렇게 '사회 윤리적으로' 구성된다. 내면적 이성은 반성적 이성이다.

(3) 마음속의 반성, 그것이 곧 양심이다.

개인은 내면적 반성과 이 반성의 불확실한 경로 속에서 양심을 유지한다. 그러니까 양심은 처음부터 자명하게 주어지는 것이 아니라 위기와 고뇌 속에서 견지되는 내면적 자기 검토를 통해 비로소 획득되는 것이다. 이때 주체는 투명한 마음을 지닌 투명한 자아 — 양심적 존재다. 그는 내면적 반성을 통해 자신을 돌아보고 현실을 인식하며 세상을 관조한다. 그러므로 양심은 반성적 내면적 이성의 궤적

자기 충실의 삶, 헤세를 읽는 한 가지 방식

이기도 하다.

(4) 현대 사회의 가장 근본적 폐해는 이 내면 공간의 소멸에서 온다.

(5) 그러므로 내면성, 즉 양심-마음-실존적 절실성의 훈련이 절실하다.

헤세 논의와 관련하여 중요한 사실은 내면적인 것과 외면적인 것의 얽힘이다. 이 얽힘은, 간단히 보아, 두 차원에서 일어난다. 개인의 '안'에서 내면적인 것은 그 외면, 즉 현실적인 것과 서로 교차한다. 그렇듯이 개인의 '밖'에서도, 즉 개인의 대외적 관계에서도 내면적인 것은 사회적인 것과 서로 겹친다. 이런 점에서 우리는 '사회적 내면성' 혹은 '내면적인 것의 사회적 차원'을 말할 수 있고, 바로 이 겹침을 김우창은 기존 사상과의 비판적 대결 속에서 드높은 설득력 아래 정초하고 있지 않나 여겨진다. 그렇다면 우리는 이제부터 '사회적 내면성'이란 개념을 좀 더 적극적으로 쓸 수 있을 것이다.

그러므로 이 글에서 '내면성'을 강조한다고 해서 현실에서 은둔하거나 사회적으로 고립되자는 말이 아니라는 사실은 이제 자명해졌다. '사회적 내면성'이란 개념에서 내면성이란, 다시 정리하자면, 단순히 사적으로 밀폐된 자아의 영역이 아니기 때문이다. 그것은 자아의 내부로부터 그 밖으로 열린 영역이고, 따라서 단순히 주관성에 머무는 것이 아니라 이 주관성의 주관주의적 차원을 객관화한 혹은 객관화하려는 주관성이다. 이것은 마치 바른 사회성이 즉물적으로 대상화되는 데 그치는 것이 아니라 — 이렇게 즉물적 대상화에 그친다면, 그것이 곧 '사물화(Verdinglichung)'가 될 것이다. — 개별성/개체성을 적극적으로 포용하는 것과 같을 것이다. 그러므로 바른 사회성이 자아의 내면성을 포용하듯이, 개인의 참된 내면성은 사회성으로 이어진다.

그리하여 우리는 김우창의 사회적 내면성에 기대어 '내면성의 사회적 열림'을 말할 수 있고, '사회성의 내면적 포용' 또한 말할 수 있다. 이 사회적 내면성에서 내면성과 사회성, 집단성과 개체성은 서로 겹치면서 삼투한다. 마음이란 개인성과 사회성이 서로 만나 어우러지는 곳이다. 이 두 차원이 제대로 어울릴 때, 마음은 좀 더 초연해지고 투명해진다. 이 마음은 개인의 내면 깊은 곳으로부터 우러나오는 것이면서 사회 정치적 현실에, 나아가 세계의 질서에 열려 있다. 양심의 작용 — 내면 공간의 반성이 행해지는 까닭이다. 주체는 이 투명한 마음에 기대어 외물(外物)의 허상으로부터 한 걸음 물러나 집착과 편견을 줄이면서 좀 더 윤리적으로 된다. 이것이 내면적 반성적 이성의 역학이다.

이러한 논의가 헤세 문학의 이해에서 가지는 의의는, 크게 보아, 두 가지다.

첫째, 헤세 문학은 흔히 '내면성의 문학'으로 불리고, 그 주된 주제는 '자아 완성' 혹은 '자기완성으로의 길'로 언급된다. 그러나 문학에서 '내면성'이나 '자기완성'만을 시종일관 강조하는 것은 지루하고 공허하다. 그보다는 자아의 내면성이 어떻게 외적 현실과 얽혀 있고, 개인의 삶이 어떻게 사회적 삶에 연루되어 있는지에 대해서 면밀하게 고찰해야 한다. 그러나 이 대목은 누락되어 있다. 이것은 헤세가 이론가가 아니라 문학자라는 점에서 이해되지만 — 왜냐하면 작가는 삶을 '설명'하거나 '논증'하는 것이 아니라 서사를 통해 '묘사'하는 까닭이다. — 그러나 그럼에도 불구하고 내면성과 사회성 사이의 연결고리는 논리적으로 최대한 선명하게 서술되어야 한다. 그래서 이 연결 관계가 설득력을 가진다면, 우리는 그 길을 보다 확고한 믿음 아래 갈 수도 있을 것이다. 이런 점에서 김우창의 '사회적 내면성' 논의는 헤세 문학의, 또 일반적으로 말하여, 문학론 일반의 논리적 미비를 메워 줄 수 있다.

둘째, 넓게 보아 개인과 사회, 내면성과 외면성의 관계는 문학의 핵심 주제일 뿐만 아니라, 사실은 인문학 전체의 가장 근본적인 사안의 하나라고 할 수 있다. 그러면서도 문학과 인문학의 무게 중심은, 사회과학이나 자연과학과는 달리, 사회나 외면성이 아니라 개인과 내면성에 놓여 있다. 개인의 내면성, 이 내면 공간에서의 자기 응시와 자기비판, 이 비판 속에서 작동하는 감각적 진실성과 이성의 진실, 그리고 궁극적으로 양심의 의미는 개인 속에서, 외로운 개인의 내면적 비전 속에서 이미 초개인적/사회적으로 드넓게 펼쳐지는 것이다. 그리하여 내면 공간은 독립적 주체의 정체성과 삶의 진리가 구성되는 공간이 된다. 그렇다면 결론적으로 이렇게 말할 수 있다. 내가 주체적이고 자율적인 존재로 자신을 확립하기 위해, 개인이 자신의 양심을 잃지 않고 살아가기 위해, 그리하여 결국 삶 전체의 해방을 위해 '내면적 선회'는 불가피하다.

스스로 선택한 이상

이 대목에서 주의해야 할 한 가지 사항이 있다. 그것은 소명에 대한 의식이 과도한 사명감이나, 남을 위해 죽는다는 순교 의식이어서는 곤란하다는 사실이다. 헤세는 이렇게 적는다. "우리는 뭔가 다르다는, 또 거역한다는, 그래서 비범한 것을 원한다는 비밀스러운 만족을 가지고 있어. 이 만족감 역시, 누군가 그 길을 온전히 가고자 한다면, 버려야 해. 그는 혁명가여서도 안 되고, 모범이 되거나 순교자이고자 해서도 안 되네."(174/336) 그리하여 우리가 추구하는 이상은 "떠맡겨진(übernommenes)" 것이 아니라, "개인적이고(persönliches) 자유로우며(freies)" 스스로 "선택한(gewähltes)" 이상(Ideal)이어야 한다.(217/362) 그리고 이런 이상의 추구는, 가장 기본적으로는, "다른 방식의 바라보기(eine andere Art des Sehens)"에서(193/348) 시작한다.

'다르게 보는 법'에 대한 좋은 예는 작품의 앞부분에 나오는 카인에 대한 해석에서 잘 나타난다. 카인은 동생 아벨을 죽인 죄인으로 널리 알려져 있지만 ─"사람들은 언제나 자신에게 편안하고 옳게 여겨지는 것만을 원하지. 사람들은 카인의 자손들이 두려웠어."(40/255) ─ 이런 통상적 해석과는 다르게, 데미안은 카인이 비범한 정신과 용기를 지닌 사람이라고 해석한다. 싱클레어는 데미안의 해석에 충격을 받고 오랫동안 고민한다. 그러면서 그는, 그 이전에 악동 크로머에게서 벗어나듯이, 나중에는 피스토리우스나 데미안의 어머니인 에바 부인을 통해서도 많은 것을 배우면서 동시에 그들에게서 벗어나며 자기 삶을 조금씩 개척해 간다. 그는 자기 자신의 삶에 대한 용기 속에서 다르게 보기의 즐거운 실험을 계속해 나가는 것이다.

자기 충실의 삶, 헤세를 읽는 한 가지 방식

정리하자.

자기 자신으로 돌아간다는 것은 자연에 의해 주어진 자신의 운명과 소명을 깨닫는 것이고, 이 소명에 따라 행동하는 것이다. 그것은 자의적으로 살아간다는 것이 아니라, 또 외적 명령이나 시대의 유행을 추수한다는 것이 아니라, 일체의 무리 짓기로부터 거리를 둔 채, 자기 자신의 삶을 마음속 깊은 곳으로부터 느끼고, 이 마음의 절실함을 자기 것으로 만드는 데서 시작한다. 이것은 주어진 세계를 주어진 대로가 아니라, 기존과는 '다르게 바라보는' 데서 시작된다. 이렇게 다르게 봄으로써 삶의 새 가능성을 살아가기 시작하는 것이다.

그러나 다르게 보는 일, 다르게 봄으로써 새롭게 시작하는 일도 쉽지 않다. 거기에는 용기가 필요하다. 자기 자신으로 돌아가는 데에는 다르게 보려는 의지와 용기가 필요하다. 그리고 이 모든 것에는, 앞에서 살펴보았듯이, 어떤 지속적인 싸움 — 고민과 쇄신과 저항의 자기반성적 과정이 요구된다. 그리고 이 내면의 반성적 움직임 속에는, 김우창에 기대어 알아보았듯이, 이성적 요소가 놓여 있고, 바로 그 때문에 어떤 윤리적 근거가 될 수 있다. 그리하여 우리는 더 주체적이고 독립적이기 위해 더 적극적으로 내면적 선회를 시도할 필요가 있다.

4   이 세상에 살 권리 — 마무리

우리는 그 많은 진창과 어리석음을 더듬거리며 나아가야

해요. 우리를 이끌어 줄 사람은 없어요. 우리의 유일한 길잡이는 향수(鄕愁, Heimweh)입니다.

— 헤세, 『황야의 이리』

아마도 당신은 어느 날 동서로 나뉜 틀과는 아주 다른 세계 역시 있다는 사실을, 그래서 이 세계에 숨 쉬고 사는 것이야말로 모든 희생에 값한다는 사실을 발견하게 될지도 모릅니다.

— 헤세, 「에디트 쉴러에게 보내는 편지」(1951)

앞에서 우리는 크게 다섯 단계의 논의를 거쳤다.

첫째, 『수레바퀴 아래서』에 대한 분석을 통해 학교/제도와 교사와 권위/아버지가 어떻게 어느 순박하고 여린 영혼을 한쪽으로 몰고 가는지, 이들이 추구하는 명예와 성공에 대한 맹신 속에서 삶의 근원적 기쁨은 어떻게 억압되고 자연의 풍요는 어떻게 외면되는지, 그리하여 그 영혼이 결국 어떻게 수치와 자책감 속에서 무너지는지를 보았다. 이때 헤세의 언어는 차분하고 서정적이며 자연 친화적이었다.

둘째, 작가의 서정적 언어와 자연 친화적 입장은, 우리가 「보론 1: 헤세의 현실 이해」에서 살펴보았듯이, 결코 낭만주의적이거나 현실 도피적인 것은 아니었다. 그것은 두 번의 세계 대전 속에서 그가 겪었던 사회 정치적 현실과의 깊은 체험에 뿌리를 둔 것이고, 이 체험에서 나온 일관된 비판은 『황야의 이리』 같은 다른 작품에서 더 심화되면서 확대되는 것이었다. 그의 반전사상이나 반국가주의적 사고는 이렇게 해서 나온 것이다.

자기 충실의 삶, 헤세를 읽는 한 가지 방식

셋째, 그러므로 헤세가 골몰한 내면성은 단순히 수동적이거나 자폐적인 반응의 결과가 아니다. 또 그것은 낭만적이거나 신비주의적 소산도 아니다. 자기 자신의 삶에 대한 집중과 관심은 삶의 편재하는 제약 속에서, 자기 양심을 잃지 않은 채, 이 제약을 뚫고 살아 보려는 실존적 안간힘의 발로로 보인다. 좁고 속물적인 세계에서 "자기 자신의 힘으로" 살아가려는 한스의 인생이 그에 대한 소박한 예증이라면, 패거리 짓기보다는 '자기 직분에 충실함으로써' 자기가 스스로 선택한 이상에 따라 살아가는 데미안은 그에 대한 좀 더 적극적인 예라고 할 수 있다.

넷째, 자기 자신으로부터 출발하는 자연스러운 삶에 대한 헤세의 찬미는 '여름비와 가을 이슬, 과일나무의 윤기와 봄 햇살'에 대한 경외에서 가장 잘 나타난다. 이러한 자연 친화적 감정이 갖는 의미는, 「보론 2: 헤세의 지향점」에서 살펴보았듯이, 좀 더 넓은 상호 텍스트적 맥락을 살펴본다면, 더 명료하게 확인될 수 있다. 즉 모든 살아 있는 것은 하나로 이어져 있고, 이 이어짐의 조화 앞에서 '기다리고 생각하며 귀 기울이는 일', 이렇게 기다리면서 유한한 것을 넘어 무한하고 신적인 것으로 나아가는 일이 무엇보다 중요하며, 예술은 바로 이 유한한 것과 무한한 것의 유대에 대한 비유적 형상화 작업이다.

다섯째, 『수레바퀴 아래서』에서 묘사된 기벤라트의 실패가 속물적 세계에서 자기 양심을 잃지 않고 스스로 살아가고자 애쓴 한 순결한 영혼의 실패라고 한다면, 이 '자기로 향한 삶'의 가능성을 좀 더 본격적으로 형상화한 작품이 『데미안』이라고 할 수 있다. 우리는 이 작품을, '어떻게 살 것인가'라는 관점에서 네 단계로 살펴보았다.

지금까지의 논의는 줄이면 이렇다.

실패의 확인

인간의 삶은 각자가 다시 반복되지 않는 신성하고 특별한 존재이기에 삶의 밝음뿐만 아니라 어둠을 포용하면서, 단순히 외적 명령이나 패거리에 휩쓸리는 것이 아니라, 스스로에게 주어진 직분/소명을 하나씩 찾아가는 것, 그래서 스스로 선택한 이상에 따라 '자기 삶을 살아 내는' 것이 무엇보다 중요하다. 그러나 이렇게 하는 것은, 이미 여러 번 되돌아보았듯이, 결코 쉽지 않다. 『데미안』의 끝에서 데미안은 전쟁터로 나서면서 유럽에 조만간 전쟁이 일어날 것이고, 많은 사람들이 이 전쟁을 막는 것이 아니라 오히려 이 전쟁이 '터지기를' 환호 속에 기다린다고 말한다. 그리고 급기야 싱클레어 역시 전선으로 나간다.

선택과 책임의 용기

그렇다면 오늘의 삶은 어떠한가? 지금 여기 한국에서의 삶은 삶다운 것이라고 말할 수 있는가? '나'의 중요성은 말할 것도 없고, 내면성이나 정신문화는 한국의 곡절 많은 현대사 속에서 상당 부분 훼손되었고, 자연환경도 크게 손상되었다고 할 수 있다. 어디 그뿐인가? 사회의 기율이나 공동체의 습속 역시 온전하다고 말하기 어렵다. 어떻게 해야 할 것인가? 우리는 다시 냉정하게 묻지 않을 수 없다. 이렇게 물으며 저항해야 하고, 물으면서 싸워 가야 한다. 현실은 이제나 저제나, 그것이 지난날이든 오늘날이든, 지구 위의 삶이든 한국에서

자기 충실의 삶, 헤세를 읽는 한 가지 방식

의 삶이든, 결코 호락호락하지 않기 때문이다.

그러나 이 물음이 무엇에 관한 것이고, 우리가 지금 무슨 일을 하건 간에, 하나의 분명한 사실이 있다. 이 속도의 세상에서 변치 않은, 아니 변할 수 없는 한 가지 철칙이 있다. 그것은 삶다운 삶이란, 개인적이든 사회적이든, '우리 각자가', '지금 여기에서', '스스로' 부단히 찾고 애쓰고 생각하며 돌아보는 데서, '조금씩 만들어질 수 있다'는 사실일 것이다. 그것을 위한 나 자신의 결단, 그리하여 '자기 삶에의 용기'가 필요하다. 아니, 삶에 대한 용기와 그 결단 이전에 '내면적 선회'가 우선되어야 하는지도 모른다. 내면적 선회를 통한 반성, 이 반성 속에서 주체는 자신을 보다 책임 있게 구성하면서 삶의 보다 큰 진실로 나아갈 수 있을 것이다. 이것이 내면적 반성적 이성의 의미 있는 회로다.

외부로부터 부과된 규율이나 명령에 따르는 것이 아니라 나의 내면으로부터 울려 나오는 목소리에 따를 때, 그 삶은 이미 사회적인 요소와 겹쳐 있고, 이 사회적 보편성의 차원으로 나아간다고 할 수 있다. 그 점에서 그것은 자폐적이거나 현실 고립적인 것이 아니라, 이 현실에 열려 있다. 이 자연스러운 삶의 출발은 다른 누구도 아닌 '나'로부터 시작한다. 단순히 자타의 이분법 속에서 만족하는 것이 아니라, 이런 인위적 대립으로 이뤄진 여러 삶의 복합적 관계항 앞에서 이 관계의 전체와 만나 대결하고 포용하면서, 주체는 어떻게 자율적으로 살아갈 수 있는지, 삶의 진실은 무엇이고, 이 삶은 어떻게 꾸려가야 하는지 스스로 대응해 가야 한다. 사람은 자기 자신의 사고에 대해 환전인(換錢人)과 같아야 한다고 푸코는 쓴 적이 있지만, 우리 자신의

사고뿐만 아니라 이 사고 아래 꾸려지는 삶 전체에 대해서도 환전인
과 같은 주의를 우리는 해야 한다.

다른 누군가가 아니라, 또 책이나 지혜의 '말씀'이 아니라, 우리
는 각자가 자기 삶을 스스로 정립해 가야 한다. 가장 아름다운 것들
은 이 아름다움을 방해하는 것들과 병존한다. 아마도 삶에서 가장 무
서운 사실은, 주어진 것으로서의 자기 삶이란 누군가를 비난하거나
그 무엇을 불평하는 것으로 끝나는 것이 아니라, 오직 자기 자신이 홀
로 감당해야 한다는 점일 것이다. 헤세가 건네주는 전언 가운데 한 가
지는 바로 여기 — 각자의 삶의 수레바퀴를 자기 자신의 힘으로 밀고
가는 데 있다. 우리는 자기의 느낌과 생각과 언어와 행동으로 꿈을 찾
아 헤매고, 스스로 사랑하기 위해 애쓴다. 우리는 '또 한 명의 다른 한
스'로서, 그러나 한스처럼 좌초되는 것이 아니라, 헤세의 전언을 각자
의 삶에서 그 나름으로 이어가게 될 것이다.

인간이 사랑하는 것은 단순히 행복해지기 위해서가 아니며, 그것
은 고통과 인내 속에서도 인간이 얼마나 강인할 수 있는가를 보여 준
다고 헤세는 적었다. 우리는 현실을 존중하면서도 그 부정(不正)과 부
단히 싸우고, 사람의 무지를 직시하면서도 업신여기지 않는 것, 그리
하여 삶을 미워하는 것이 아니라 놀라움과 외경심 속에서 참으로 사
랑할 수 있어야 한다. 바로 이 사랑을 위해 우리는 우리 자신으로, 나
는 나 자신으로 먼저 돌아가야 한다.

헤세는 『데미안』에서 이렇게 적었다. "우리가 살아가는 사고만이
가치를 지닌다.(Nur das Denken, das wir leben, hat einen Wert.)"28 마치 데
미안과 피스토리우스가 싱클레어를 이끌어서 그가 자기 자신으로 나

아가는 데 도움을 주었듯이, 우리는 이 한스와 데미안과 싱클레어의 삶을 기록한 헤세의 도움으로 우리의 삶으로 나아간다. 아니 우리 자신의 삶을 마침내 살아갈 용기를 갖는다. 이제 우리는 자아와 세계, 내면성과 사회성의 변증법을 믿기 때문이다. 이 일을 제대로 하게 된다면, 우리는 언젠가, 혹시 여력이 된다면, 다른 사람이 자기 자신으로 나아가는데 도움을 줄 수도 있을 것이다. 아마 문학의 기능도 바로 이것 ─ "사람이 자기 자신으로 나아가는 데 도움을 주는(Menschen zu sich selbst führen zu helfen)"일일 것이다.²⁹

문광훈 고려대학교 독문학과와 동 대학원을 졸업하고 독일 프랑크푸르트 대학에서 독문학 박사 학위를 받았다. 현재 충북대학교 독어독문학과 교수로 재직 중이다. 저서로 『시의 희생자, 김수영』, 『숨은 조화』, 『정열의 수난』, 『렘브란트의 웃음』, 『페르세우스의 방패』, 『가면들의 병기창』, 『심미주의 선언』, 『가장의 근심』 외에 김우창론인 『구체적 보편성의 모험』, 『김우창의 인문주의』, 『아도르노와 김우창의 예술문화론』과 대담집 『세 개의 동그라미』 등이 있고 역서로 아서 쾨슬러의 소설 『한낮의 어둠』, 페터 바이스의 희곡 『소송/새로운 소송』 등이 있다.

43

자유에 관한 성찰

도스토옙스키의 『죄와 벌』 읽기

석영중 (고려대학교 노어노문학과 교수)

표도르 미하일로비치 도스토옙스키(Fyodor Mikhailovich Dostoevskii, 1821~1881)
1821년 10월 30일 모스크바에서 마린스키 자선 병원 의사의 둘째 아들로 태어났다. 페테르부르크 공병 학교를 졸업했지만 문학의 길을 택한 뒤, 1846년 발표한 『가난한 사람들』로 일약 러시아 문단의 총아가 되었다. 1849년 공상적 사회주의 경향을 띤 페트라스키 모임에서 고골에게 보내는 벨린스키의 편지를 낭독했다는 이유로 사형 선고를 받지만 극적인 순간에 집행이 취소되어 시베리아로 유형을 떠나게 된다. 4년간의 감옥 생활과 4년간의 복무 이후, 잡지 《시대》를 창간하고 1864년 그의 작품 세계에서 이정표가 된 『지하로부터의 수기』를 발표했다. 가난과 지병인 간질병과 가난에 시달리면서도 『죄와 벌』, 『백치』, 『악령』, 『카라마조프 가의 형제들』 등 심리적, 철학적, 윤리적, 종교적 문제의식으로 점철된 걸작들을 남겼다. 1881년 1월 28일 폐동맥 파열로 사망했으며 페테르부르크의 알렉산드로 네프스카야 대수도원 묘지에 안치되었다.

1 시작하는 말[1]

도스토옙스키의 소설은 세 가지 뚜렷한 특징을 공유한다. 첫 번째는 인간에 대한 관념, 두 번째는 신에 대한 관념, 세 번째는 자유의 테마이다.

첫째, 도스토옙스키에게 인간은 무엇보다도 완결되지 않고 최종화되지 않은 존재다. 그는 인간의 완결성과 통일성을 정면으로 부정한다. 비유적으로 말하자면, 인간은 이를테면 '길 위에 들어선' 존재이지, 목적지에 도달한 존재는 아니다. 또 인간은 근본적으로 불합리하고 모순적이며 이중적이다. 인간의 내부에는 선과 악이 공존한다. 그의 표현을 빌리면 악마가 신과 싸움을 벌이고 '소돔의 이상'과 '마돈나의 이상'이 공존하는 곳이 인간의 마음속이다.

인간에 대한 이러한 생각은 그의 소설 속에서 '분신'이라고 하는 특수한 현상을 창출한다. 분신이란 한 인물과 유사한, 그러나 완전히 일치하지는 않는 제2의 인물이 원래의 인물과 나란히 존재하면서 그의 다른 면을 보여 줄 때, 혹은 한 가지 면에서는 일치하지만 다른 면에서는 완전히 대립하는 제2, 제3의 인물이 다각도에서 원인물의 면면을 비춰 줄 때 사용하는 용어이다. 한 인물의 내면에 숨겨져 있는 '제2의 자아(alter ego)'는 분신의 대표적인 예라 할 수 있다. 이러한 분신은 하나의 인물을 동시에 다각도에서 고찰할 수 있게 하며 도스토옙스키의 주인공은 대부분이 한 명에서 여러 명에 이르는 분신을 갖는다.

둘째, 도스토옙스키는 익히 알려진 대로 러시아 문학 사상 가장

자유에 관한 성찰

그리스도교적인 작가이다. "만약 진리가 그리스도와 함께하지 않는다면 나는 진리 대신 그리스도를 따르겠다."라는 유명한 선언은 신에 대한 그의 생각을 함축한다. 동방 정교 그리스도교의 영성은 시베리아 유배 이후 그의 문학과 사상 곳곳에 깊이 스며들었다. 그의 대작들, 즉 5대 장편은 모두 이 그리스도교 영성의 뿌리에서 자라나 꽃을 피웠다고 할 수 있다. 그리스도교 사상은 때로는 성경의 직접적인 인용으로, 때로는 예수를 닮은 주인공으로, 때로는 성모 마리아의 이미지로, 또 때로는 수도자의 설교 형태로 그의 소설에 개입하여 러시아 문학 사상 가장 종교적인 소설들을 만들어 냈다.

셋째, 도스토옙스키의 인간에 대한 이해와 신에 대한 이해는 자유의 테마에 수렴한다. 도스토옙스키는 러시아 작가 중에서 자유에 관해 가장 많이, 가장 끈질기게, 가장 심각하게 접근한 작가이다. 자유는 그의 거의 모든 작품을 하나로 이어 주는 끈이나 마찬가지다. 그래서 러시아 사상가 베르댜예프는 일찍이 "도스토옙스키의 세계관에서 핵심을 차지하는 것은 자유다."라고 못 박았다. 사실 도스토옙스키가 자유에 관해 남보다 훨씬 많은 얘기를 한 것은 너무나 당연한 일이다. 그는 시베리아 유배지 옴스크에서 발목에 족쇄를 찬 채 4년 여 동안 옥살이를 했고 6년간은 사병으로 복무했다. 그 10년 동안 가장 많이 생각한 것이 무엇이겠는가? 당연히 자유 아니겠는가.

감옥은 자유의 실험실이었고 온갖 구속의 전시장이었다. 이곳에서 그는 처절하게 자유를 갈망하는 가운데 죄수들이 살아남기 위해 만들어 내는 자유의 환상을 발견했고 인간이 자유로울 수 있는 길이 무엇인지 생각했다. 그리고 그의 생각은 언제나 인간에 대한 깊은 이해로, 더 나아가 신을 향한 겸허한 지향으로 이어졌다.

『죄와 벌』은 유배 후 쓰인 대작 시리즈를 여는 첫 장편 소설로 1866년 잡지 《러시아 통보》에 연재되었다가 1867년 단행본으로 출판되었다. 『죄와 벌』에는 앞에서 살펴본 도스토옙스키 작품 세계의 세 가지 특징이 그대로 들어 있다. 소설은 어느 가난한 휴학생이 저지른 도끼 살인을 중심으로 인간이 자신의 존재를 옥죄는 감옥에서 벗어나 자유를 찾는 과정을 그리고 있다. 인물간의 분신 관계는 이 소설에서도 두드러지게 나타나는 현상이며 그리스도교 신앙은 저자의 메시지를 전달하는 중요한 코드로 부상한다. 그가 『죄와 벌』에 관한 작가 노트에서 "정교회적 세계관"(VII 154)이 소설의 중심 사상이라 못 박은 것은 이 점을 충분히 뒷받침해 준다.

소설의 줄거리는 다음과 같다.

가난한 대학생 라스콜니코프는 비열하고 사악한 전당포 노파를 죽여 그 재산으로 수백, 수천의 사람을 극빈에서 구원하겠다는 생각에 사로잡혀 있다. 그는 자신이 인간의 법을 초월하는 위대한 '초인'임을 입증하기 위해 도끼로 노파를 죽이고 우연히 범죄 현장에 들른 노파의 여동생까지 살해한다.

그러나 살인 후 그는 엄습해 오는 혐오감과 단절감과 부자유로 몸부림친다. 목격자도 물증도 없는 상태에서 그가 범인으로 지목될 이유는 전혀 없어 보인다. 그러나 날카로운 예심 판사 포르피리는 순전히 심리적 차원에서 라스콜니코프를 의심하고 자백할 것을 종용한다. 우연히 알게 된 매춘부 소냐 또한 그에게 영혼의 부활 가능성을 제시한다. 그는 결국 죄를 고백하고 시베리아 유형길에 오른다. 시베리아에서 라스콜니코프는 진심으로 죄를 뉘우치고 구원의 희망 속에서 영혼의 갱생을 체험한다.

2 인물 1 — 라스콜니코프와 그의 분신들

라스콜니코프

빈곤과 분노

작가이자 그리스도교인으로서 도스토옙스키가 추구하고 성찰했던 자유의 모든 문제는 라스콜니코프의 생각과 말과 행동에 녹아 있다. 라스콜니코프의 살인은 무엇보다도 자유에 대한 욕구로 설명할 수 있다.

첫째, 살인은 가장 기본적인 차원에서 돈의 부족과 거기에서 오는 부자유, 부자유에서 유발된 분노, 그리고 부자유에서 벗어나려는 욕구에서 촉발된다. 대학생 라스콜니코프는 너무나 돈이 없어 학교를 휴학한 상태다. 손바닥만 한 하숙집에 세 들어 살고 있는데 몇 달 동안 방세도 못 낼 정도로 궁핍에 시달리고 있다. 굶기를 밥 먹듯 하고 넝마 같은 옷을 걸치고 다닌다. 당시 대학생은 오늘날 대학생보다 훨씬 더 높은 지적 수준과 그에 합당한 사회적 위상을 자랑했다. 그의 빈곤은 이 높은 위상에 투사될 때 더욱 모욕적으로 여겨졌을 것이다. 때는 7월, 유난히 더운 날씨와 소음, 대기를 가득 메운 자욱한 먼지와 지독한 악취가 가뜩이나 심란한 그의 마음속을 어지럽힌다.

어머니에게서 온 편지는 그의 병든 심리를 자극한다. 그의 홀어머니와 여동생은 시골에 살고 있다. 어머니의 편지에 의하면 여동생두냐 역시 돈 때문에 어려운 처지에 놓여 있다. 두냐는 아름답고 현명하고 교양 있는 아가씨다. 쥐꼬리만 한 연금으로 살아가는 어머니를돕고 궁핍한 오빠의 학비를 대 주기 위해 시골 여지주의 집에 가정교사로 들어갔다. 두냐는 여지주의 남편 스비드리가일로프의 병적인구애 때문에 추문에 시달리지만 그 집에서 나올 수가 없다. 가정 교사로 들어갈 때 매달 봉급에서 제하는 조건으로 미리 받은 100루블 때문이다. 그 돈은 이미 전해에 오빠의 학비로 부쳐 준 터라 당장 수중에는 돈이 한 푼도 없다. 그녀는 빚의 족쇄를 차고 지주 저택에 감금된 죄수인 것이다.

두냐는 우여곡절 끝에 마침내 지주 저택에서 빠져나온다. 그러고는 학업을 중단한 오빠에게 학비를 대 주고 인맥을 만들어 주려는 갸륵한 마음에서 전혀 사랑하지 않는 인색한 중년 변호사와 약혼한다.이 약혼은 두냐에게 또 다른 족쇄다. 감옥의 위치가 달라졌을 뿐 죄수의 위상이 달라진 것은 아니다. 약혼이 미래의 감옥을 약속할 뿐이라는 사실은 약혼 당사자들뿐 아니라 그녀의 어머니도 알고 오빠도안다. 그녀가 자유를 찾으려면 상당한 액수의 돈을 확보하는 길밖에없다.

라스콜니코프도 두냐도 모두 감옥에 갇힌 죄수나 마찬가지다. 그가 이 감옥에서 자유로워지기 위해, 그리고 여동생을 자유롭게 해 주기 위해 가장 필요한 것은 돈이다. 우선 돈이 있어야 여기서 나갈 수가 있다. 그런데 그는 돈이 한 푼도 없다. 그러므로 돈을 마련하기 위해 "무슨 일이든 해야 한다." 모든 갈등은 여기에서 시작된다.

정의와 공리주의

그런데 라스콜니코프의 자유를 구속하는 것은 돈의 부족만이 아니다. 그의 '작은 방'은 물리적인 감옥이자 동시에 심리적인 감옥이다. 이 심리적 감옥을 이해하려면 당시 러시아에 유행했던 한 사상을 알아볼 필요가 있다.

그의 머릿속에는 얼마 전부터 이상한 생각이 맴돌고 있다. 선술집에서 어느 장교와 대학생이 나누던 대화를 엿들은 것이 화근이었다. 내용인즉 이렇다. 그 동네에는 악명 높은 전당포가 있는데 주인인 할머니는 인색하고 잔인하고 사악하다. 저당물을 가져오는 가난한 사람들의 고혈을 빨아먹어 어마어마한 재산을 축적해 놓았으며 백치 같은 여동생을 월급도 안 주면서 노예처럼 혹독하게 부려먹는다.

라스콜니코프의 생각은 꼬리를 물고 이어진다. 만일 다른 사람의 인생을 갉아먹고 사는 그 벌레 같은 노파를 죽여 그녀의 돈을 빼앗은 다음 그 돈으로 수백, 수천 명의 선량한 사람을 행복으로 인도하고 수많은 극빈 가정을 파멸에서 구해 낼 수 있다면 그 살인은 정당화되지 않겠는가? 작은 범죄 하나가 수천 가지 선행의 결실을 맺는다면 그 범죄는 허용되어야 하지 않겠는가?

그가 이런 생각을 하기까지에는 당대 현실도 한몫을 했다. 『죄와 벌』이 발표된 1860년대 러시아는 현대 도시가 낳은 모든 고질적인 질병들이 등장하던 시기였다. 수도 상트페테르부르크는 지방에서 밀려오는 사람들로 놀랍도록 팽창했다. 어느 경제학자의 통계에 의하면,

18세기 말 220만 명이던 도시 인구가 19세기 중엽에는 570만 명으로 증가했다. 페테르부르크만 놓고 보면 반세기 동안 34만 6000명에서 54만 명으로 증가했다. 도시로 밀려든 인구는 더럽고 비좁고 악취 나는 뒷골목 문화를 창조한다. 다닥다닥 붙은 누추한 하숙집과 항시 시궁창 냄새가 나는 더러운 선술집과 전당포와 매음굴에 우글거리는 찢어지게 가난한 군상, 일용직 노동자들과 행상들, 거리의 악사들, 한탕을 노리는 사기꾼들, 소매치기 아이들과 뚜쟁이와 매춘부들은 이 찬란한 제국의 수도가 낳은 어둠의 자식들이었다.

페테르부르크의 빈민들은 한마디로 벼랑 끝에 몰린 사람들이다. 이 극빈의 공간에서 삶은 심연 위에 걸린 한 가닥 줄 같은 것이다. 극빈자들은 하시라도 나락으로 떨어질지 모른다는 공포에 떨며 이 가느다란 줄에 닥지닥지 매달려 하루하루 연명해 가고 있다. 이들에게 정의란 어디 먼 나라의 알 수 없는 단어처럼 공허하게 울릴 뿐이다. 라스콜니코프는 이 불공정한 세상에 정의가 구현되는 것을 보고 싶었다. 적어도 외관상 그가 내세운 살인의 동기는 바로 이 정의 구현이다.

라스콜니코프는 정의를 위한 해결책을 한동안 러시아 청년들 사이에서 인기를 끌었던 벤담식의 공리주의에서 발견했다. 장교와 대학생이 선술집에서 주고받은 대화도 그의 생각을 지지해 주는 듯했다. 영국 사상가 제러미 벤담에 의하면 개인의 행복이 증가하면 할수록 개인이 모인 집단인 사회의 행복도 증가한다. 그러므로 한 사회의 행복 지수를 높이기 위해서는 "최대 다수의 최대 행복"이 요구된다. 가장 많은 수의 구성원이 가장 큰 행복을 향유하는 것이 한 사회의 도덕적 목표라는 뜻이다. 그가 공리(utility)라 부르는 이 원칙은 더 나아가 선악과 진위의 척도가 된다. 어떤 행동으로 인해 쾌락이 극대화되어 행복이 극대화되면 그것은 선이다. 반대로 어떤 행동으로 인해 고통이 극대화된다면 그것은 악이다.

벤담의 이론을 라스콜니코프의 살인에 적용할 경우 그 살인은 공리를 위해 바람직한 것이 된다. 쓸모없고 사악한 한 사람을 제거함으로써 사회 전체의 공리가 증가한다면 그것은 선으로 볼 수 있다. 라스콜니코프식으로 바꿔 말하자면 한 마리의 벌레를 죽여서 백 명의 선량한 사람을 구하는 것은 바람직하고 훌륭한 일이다. 그러면 그러한 공리를 위한 살인은 누가 실행할 것인가? 여기에서 살인의 세 번째 동기인 초인 사상이 등장한다.

'초인 사상'과 '인신'

초인 사상이란 다른 말로 '비범한 인간 사상'이라고도 불린다. 1860년대 러시아 청년들 사이에는 '비범한 인간' 이론이 유행처럼 번지고 있었다. 도스토옙스키가 『죄와 벌』의 집필을 시작하기 몇 달 전인 1865년 초에 프랑스 제2제정의 황제인 나폴레옹 3세의 『율리우스 카이사르의 역사(Histoire de Jules César)』가 출간되었다. 이 책에서 나폴레옹 3세는 윤리와 도덕률을 초월하는 비범한 인간의 의의를 공공연하게 인정할 뿐 아니라 오히려 그런 인간의 출현을 권장하고 찬양하기까지 한다. 그의 주장은 유럽과 러시아에서 엄청난 논란을 불러일으켰다.

비범한 행위가 지고의 천재성을 입증할 때, 이 천재에게 평범한 인간의 모든 열정과 사고를 적용하는 것보다 더 상식에 어긋나는 일이 어디 있겠는가? 때때로 역사 속에 마치 찬란한 횃불처럼 등장하여 시대의 암흑을 몰아내고 미래를 밝혀 주는 이 비범한 존재들의 우수성을 인정하지 않는 것보다 더 그릇된 일이 어디 있겠는가?[2]

도스토옙스키는 나폴레옹 3세의 주장을 라스콜니코프의 사상으로 재생시켰다. 이 사상은 라스콜니코프의 머릿속에서 "인류는 평범한 사람과 비범한 사람으로 구분되며 비범한 사람에게는 살인을 포함하는 '모든 것이 허용된다.'"라는 것으로 발전된다. 라스콜니코프는 말한다. "평범한 사람들은 순종하며 살아야만 하고, 법률을 어길 권리를 지니고 있지 않아. 왜냐하면 그들은 평범한 사람이니까. 비범한 사람들은 모든 종류의 범죄를 저지를 수 있는 권리와 법률을 위반할 수 있는 권리를 지니고 있는데 이는 그들이 비범하기 때문이라는 거야." 라스콜니코프의 살인은 이 초인 사상을 행동으로 옮긴 결과라 할 수 있다.

도스토옙스키는 초인 사상을 발전시켜 '인신(人神, Man-God)'으로 재정립한다. 인신은 초인의 다른 말, 곧 신처럼 된 인간이다. 인간을 신처럼 높여 주는 것은 인간의 지성과 힘, 그리고 거기서 오는 교만이다. 지성과 힘을 지니고 무한히 교만하게 된 인간은 스스로를 신격화하여 일체의 윤리적 규범을 초월한다. 이것은 인간이 된 신, 즉 그리스도에 대립하는 개념으로 만일 '신인(神人, God-Man)' 대신 무한히 교만한 인신이 등장하여 모든 도덕과 윤리의 폐허 위에 지상의 천국을 건설하게 된다면 그것은 곧 종말을 의미한다는 것이 도스토옙스키의 생각이었다.

인신의 가장 무서운 점은 '모든 것이 허용된다'는 점이다. 한두 명의 위대한 인간, 신처럼 된 인간에게 모든 것이 허용될 경우 그를 제어할 것은 아무것도 없다. 살인도, 대량 살육도 홀로코스트도 모두 허용된다면 그것이야말로 인류의 악몽이 될 것이다.

도스토옙스키는 인신의 교만이 불러오게 될 세상의 종말을 소설의 에필로그에서 라스콜니코프가 꾸는 환상적인 꿈을 통해 경고한다. 라스콜니코프는 시베리아 유배지에 있다. 그는 여전히 반성도 하지 않고 자기 자신과 주위 사람들을 혐오하며 형기를 보내고 있다. 그러던 어느 날 그는 중병에 걸리고 고열과 헛소리에 시달리면서 기이한 꿈을 꾼다.

꿈의 내용은 이렇다. 전 세계가 무서운 전염병에 걸려 지구가 멸망할 위험에 처해 있다. 그런데 어떤 신종 섬모충이 나타났다. 이 섬모충은 단순히 세균이 아니라 '지성과 자유 의지'를 부여받은 영적인 존재였다. 이것에 감염된 사람들은 즉시 미쳐 버리게 되는데 그들은 자기가 진리에 확고하게 뿌리를 내린 가장 현명한 사람이라고 믿기 시작했다. 자신의 과학적인 결론, 도덕적인 확신과 신앙을 이보다 더 확고하게 느끼는 사람들은 이전에도 이후에도 없었다. 사람들이 이 섬모충에 감염되어 모두 다 자기만 옳다고 주장하는 바람에 무엇이 선이고 무엇이 악인지 일치를 볼 수 없었다. 사람들은 어떤 무의미한 증오 속에서 서로를 죽이기 시작했다. 화재와 굶주림이 시작되었다. 온 인류가, 그리고 모든 것이 파멸해 갔다. 구원받을 수 있는 사람은 단 몇 명뿐이었는데 이들은 마음이 깨끗한 사람들로 새로운 종족과 새로운 삶을 시작하고 대지를 복구하게 될 선택받은 사람들이었다. 그러나 사람들은 어디에서도 그들을 만날 수 없었고 그들의 목소리조차 들을 수 없었다.

이 종말론적인 꿈에서 도스토옙스키가 사용하는 어휘는 그의 의도를 분명하게 보여 준다. '지성과 자유 의지' ── 이것이야말로 모든 '인신'의 트레이드마크다. 비범한 재능, 천재성, 고도의 지능을 지닌 인간이 독선과 교만의 정점에 올라 자유 의지를 발동시킨다면 그에게는 "모든 것이 허용된다." 라스콜니코프의 꿈에 등장하는 신종 세균은 그러므로 '인신 바이러스'라 불러도 좋을 것이다. 이것에 감염된 사람들이 자기만이 인신이라고 주장할 때 인류의 공멸은 피할 길이 없다.

라스콜니코프는 이 꿈을 꾸고 난 이후에 비로소 각성한다. "이 부조리한 환각은 그의 기억 속에 너무나도 슬프고 고통스러운 여운으로 남아서 그를 괴롭혔다." 라스콜니코프는 이 꿈에서 깨어남으로써 그를 살인으로 유도했던 미망에서 깨어난다. 그리고 꿈에서 비롯된 각성은 그를 '자유로 향한 길'에 들어서게 한다. 논리, 지성, 이성으로 인해 죄를 지은 그는 결국 논리와 이성이 아닌 비논리적이고 불합리한 꿈 덕분에 갱생으로 인도된다.

존재감

라스콜니코프의 살인은 원칙에 의한 살인인가? 이념 살인인가? 아니다. 원칙과 이념은 표면적인 동기일 뿐이다. 그의 살인은 지극히 개인적인, 그리고 심리적인 행위이다. 이념의 바닥에는 스스로의 존재를 입증하고자 하는 욕망과 교만이 자리 잡고 있다. 그는 상처투성이 자존심 때문에 스펀지가 물을 빨아들이듯 위험한 사상을 흡수해 버렸다. 고결한 이상과 안목, 높은 지성과 지식, 그리고 심지어 출중한 외모까지 지닌 엘리트 중의 엘리트 청년이 오로지 돈이 없다는 이유 하나 때문에 온갖 굴욕을 감내해야 한다. 그리고 그가 그토록 사랑하는 여동생까지 오로지 돈이 없다는 이유로 수치와 수모를 감내해야 한다. 가난에 찌든 작은 방은 그의 내면에 뿌리박힌 수치심과 자괴감과 모멸감을 비춰 주는 거울이다. 그는 부끄럽다. 그의 자존감은 바닥이다.

비록 돈이 없더라도 자신이 '비범한 인간'임을 온 세상에 입증해 보인다면 그는 심리적인 감옥에서 자유로워질 것이다. 그는 비범한 인간의 자질 대부분을 다 갖추었다.(적어도 그는 그렇게 믿고 있다!) 만일 그가 양심의 가책까지도 딛고 일어설 만한 '배짱'까지 지녔다면, 만일 살인 같은 끔찍한 일까지도 왼눈 하나 깜짝 않고 저지를 정도의 대담함을 지녔다면 그는 비범한 인간으로 만인의 존경을 한 몸에 받게 될 것이다. 그렇게만 된다면, 그렇게만 된다면…… 그러면 지금의 이 불편하고 창피한 가난 같은 것은 아무 문제도 안 된다. 그는 빨리 자신이 비범한 인물인지 아닌지 알고 싶어진다. 라스콜니코프의 살인 밑바닥에는 심리적으로 자존감을 확보하려는 개인적 욕구가 도사리고 있는 것이다.

도스토옙스키는 이 점을 분명하게 전달하기 위해 주인공 라스콜니코프로 하여금 논문을 쓰게 한다. 그는 「범죄에 관하여」라는 논문을 써서 잡지사에 투고하는데 그 논문에서 전개하는 범죄 이론은 공리주의와 초인 사상을 결합한 것이다. 그는 자기 논문의 취지를 다음과 같이 설명한다.

저는 다만 '비범한 사람'은 권리를 가지고 있다 (……) 즉 공식적인 권리가 아니라, 스스로 자신의 양심상 (……) 모든 장애를 제거할 수 있는 권리를 가졌다고 말한 것뿐입니다. 그것도 만일 그의 신념(때로는 모든 인류를 위해서 구원적인 신념일 수도 있지요.)을 실행에 옮기기 위해서 그렇게 하는 것이 요구되는 경우에 한해서지만 말입니다. (……) 제 생각으로는 만일 케플러와 뉴턴의 발견이, 그 발견을 방해할지도 모르고 혹은 그 발견의 길에 장애로 작용할 수도 있는 몇몇의 혹은 수십 명, 수백 명의 사람들을 희생시키지 않고서는 도저히 사람들에게 알려질 수 없는 상황이라면 뉴턴은 자기 발견을 전 인류에게 알리기 위해서 그런 수십 명 혹은 수백 명의 사람들을 제거해야 할 권리가 있고 또 반드시 그렇게 하는 것이 의미 있는 행동일지 모른다는 것입니다.

전 인류, 구원적 신념, 뉴턴, 케플러…… 거대한 단어들로 들어찬 라스콜니코프의 논리는 하나의 가설에 불과하다. 문제는 이 가설의 밑바닥에 깔린 의도다. 그가 이 논문을 쓴 것은 단순히 하나의 가설을 제시하기 위한 것이 아니다. 단도직입적으로 말해서, 그는 뉴턴이나 케플러가 되고 싶었던 것이다! 그가 이 범죄 이론을 쓴 이유는 자신이 뉴턴, 즉 비범한 인물임을 입증하기 위해서이고, 그것을 입증하고자 하는 이유는 '존재감'을 확보하기 위해서이다.

그에게 존재의 의의는 타인을 지배하는 것, 타인의 위에 서는 것, 요컨대 권력이다. 결국 라스콜니코프의 살인에서 가장 중요한 동기는 권력에 대한 개인적인 욕망이었던 것이다. 권력에 대한 그의 열망은 여러 대화에서 드러난다.

"자유와 권력, 이 중에서도 중요한 것은 권력이야! 떨고 있는 모든 피조물과 모든 개미 군단에 대한 권력! 그것이 목적이야!"
"나는 그때 알게 되었어, 소냐. 권력은 용기를 내서 몸을 굽혀 그것을 줍는 자에게만 주어진다는 사실을 말이야. 오직 하나, 하나만이 필요한 거야. 용기를 내는 일만이 필요한 거야!"

그는 마침내 소냐에게 자기가 저지른 살인이 정의와는 무관한 것이었음을, 누군가를 위한 것이 아니라 오로지 자기 자신만을 위한 이기적인 것이었음을 실토한다.

"어머니를 돕기 위해서 죽인 게 아냐. 그건 헛소리지! 재산과 권력을 얻어서 인류의 은인이 되기 위해서 죽인 것도 아냐. 그건 거짓말이야! 나는 그냥 죽였어. 나 자신, 나 한 사람을 위해서 죽인 거야. (……) 나는 다른 것을 알고 싶었어. 그것이 나를 충동질했어. 나는 그때 알고 싶었던 거야. 어서 알고 싶었어. 다른 사람들처럼 내가 '이'인가, 아니면 인간인가를 말이야. 내가 선을 뛰어넘을 수 있는가, 아니면 넘지 못하는가! 나는 벌벌 떠는 피조물인가, 아니면 권리를 지니고 있는가……."

그는 비로소 노파 살인이 이념 살인도 아니고 이타적 살인도 아니고 공리주의적 살인도 아니라는 것, 그것은 철두철미하게 사적인 살인임을 인정한다. 오로지 존재를 입증하기 위해, 권력을 얻기 위해 살인을 저질렀음을 인정한 것이다.

라스콜니코프의 이중성

이렇게 살인을 향해 치닫는 라스콜니코프는 다른 한편으로는 어떻게 해서든 살인의 관념에서 벗어나려고 안간힘을 쓴다. 그는 살인을 원하지만 동시에 그 살인이 추악하다는 것을 내심 알고 있다.

라스콜니코프의 마음속 저 깊은 곳에 있는 '어떤 것'은 범죄의 실행을 줄기차게 거부한다. 이 '어떤 것'을 무엇이라 부를까. 본성, 본질, 본능, 인간성, 인간적임. 아니면 그냥 '인간임'. 그 어떤 학문적이고 심리학적이고 과학적인 분석도 명료하게 정의 내릴 수 없는 이 '어떤 것'이야말로 라스콜니코프의 정체성의 일부이며 그가 끔찍한 도끼 살인범임에도 불구하고 자유를 찾는 인물로 예정되어 있는 이유이다. 만일 그에게 이 '어떤 것'이 결여되어 있다면 그는 인간이라 부를 수 없는 존재이므로 그에 관해 이런저런 얘기를 하는 것조차 무의미하다.

그는 운명의 장난 때문에 머릿속에 들어앉은 '더러운 생각'에서 벗어나고 싶어 몸부림을 쳤다. 가난에서 벗어나고자 열망한 것과 거의 비슷한 정도로 살인의 관념에서 놓여나고 싶었다. "정말로 내 머릿속에서 그렇게 무서운 생각이 떠올랐단 말인가? 내 마음이 그렇게 더러운 일을 생각해 낼 수 있다니! 무엇보다도 더럽다. 불쾌하고 추악하다, 추악하다!"

이런 상황에서 그는 꿈을 꾼다. 배경은 그가 시골에서 살던 어린 시절이다. 꿈속에서 어린아이인 라스콜니코프는 아버지와 함께 선술집 앞을 지나간다. 선술집에는 술 취한 농부들이 모여서 수레에 매인 야윈 암말을 때리고 있다. 그들은 반미치광이가 되어 웃고 떠들고 노래 부르며 재미 삼아 채찍으로 말을 후려치고 있다. 그러다 말이 단박에 죽지 않는 것이 못마땅한 듯 몽둥이, 쇠 지렛대, 수레 채 등 닥치는 대로 쥐고서 말을 때려 마침내 죽여 버린다. 꿈속에서 소년은 그 무서운 광경에 눈물이 솟구치고 심장이 터질 것만 같다. 소년은 죽은 말에게 달려가 피투성이가 된 머리를 붙잡고 말의 눈과 입에 얼굴을 부비며 눈물을 쏟는다.

"아빠! 왜 저 사람들은…… 불쌍한 말을 죽인 거예요!" 그는 흐느꼈다. 숨이 가빠서 그의 찢어질 듯한 가슴에서는 외마디 소리가 비명이 되어 튀어나왔다.
"술에 취해서 못된 짓을 하는 거야. 우리가 상관한 일이 아니니 어서 가자!" 아버지가 말했다. 그는 아버지를 손으로 붙잡았으나, 그의 가슴은 더욱 답답해졌다. 그는 숨을 돌리고, 비명을 지르려 했다. 그러나 그 순간 잠에서 깨어났다.

이 꿈은 여러 가지로 해석할 수 있는 대단히 상징적인 꿈이다. 맞아 죽는 암말은 학대받는 존재들이고 때리는 농부들은 포악한 가해자들, 착취자들이다. 농부는 가난한 사람들을 착취하는 전당포 노파도 될 수 있고, 딸을 거리로 내모는 주정뱅이 마르멜라도프도 될 수 있고, 가난한 두냐와 약혼한 루쥔도 될 수 있고 노파에게 도끼를 휘두르는 라스콜니코프도 될 수 있다. 또 맞아 죽는 암말은 가족을 위해 거리로 내몰린 소냐도 될 수 있고 돈 때문에 마음에도 없는 약혼을 하는 두냐도 될 수 있고 도끼에 맞아 죽는 노파도 될 수 있다. 이 상황에서 폭력을 목격하면서 거세게 저항하는 어린 소년은 라스콜니코프의 내면에 있는 불의에 대한 민감함뿐 아니라 부드러움, 따뜻함, 생명에 대한 애틋한 연민을 상징한다. 청년 라스콜니코프는 도끼를 휘둘러 두 사람이나 죽이지만 그의 내면 어딘가에는 죽은 말에게 눈물을 쏟은 그 어린아이가 있다. 이 내면의 어린아이는 살인범 라스콜니코프의 제2의 자아이며 '선'의 상징이다.

혐오감

내면의 선과 살인 욕구 사이에서 갈등하던 라스콜니코프는 결국 살인을 저지른다. 그런데 살인 후 그는 자신이 기대했던 느낌, 곧 존재감의 실현 대신 다른 느낌을 체험한다. 그에게 무엇보다도 먼저 엄습해 오는 것은 무서운 혐오감이다. 이전에 그는 노파를 혐오했다. 그러나 살인 이후에는 모든 것을, 모든 사람을 혐오한다.

한 가지 극복할 수 없는 새로운 감정이 시간이 지날수록 더욱 강하게 그를 사로잡았다. 그것은 마주치는 모든 것, 주변의 모든 것에 대한 끊임없는, 거의 생리적이라고도 할 수 있는 혐오감이었다. 그것은 집요하고 사악한, 증오에 가득 찬 혐오감이었다. 그는 마주치는 모든 사람이 혐오스러웠다. 그들의 얼굴, 발걸음, 행동거지, 모든 것이 그랬다.

그는 심지어 그토록 사랑했던 어머니와 여동생 두냐마저도 무섭게 혐오하기 시작한다.

어머니, 누이동생, 나는 그들을 너무도 사랑한다! 그런데 왜 나는 지금 그들을 증오하는 것일까? 그래, 나는 그들을 증오한다. 육체적으로 증오한다. 나는 그들이 내 곁에 있는 것을 견딜 수가 없다.

라스콜니코프의 혐오감은 내면에서 비롯된 것이다. 그는 스스로를 혐오한다. 가난한 자신이 혐오스럽고 추악한 사상을 갖게 된 것이 혐오스럽고 내면의 선이 억누르려 했던 그 사상을 기어코 살인으로 현실화시킨 것이 혐오스럽다. 자신에 대한 이 끝없는 혐오감이 외부 세계로 투사될 때 그것은 세상 전체에 대한 사악한 혐오감으로 복사된다.

그러나 무엇보다도 라스콜니코프가 혐오한 것은 '살인 이후'의 자기 자신이다. 그는 살인을 저지른 후 자신이 겪는 불안과 고독감, 소외감, 혐오감을 증오한다. 만일 자신이 진짜 초인이라면 그러한 감정을 겪지 않을 것이다. 그는 범죄 후의 자신의 생각과 감정을 돌아보면서 결국 자신은 초인도 아무것도 아니라는 것을 깨닫는다. 그리고 초인이 아닌 자기 자신을 증오하고 경멸한다. 살인 이후 그의 자존감은 더욱더 바닥으로 내려간다.

여동생과의 대화를 들어 보자.

"내가 더럽고 해로운 이 같은 존재, 아무에게도 필요하지 않는 고리대금업자 노파를 죽인 범죄 말이냐? 가난한 사람들에게서 즙을 빨아먹은 그 여자를 죽였다는 이유로 사람들은 마흔 가지의 죄도 용서해 줄 거야. 과연 그런 게 범죄일까? 난 그런 것에 대해서는 생각지 않아. 죄를 씻을 생각도 없어. 모두들 사방에서 내게 손가락질을 하면서 말하지, '범죄다, 범죄다!'라고. 하지만 그 불필요한 수치를 향해 가기로 한 지금에서야 비로소 나는 내 소심함과 어리석음을 분명하게 깨닫게 되었어! 난 단지 비열함과 무능함 때문에 가려고 결심한 거야. 그리고 또 그…… 포르피리가 제안한 것처럼 그것이 유리하기 때문이기도 하지……!"

"오빠, 오빠, 무슨 말을 하는 거야! 오빠는 피를 흘리게 했잖아!"

두냐는 절망한 목소리로 외쳤다.

"모든 사람들이 흘리고 있는 피야."

그는 거의 미친 듯이 그 말을 잡고 늘어졌다.

"지금도 흐르고 있고 언제나 세상에서 폭포수처럼 흘렀던 피, 샴페인처럼 흐르고 있는 피, 덕분에 카피톨리노 신전에서 월계관을 쓰고 훗날 인류의 은인으로 칭송받게 한 그 피야!"

여기서 중요한 것은 그가 범죄 자체의 사악함은 여전히 부정하고 있다는 사실이다. 그는 자기가 '비열하고 무능하고 어리석고 소심한 인간'이라는 것이 못내 아쉬운 것이지 살인이 후회스러운 것은 아니다. 그래서 살인은 밥 먹듯이 하고도(역사를 피로 물들이고도) 영웅처럼 떠받들어지는 소위 '거인'과 '영웅'들을 사뭇 부러워한다.

진짜 '거인', 모든 것이 허용되어 있는 사람은 툴롱을 호령하고 파리에서 대학살극을 벌이고 이집트에서 군대를 '잃고' 모스크바로의 진군에서 오십만의 사람들을 '희생시키고' 빌뉴스에서는 그 일을 우스갯소리로 넘겼다. 그런데도 사람들은 그가 죽은 후에는 그를 우상으로 떠받들지 않았는가. 즉 그에게는 '모든 것'이 허용된 것이다.

결국 라스콜니코프가 살인 후에 깨닫는 것은 자신이 대량 학살을 밥 먹듯이 해치우는 거인들, 초인들, "모든 것이 허용되는" 사람의 대열에 속하지 않는다는 사실이다. 그래서 그는 스스로를 혐오하는 것이다.

단절

혐오감과 짝을 이루는 것은 단절이다. 그는 살인 이후 무서운 소외감에 압도당한다. 이 드넓은 우주 전체에 오로지 자기 혼자만이 있다는 느낌, 그 어떤 것과도, 그 어떤 사람과도 아무런 연결이 없다는 자각심이 몰려온다.

그의 마음은 갑자기 공허해졌다. 괴롭고도 끝없는 고독감과 음울한 소외감이 갑자기 뚜렷하게 그의 영혼 속으로 파고들었다. (……) 그의 마음속에는 이제껏 한 번도 겪어 보지 못한 무언가 낯설고 새롭고 갑작스러운 변화가 일어났다. 이 변화를 그는 머리로 이해했다기보다는 감각이 지닐 수 있는 모든 힘으로 뚜렷하게 느꼈다. (……) 그는 이제껏 한 번도 이처럼 기이하고도 무서운 감각을 겪어 본 적이 없었다. 가장 괴로웠던 것은 그것이 그의 의식이나 관념이었다기보다는 감각이었다는 점이다.

살인 이후 그를 덮친 이 무서운 '감각'을 그는 이성적으로는 설명할 수가 없다. 그렇다. 그것은 말로 설명할 수 있는 어떤 생각이나 관념이 아닌 '감각'이다. 그래서 그는 더욱 더 두려워진다. 그가 생각해낼 수 있는 유일한 표현은 그것이 "모든 사람과 모든 것으로부터 자기 자신을 도려낸 것만 같은 느낌"이라는 것이다.

이 세상으로부터 완전히 '도려내어진' 듯한 감각은 사실상 자기 자신으로부터의 도려내어짐에서 출발한다. 살인을 저지름으로써 그는 자기 내면에 있는 '어떤 것', 앞에서도 언급했던 그 어떤 '인간적임'을 제거해 버렸다. 그래서 그는 내면의 어떤 본질적인 자아와 단절되었고 이 단절로부터 세계와의 단절이 생겨난 것이다. 자기 내면의 인간적임으로부터 단절된 인간이 어떻게 외부 세계와 연결될 수 있겠는가. 자기 자신을 지탱해 줄 내적 기반을 상실한 사람은 타인과의 관계도 불가능하다. 라스콜니코프가 살인 후에 겪는 고독감은 이런 불가능에서 오는 내적인 상태이다.

'라스콜'

도스토옙스키는 라스콜니코프의 위상을 설명하는 한 가지 방식으로 이름에 의미를 부여하는 전략을 선택한다. 라스콜니코프라는 성의 어원인 '라스콜'은 러시아어로 쪼개기, 분열, 파괴, 분리를 의미한다. 즉 라스콜니코프는 도끼로 살인을 저지름으로써 도덕을 파괴하고 스스로와 공동체 사이를 분열시키고 공동체로부터 분리된 존재라는 뜻이다.

분리된 존재로서의 라스콜니코프는 17세기 중엽에 일어난 러시아 '종교 대분열(Raskol, 라스콜)'과 연관 지어질 때 더욱 그 의미가 무거워진다. 간략하게 설명하자면, '라스콜'은 전례상의 문제를 중심으로 개혁파와 보수파가 충돌하고 그 결과 수많은 인명이 피해를 입고 교회의 근본이 흔들리게 된 사건을 가리킨다. 총대주교 니콘은 러시아 종교를 그리스식으로 개편하기 위해 대대적인 전례 개편안을 시행했다. 그중에서도 가장 중요한 것은 성호를 그을 때 두 손가락으로 하던 것을 그리스식에 따라 세 손가락으로 할 것과 두 번의 알렐루야 대신 세 번의 알렐루야를 부를 것 등이었다. 무수한 성직자와 평신도들이 니콘의 개혁에 강력하게 반발하며 들고일어났다. 그들에게 의식을 바꾼다는 것은 단순히 표현 방식을 조금 수정한다는 것 이상의 의미가 있었다. 의식과 신앙을 동일한 것으로 간주했던 그들은 문자 그대로 목숨을 걸고 전례 개편에 반대했다. 옛 의식을 고수한다는 의미에서 자칭 타칭 '구교도'라 불린 그들은 옛 의식에 집착하는 것이 신앙을 수호하고 그리스도의 지상 왕국을 실현하는 일이라 생각했다. 그들은 점점 세를 확장해 나가며 개혁을 주장하는 니콘과 정부 측에 결사적으로 저항했다. 저항이 거세질수록 탄압도 거세졌고 처음에는 유배 정도에 그쳤던 탄압이 나중에는 화형이라는 극형으로 치달았다. 구교도 지도층 수십 명이 화형에 처해지거나 추방당하거나 수도원에 감금되었고 그보다 훨씬 많은 수의 구교도가 자진해서 분신의 길을 택했다. 17세기 말까지 노약자를 포함한 약 2만 명이 집단으로, 그것도 '웃으면서' 불길에 뛰어들었다. 그들은 의식을 바꾸기보다는 자기들이 순교의 길이라 믿었던 집단 자살을 선택했다.

공식적으로 '분리파(raskol'niki, 라스콜리니키)'라는 이름으로 불리게 된 구교도와 라스콜니코프의 관련성은 소설 속에서 예심 판사 포르피리의 지적을 통해 구체적으로 명시된다.

"당신이 신앙이나 신을 발견한다면 당신은 창자를 찢긴다 해도 꿋꿋이 서서 자신을 괴롭히는 사람의 얼굴을 미소를 띠고 바라볼 수 있는 그런 사람입니다."

구교도들은 자기가 믿는 것이 절대 불변의 진리라 생각했기에 웃으면서 불가마에 들어갔다. 도스토옙스키는 그들의 분신에서 끔찍한 가능성을 읽었다. 구교도들이 전례상의 작은 차이를 위해 기꺼이 목숨을 내놓은 것은 순교가 아니다. 그들의 행위를 뒤집으면, 그들은 얼마든지 자신과 다른 종교와 신념과 의식을 가진 사람들을 불태워 죽일 수도 있다는 것을 의미한다. 그러므로 포르피리가 라스콜니코프의 성향을 구교도에 빗대어 말한 것은 절대로 상찬이 아니다. 실제로 라스콜니코프는 적어도 표면상으로는 자신의 신념이 옳다고 믿었기에 두 사람이나 살인을 할 수 있었다.

분리파 교도들은 박해에도 불구하고 끈질기게 살아남아 내부적으로도 여러 다른 이단을 파생시켰다. 그들은 러시아 정교회의 통일성을 위협했으며 향후 몇 세기 동안 러시아 내부에 크고 작은 각종 분열을 초래했다. 이들 종파의 문제는 그들이 단순히 제도로서의 교회의 가르침과는 다른 입장을 설파한 데 있는 것이 아니라 여러 정치적·사회적 세력과 결탁함으로써 결국은 러시아 사회의 토대를 흔들리게 한 데 있다. 도스토옙스키가 살인범 주인공에게 종교 대분열의 의미를 부여한 것은 주인공 자신이 분리된 존재일 뿐 아니라 그의 행위가 사회의 분열을 조장한다는 뜻으로 해석할 수 있다.

고립이라는 이름의 감옥

도스토옙스키는 라스콜니코프가 처한 고립의 상태를 시간과 공간의 언어로 전달한다.

"어디서 읽었더라? 사형 선고를 받은 어떤 사람이 죽기 한 시간 전에 이런 말을 했다던가, 생각했다던가. 겨우 자기 발을 디딜 수 있는 높은 절벽 위의 좁은 장소에서 심연, 대양, 영원한 암흑, 영원한 고독과 영원한 폭풍에 둘러싸여 살아야 한다고 할지라도, 그리고 평생, 천년 동안, 아니 영원히 1아르신밖에 안 되는 공간에 서 있어야 한다고 할지라도, 그래도 지금 죽는 것보다는 사는 편이 더 낫겠다고 했다지! 살 수만 있다면, 살 수만 있다면, 살 수만 있다면! 어떻게 살든, 살 수 있기만 하다면······! 그만한 진실이 또 어디 있겠나! 그래 이건 정말 대단한 진실이 아닌가!"

1아르신이란 혁명 전 러시아의 단위로 약 71센티미터 정도 되는 길이이므로 "1아르신밖에 안 되는 공간"이란 두 발을 디딜 정도밖에 안 되는, 그야말로 손바닥만 한 공간이다. 주변에는 아무도, 아무것도 없다. 소리도 없고 빛도 없다. 이것이 바로 도스토옙스키가 머릿속에서 그린 지옥의 모습이다.

극도로 비좁은 공간과 짝을 이루는 시간은 아주 긴 시간, "평생, 천년, 영원"이다. 양적으로 볼 때 이 길고도 긴 시간은 비좁은 공간과 대립하는 것처럼 보이지만 심리적이고 윤리적인 시점에서 본다면 이 좁은 공간을 시간으로 번역한 것에 불과하다. 이 영원은 끝나지 않는 시간, 무한히 지속되는 시간이며 동시에 아무것도 변하지 않는 시간, 어느 순간 태엽이 멈춰 버려 더 이상 가지 않는 시계와도 같은 시간이다. 이것은 많은 양의 시간이 아니라 무의미한 시간, 아무것도 변하지 않는 시간이며 이것이 세계와 완벽하게 단절된 공간에 서 있는 존재와 합쳐지면 구원의 가능성이 차단된 지옥을 만들어 낸다.

이상에서 살펴본 바를 종합해 본다면 라스콜니코프가 처한 상황은 감옥과 같은 상황이라고 요약할 수 있다. 살인 전의 그는 수치심과 분노에 휩싸여 '작은 방'에서 살고 있다. 그의 작은 방은 물리적인 감옥이자 심리적인 감옥이다. 이 감옥에서 벗어나기 위해 그는 살인을 저지르지만 살인은 그의 부자유를 오히려 증폭시킨다. 그의 감옥에는 이제 증오와 고립이라는 족쇄까지 더해진다. 소설의 후반부는 그가 이 감옥에서 벗어나 진정으로 자유를 찾아가는 과정에 할애된다.

전당포 노파

『죄와 벌』의 많은 인물이 사실상 라스콜니코프의 분신이라 할 수 있다. 그 대표적인 인물이 전당포 노파이다. 소설의 플롯으로만 본다면 노파는 가해자 라스콜니코프에게 살해당하는 희생자이다. 그러나 고립이라는 점에서 전당포 노파는 라스콜니코프의 분신이다.

노파의 삶은 라스콜니코프의 경우와 마찬가지로 고립, 닫힌 공간, 영원한 시간으로 정의된다. 돈이 그렇게 많은데도 노파는 비좁고 누추한 아파트에 기거한다. 비좁은 현관은 비좁은 침실로 이어지며 무더운 날씨인데도 창문은 다 닫혀 있다. 현관문은 견고하게 빗장과 자물쇠로 잠겨 있고 저당물을 가져온 사람이 종을 울리면 노파는 아주 조심스럽게 문을 빠끔히 열고 내다본다. 노파는 이 남루하고 비좁은 공간에 '갇혀서' 아무도 사랑하지 않고 아무와도 소통하지 않고 아무도 걱정하지 않으며 차곡차곡 돈을 모으며 살고 있다.

그녀는 모 관리의 과부로 막대한 부를 축적했으며 물건값의 4분의 1밖에 안 빌려주면서 이자는 한 달에 5푼에서 7푼까지 받는 지독한 고리대금업자로 악명이 자자하다. 노파에게 딸린 혈육이라고는 리자베타라는 배다른 여동생 하나뿐인데 백치에 가까운 여동생은 언니에게 얹혀살면서 간신히 끼니를 해결한다. 노파는 극도로 내핍하게 생활하면서 돈을 모으고 있으며 백치 여동생을 노예처럼 가혹하게 부려먹으면서도 월급 한 푼 주지 않는다. 요컨대 그녀에게는 돈 들어갈 일이 거의 없는 셈이다. 그러면 노파는 그 많은 돈을 다 어디다 쓰려고 하는가?

노파는 이미 유언장을 작성해 놓았고 그에 따르면 노파의 돈은 어떤 수도원에 사후 추도 비용으로 기부되도록 결정되어 있다. 수도사들이 돈을 받고 노파의 영생을 빌어 주기로 되어 있다는 뜻이다. 다시 말해서 노파는 가난한 사람들을 짓밟아 가면서까지 자기 혼자서만 이승에서의 삶이 끝나도 저승에서 '영원히' 살겠다는 꿈을 꾸고 있는 것이다. 노파의 행위는 레슬리 존슨의 지적처럼 "타인의 삶"과 타인의 시간을 잡아먹는 행위에 다름 아니다. 그녀는 타인이 저당 잡힌 시간을 모아서 자신만을 위한 영원을 사려고 하는 것이다.[3] 타인의 시간, 타인의 과거가 묻어 있는 저당물을 담보로 잡고 지독한 고리로 돈을 빌려줌으로써 그녀는 가난한 그 타인의 미래까지도 집어삼킨다. 한마디로 가난한 사람들의 시간을 잡아먹고 사는 괴물인 것이다.

꼭 닫힌 방에 유폐된 채 영원한 삶을 꿈꾸는 노파와 손바닥만 한 공간에 홀로 서서 영원히 살고 싶다고 부르짖는 라스콜니코프는 닮은꼴이다. 노파는 쌓아 놓은 부의 한끝에서, 라스콜니코프는 극빈의 다른 한끝에서 서로를 노려보며 무한한 시간 동안 서 있어야 한다. 이때의 무한 시간은 아무런 변화도 생명도 없이 그냥 늘어지는 시간이며 그들은 이 시간 속에서 영생을 얻는 대신 영원히 움직일 수 없는 화석이 되어 버린다.

노파와 라스콜니코프의 분신 관계는 살인 이후 라스콜니코프가 절규하는 대목에서 다시 한 번 확인된다.

"내가 과연 노파를 죽인 걸까? 나는 나 자신을 죽였어, 노파가 아니라! 그렇게 단칼에 나는 나 자신을 영원히 죽여 버린 거야!"

스비드리가일로프

라스콜니코프의 또 다른 분신은 스비드리가일로프이다. 그는 라스콜니코프의 여동생 두냐가 가정 교사로 들어간 집의 주인 남자이다. 그는 거의 병적인 열정을 품고 두냐에게 집착한다.

스비드리가일로프는 많은 점에서 라스콜니코프와 닮았다. 우선 라스콜니코프가 빈곤과 그로 인한 굴욕감의 감옥에 갇힌 존재라

자유에 관한 성찰

면 스비드리가일로프 역시 한때 돈 때문에 굴욕적인 노예처럼 산 적이 있다. 그의 경우 감옥은 결혼이었다. 그의 결혼 경위는 다음과 같다. 약 8년 전쯤 사기도박에 연루된 그는 거액의 도박 빚으로 인해 감옥에 갈 처지에 놓였다. 그런데 마르파라는 돈 많고 나이 많은 여자가 나타나 3만 루블을 몸값으로 지불하고 그를 구해 주었다. 두 사람은 곧 법적으로 결혼을 하고 여자의 영지가 있는 시골로 내려갔다. 스비드리가일로프보다 훨씬 나이가 많은 마르파는 그가 조금이라도 배반의 기미를 보일라 치면 타인의 명의로 된 3만 루블의 차용 증서를 그의 코앞에서 흔들어 댔다. 그는 3만 루블에 팔려 온 노예였던 셈이다.

그는 비교적 성실하게 결혼 생활을 했고 7년 뒤 마침내 아내의 신뢰를 얻는 데 성공했다. 아내는 그에게 차용 증서를 돌려주고 많은 돈까지 선물로 주면서 신뢰를 표현했다. 그러던 차에 그는 아름답고 교양 있고 정숙한 아가씨 두냐를 보고는 숙명적인 사랑을 느끼게 된다. 그는 두냐를 얻기 위해, 그리고 그동안의 '감금 생활'에 복수하기 위해 아내를 살해한다. 라스콜니코프가 심리적인 감옥에서 해방되기 위해 살인을 저지르는 것처럼 그는 결혼이라는 감옥에서 벗어나기 위해 감쪽같이 아내를 살해한다. 그러나 물증이 없기 때문에 그는 형사 고발을 모면한다.

이 밖에도 몇 가지 더 의심스러운 살인 사건이 그와 연관된다. 장애인 소녀를 폭행하여 그녀를 자살로 몰고 간 사건, 그리고 하인을 고문하여 죽게 한 사건 등이 그의 소행으로 짐작되지만 역시 물증이 부족하여 그는 처벌받지 않는다.

라스콜니코프가 존재감 때문에, 자유에의 본능을 충족하기 위해 살인을 저지르듯이 스비드리가일로프 역시 존재감 때문에 살인을 저지른다. 그의 경우 존재감은 가학적인 성적 본능의 충족으로 실현된다는 것이 다를 뿐이다.

그는 살인범이라는 점에서 라스콜니코프와 짝을 이루지만 라스콜니코프와 완전히 반대되는 길을 간다. 라스콜니코프가 살인 이후 불안과 고립과 혐오감을 느낀다면 스비드리가일로프는 아무런 감정의 동요도 겪지 않는다. 그는 편안한 마음으로 살인을 했으며 또 앞으로도 필요하다면 얼마든지 살인을 할 것으로 예상된다. 다시 말해서 라스콜니코프가 그토록 선망했던 초인이 현실에서 구체화될 때, 스비드리가일로프라는 인물로 나타난 것이다. 대부분의 연구자들이 지적하듯이, 스비드리가일로프는 라스콜니코프의 '악'이 무한히 증폭된 인물이다. 이 점은 라스콜니코프가 나중에 시베리아에서 갱생을 체험하는 데 반해 스비드리가일로프는 자살을 함으로써 갱생의 가능성이 차단된다는 사실로 뒷받침된다.

3 인물 2 ─ 라스콜니코프의 조력자들

라스콜니코프는 살인 후 더욱더 부자유스러운 상황에 놓이게 되는데 소설의 후반부는 이런 그가 결국 족쇄에서 해방되어 자유의 길에 들어서는 과정을 그린다. 라스콜니코프가 자유를 향해 나아가는 과정은 두 가지 특징을 보여 준다. 첫째, 라스콜니코프는 시종일관 수동적이다. 그는 거의 아무것도 하지 않고, 심지어 진심 어린 반성조차 끝까지 미루기만 한다. 자수하고 나서도, 시베리아 유배지에 가서도 그는 망설이고 의심하고 회의한다. 최후의 순간이 되어서야 그는 극적으로 회심한다.

둘째, 그에게는 조력자들이 있다. 그 조력자들이 그를 자유의 길로 인도한다. 조력자 중 대표적인 인물은 매춘부 소냐와 예심 판사 포르피리다. 두 사람은 마치 여행 가이드처럼 그를 자유라고 하는 목적지로 인도한다. 그러나 그들만이 조력자인 것은 아니다. 대부분의 인물이, 아니 약간의 과장을 보탠다면 모든 등장인물이 그를 자유의 목적지로 인도하는 일에 어떤 식으로든 일조한다. 그럼 먼저 그가 살해한 리자베타부터 살펴보자.

리자베타

이중 살인

라스콜니코프의 살인은 그가 예상했던 것과는 다른 방식으로 진행된다. 그는 우연히 다음 날 노파의 여동생 리자베타가 집을 비울 것이며 그래서 그 시간에 노파 혼자 있게 된다는 사실을 엿듣는다. 이 사소한 엿듣기는 그로 하여금 살인을 감행하도록 유도한다. 그러나 리자베타는 외출했다가 무슨 사정이 있었던지 바로 돌아오고, 살인 현장을 목격한다. 목격자를 그대로 둘 수는 없다. 설령 그녀가 백치라 하더라도. 그래서 라스콜니코프는 리자베타도 도끼로 살해한다. 이중 살인은 그의 계획에는 없던 일이다.

그러면 리자베타는 어떤 사람인가. 사소한 인물처럼 여겨지지만

이 여동생의 의미는 대단히 의미심장하다.

리자베타는 노파의 배다른 동생으로 키만 삐죽 크고 피부는 거무튀튀한 것이 지독하게 못생긴 서른다섯 살 먹은 노처녀이다. 백치나 다름없이 우둔하지만 신앙심이 깊고 착하고 유순하여 사악한 늙은 언니가 시키는 대로 온갖 집안일을 도맡아 한다. 노파는 여동생을 경제적으로나 심리적으로나 극심하게 착취하면서도 유언장에서까지 가재도구 외에는 아무것도 물려주지 않는다고 적어 놓았다.

게다가 그토록 어수룩하고 못생긴 노처녀이지만 그녀는 툭하면 임신을 한다. 늙은 언니에게 시달리는 것도 모자라 다수의 남자에게 성적으로 괴롭힘을 당한다는 뜻이다. 리자베타는 한마디로 말해서 가난하고 모욕당한 사람, 경제적으로, 심리적으로, 그리고 성적으로 학대받고 착취당하는 사람, 짓밟히고 억눌린 사람 모두를 대표한다. 그녀는 라스콜니코프가 꾼 어린 시절 꿈에 나오는, 술 취한 농부들에게 맞아 죽는 암말에 가장 근접하는 인물이다.

바보 성자

그러나 그녀의 의미는 여기에 그치는 것이 아니다. 라스콜니코프가 우연히 현장에 뛰어든 이 백치 노처녀를 살해하는 장면을 읽어 보자.

그녀는 뚫어질 듯 그를 쳐다보았으나 여전히 비명을 지르지는 못했다. 숨이 막혀 소리를 지를 수가 없는 것 같았다. 그는 도끼를 들고 그녀에게 달려들었다. 그녀의 입술은 애원하듯이 일그러졌다. 그것은 어린아이들이 무엇엔가 놀랐을 때 자신을 놀라게 한 그 대상을 뚫어지게 쳐다보며 소리를 지르려고 할 때의 모습과 비슷했다. 가련한 리자베타는 너무 순박하고 학대를 당해 항상 겁에 질려 있었으므로 손을 들어 얼굴을 가릴 생각도 못했다. 도끼가 바로 그녀의 얼굴 앞에 들려져 있는 그 순간에 그런 행동은 가장 필요하고 자연스러운 동작이었는데도 말이다. 그녀는 아무것도 들고 있지 않은 왼손을 약간 쳐들었으나 그것도 얼굴보다 훨씬 아래쪽이었다. 그다음 그녀는 상대방을 밀쳐 내려는 듯 그 손을 천천히 앞으로 내밀었다. 타격은 정확하게 두개골에 가해졌다. 도끼의 날은 금방 윗이마를 지나 거의 정수리까지 그녀의 머리를 쪼개 버렸다.

리자베타는 이 무의미하고 잔인한 폭력 앞에서 단 한마디 저항의 말도, 저항의 몸짓도 하지 못한 채, 마치 한 손으로 살인자를 막아 보려는 듯이 그저 힘없이 손을 조금 쳐들어 보고는 그냥 죽고 만다. 표현이 조금 이상하게 들리지만, 그녀가 죽는 '방식'에다가 그녀의 정체성을 규정하는 요소들 —— 깊은 신앙심, 우둔함, 어리석음, 겸양과 유순, 짓밟히고 모욕당하는 삶 —— 을 더하면 하나의 구체적인 이미지가 떠오른다. 그것은 이른바 유로지비(Iurodivy)라는 존재다.

유로지비는 흔히 '바보 성자(Holy Fool)'라 번역되는, 러시아 문화의 한 독특한 현상이다. 러시아 사람들은 옛날부터 바보, 광대, 미치광이 등 사회의 주변부로 밀려난 존재들 중에 신의 음성을 듣고 그 뜻을 다른 사람에게 전해 주는 사람들이 있다고 믿었고 그들을 '바보 성자'라 불렀다. 지저분한 몰골, 아무렇게나 풀어헤친 머리, 덥수룩한 수염, 누더기 옷, 일부러 몸에 걸친 쇠사슬 같은 것이 유로지비들의 외적 표징이었는데, 그들은 지상으로 내려와 갖은 수모를 다 당하고 인류를 구원하기 위해 처형당한 그리스도의 길을 따른다는 의미에서 '그리스도를 위한 바보'라 불리기도 했다. 지적으로나 경제적으로나 사회적으로나 가장 비천한 이들은 바로 그렇기 때문에 역설적이게도 그리스도와 가장 닮은 존재로 암묵적으로 인정되고 있었다.

학대받고 모욕당하고 참혹하게 살해당하는 백치 리자베타는 도스토옙스키가 창조한 대표적인 유로지비에 속한다. 순교에 가깝게 그려지는 그녀의 죽음은 유로지비의 징표라 할 수 있다. 불의에 저항 한 번 못 하고 스러진 그녀는 수난과 순명과 온유라고 하는 그리스도교 영성의 본질을 체현한다.

이 상황에서 리자베타의 정수리에 가해진 도끼날은 절대로 정의의 칼날이 될 수 없다. 리자베타는 죽으면서 하마터면 라스콜니코프의 살인에 주어졌을지도 모르는 면죄부를 함께 가져간다. 이제 라스콜니코프의 살인을 정당화해 줄 수 있는 것은 아무것도 없다. 라스콜니코프는 노파와 함께 리자베타를 살해함으로써 악을 제거한다는 명목으로 선을 죽이고 '정의의 이름으로' 인간의 내면에 있는 '그리스도'도 함께 죽인 셈이다. 그래서 모출스키는 라스콜니코프를 가리켜 "휴머니스트로 육화된 악마"라 부르는 것이다.[4] 도스토옙스키는 『죄와 벌』을 위한 노트에 "수학적 계산은 파괴하고 자발적인 신앙은 구제한다."(VII 134)라고 썼다. 리자베타를 죽인 도끼는 곧 '수학적 계산'이었다.

리자베타는 소설의 초반부에서 살해당해 더 이상 등장하지 않지만 그녀의 '바보 성자'적인 정체성은 이후 소설의 전개 과정에서 끊임

127

없이 환기된다. 리자베타는 살아생전에 소냐와 절친한 친구였고 소냐에게 성상을 받는 대신 자기의 청동 십자가를 주었다. 훗날 소냐는 리자베타의 십자가를 자기가 갖고 자신의 삼나무 십자가는 라스콜니코프의 목에 걸어 준다. 십자가를 매개로 소냐와 연결되고, 더 나아가 라스콜니코프와 연결되는 리자베타는 그러므로 단순히 살해당한 피해자가 아니라 라스콜니코프를 구원으로 인도하게 될 어떤 신비한 이미지, 간접적인 조력자가 되는 것이다.

소냐

다른 삶

소냐는 주정뱅이 하급 관리 마르멜라도프의 딸이다. 마르멜라도프는 벼랑 끝에 몰린 군상을 대표하는 인물이다. 그에게는 후처인 카체리나와 어린 자식 셋이 더 있다. 극빈 가정의 명목상의 가장인 그는 자신의 힘으로는 가족을 부양할 수 없어 전처소생의 딸 소냐를 거리로 내몬다. 마르멜라도프는 얼마 안 되는 푼돈이나마 생기는 대로 모두 술을 마셔 버리기 때문에 채 스무 살도 안 된 소냐가 계모와 동생들을 부양하기 위해 매춘의 길에 들어선다. 라스콜니코프는 어느 날 우연히 술집에서 마르멜라도프를 만나 그의 가정 사정을 알게 된다. 얼마 후 마르멜라도프가 마차에 치어 죽자 라스콜니코프는 그의 유가족을 도와주고 그것을 계기로 소냐와 안면을 트게 된다.

소냐는 라스콜니코프와 정반대되는 성향을 지니고 있다. 그녀는 온순하고 겸손하며 자신의 처지를 무척이나 부끄러워한다. 그러면서도 계모와 아버지를 원망하지 않는다. 깊은 신앙심은 그녀를 지탱해 주는 내적인 힘이다. 소냐는 자신의 존재감을 실현하려는 그 어떤 의지도 내비치지 않는다. 자존심이라는 것도 내보이지 않는다. 그러나 그녀는 자존감을 상실해 버린 적이 없다. 이 세상에서 가장 비천한 직업을 가진 힘없고 돈 없고 교육도 받지 못하고 연륜마저도 없는 어린 아가씨지만 그녀는 굳건하게 삶을 이어 나간다.

라스콜니코프에게 인류는 두 부류다. 초인 아니면 벌레다. 그렇기 때문에 그는 어떤 부류는 살아야 하고 어떤 부류는 죽어야 하는가를 자신이 직접 결정하려 든다.

소냐에게 살인을 실토하는 대목에서 그는 묻는다. 만일 치사하고 비열한 악당과 그 악당 때문에 고통당하는 어떤 부인이 있을 때 그녀에게 결정할 권리가 있다면 그녀는 누구를 죽일 것인가라고.

"만일 이 모든 일이 당신의 결심 하나에 달려 있다면 말이야. 즉 어떤 사람들이 세상에서 살아야 할지. 루쥔이 살아서 그런 파렴치한 짓을 계속해야 할지, 카체리나 이바노브나가 죽어야 할지와 같은 문제들이 당신의 결단 하나에 달려 있다면 말이야. 그럼 어떤 결론을 내릴 건가? 그들 중 누가 죽어야 하지? 나는 그걸 묻고 싶은 거야."

이것은 '프레임'의 문제다. 지금 라스콜니코프는 그릇된 프레임 속에서 문제를 제기한다. 소냐의 대답은 문제를 다른 프레임으로 돌린다. "왜 당신은 불가능한 일을 물어보세요?"가 그녀의 대답이다. 그녀는 사람을 벌레로 생각해 본 적이 없기 때문에 그런 질문이 아주 이상하게 들린다. 아니 그런 것은 해서도 안 되고 할 수도 없는 질문이다. 계속해서 그가 대답을 종용하자 소냐는 대답한다.

"당신은 왜 해서는 안 되는 질문을 하시는 거예요? 어떻게 그런 일이 내 결정에 따라 이루어질 수 있지요? 누구는 살아야 하고 누구는 죽어야 한다고 심판할 권리를 누가 내게 주었나요?"

요컨대 소냐와 라스콜니코프는 동일한 대상을 완전히 다른 눈으로 보고 있는 것이다.

라스콜니코프에게 삶을 움직이는 것은 권력의 원칙, 지배의 원칙이다. 강자가 약자를 지배하는 것, 비범한 인간이 평범한 인간을 이끌어 가는 것, 이것이 삶의 원칙이다. 권력의 원칙을 추구하는 그에게 인간은 살아야 할 인간과 죽어야 할 인간으로 구분된다. 반면 소냐에게 삶은 희생의 원칙으로 진행된다. 그녀는 신경질적인 계모와 주정뱅이 아버지를 위해 거리로 나간다. 배다른 어린 동생들을 위해 몸을 판다. 그것을 이해할 수 없는 라스콜니코프는 그녀에게 줄곧 그런 희생이 대체 무슨 소용이 있겠느냐며 조롱한다. 심지어 이런 무의미하고 어리석은 희생 대신 그냥 물에 빠져 죽는 것이 어떠냐는 냉소적인 조언까지 한다. "그냥 이대로 거꾸로 물속으로 뛰어들어 그것으로 모든 일에 종지부를 찍는 것이 더 정당하고 수천 배 더 이성적인 일이 아닐까?"

삶을 이분법적으로 바라보는 라스콜니코프의 시각은 소냐의 운명에 대한 추측에서 극명하게 드러난다. 그는 소냐가 아직도 삶을 영위하고 있다는 사실 자체가 믿기지 않는다. 극빈, 마차에 치어 죽은 주정꾼 아버지, 뼈만 앙상하게 남은 어린 동생들, 악에 받쳐 각혈을 해대는 폐병쟁이 계모, 그리고 그 가족에 대한 책임 때문에 들어선 매춘의 길……. 라스콜니코프는 이상한 생명체라도 바라보듯 고개를 갸우뚱한다. "지금까지 단번에 삶을 청산하고자 하는 결심을 그녀가 자제할 수 있었던 것은 도대체 무엇 때문이었을까?"

"이렇게 오랫동안 이런 상태에 살면서 어떻게 미치지 않았을까?" 그는 소녀가 지금까지 살아 있다는 사실을 이해하지 못한다. 그리고 나름대로 앞으로 소녀가 걷게 될 길을 세 가지로 예측한다.

'그녀 앞에는 세 갈래 길이 놓여 있다.'라고 그는 생각했다. '운하에 몸을 던지거나, 정신 병동에 가게 되거나, 아니면…… 아니면 마침내는 이성을 교란하고 마음을 굳어 버리게 하는 음탕한 생활에 빠져드는 길이다.' 마지막 생각이 그에게는 무엇보다도 혐오스럽게 느껴졌다.

즉 그는 소녀처럼 최악의 상황에 놓인 사람은 자살하거나, 미치거나, 아니면 타락하거나(현실과 타협하거나), 이 셋 중의 하나라고 생각한다. 그녀에게 다른 가능성이 있으리라고는 결코 생각하지 못한다. 그의 사고는 다른 '프레임'에 맞춰져 있기 때문이다.

그러나 라스콜니코프는 삶이 이분법으로 나뉘지 않는다는 것을 모른다. 권력의 원칙 말고 희생이 원칙도 존재한다는 것을 모른다. 인간은 때로 아무런 이해타산 없이 자신을 희생할 수도 있다는 것을 모른다.

그가 모르는 것이 또 있다. 사람은 스스로가 스스로를 버러지라고 생각하지 않는 한 결코 버러지가 아니라는 사실을 그는 모른다. 소냐는 비천한 존재일망정 스스로를 버러지라고 생각하지 않는다. 그녀는 자신이 불행하다고 생각하지만 결코 비참하다고는 생각하지 않는다. 그녀는 겸손하지만 자학하지는 않는다. 아니 겸손하기 때문에 자학하지 않는다. 그래서 그녀는 버러지가 아니다. 라스콜니코프는 오만하기 때문에 자학한다. 극도의 오만과 극도의 자기 비하는 한 가지다. 그는 비천한 존재들은 모두 버러지 취급하기에 스스로가 비천하다고 느껴질 때 스스로를 버러지로 생각한다. 그러므로 그는 자기 자신에 대해서 버러지가 될 수 있다. 그리고 그는 스스로를 버러지라고 여기기 때문에 자살을 생각할 수 있다. 그는 노파를 죽이듯이 자신도 죽일 수가 있는 것이다.

정말로 나는 한 마리 이일 뿐이다. 그는 자학에서 오는 쾌감을 느끼며 이 생각에 달라붙어 그것을 파헤치고 즐기면서 그것으로 위안을 얻으며 계속 생각했다. 나는 이다. 지금 내가 스스로를 이라고 생각하고 있는 것 하나만 봐도 나는 이다. (……) 나 자신이 어쩌면 살해당한 이보다도 더 추악하고 더러운 놈인지도 모른다.

라스콜니코프가 자유를 찾으려면 소냐에게(그리고 소냐뿐만 아니라 누구에게나) 앞에서 언급한 세 가지 선택지 외에 제4, 제5의 다른 가능성이 있음을 인정해야 한다. 그녀의 '다른 삶'을 이해하고 받아들이고 인정해야만 한다. 왜 이른바 '위대한' 삶과 벌레처럼 버둥대다가 비참하게 죽어 가는 삶이 그 무게와 가치에 있어서 동일한가를 이해해야 한다. 왜 생명은 모두 고귀하다는 그 자명한 사실이 현실에서는 그토록 자주 잊히는가를 생각해 보아야 한다. 그리고 이 모든 것을 이해하려면 그는 소녀의 시선으로 세상을 바라보아야 한다.

연결

라스콜니코프에게 자유를 향해 가는 여정은 '관계의 회복'과 나란히 진행된다. '관계'라는 말에서 드러나듯 관계의 회복은 혼자서는 이룩할 수 없다. 그래서 그에게는 무수한 조력자들이 도움을 제공하는 것이다.

라스콜니코프는 오랜 방황과 고민 끝에 마침내 소녀에게 찾아가 자신이 살인범임을 고백한다. 왜 그녀에게 고백해야 하는지 정확한 이유도 모르면서 그는 그녀를 찾아간다. 그런데 놀라운 것은 소녀의 반응이다. 소녀는 놀라거나 두려워하는 대신 그에게 무한한 동정심을 보여 준다.

소녀는 재빨리 그에게 다가가서 그의 두 손을 붙잡고 자신의 약한 손가락으로 그의 손을 으스러지도록 꼭 쥐었다. "도대체 당신은 자신에게 무슨 짓을 저지른 거죠?" 그녀는 절망적으로 말하면서 자리에서 일어나 그의 어깨에 달려들어 그를 세차게 끌어안았다. "이 세상에 지금 당신처럼 불행한 사람은 없어요!" (……) 그러더니 갑자기 발작을 일으킨 듯이 목 놓아 울기 시작했다.

라스콜니코프에게 관계의 회복은 이 순간부터 시작된다고 볼 수 있다. 소냐는 얼마 전에 노파의 머리통을 내려쳤던 그 사악한 손을 으스러지도록 꼭 잡아 주는 것으로써 그가 도끼로 잘라 내 버린 관계를 도로 붙여 준다. 소냐는 그에게 남아 있는 마지막 타인("내게 남아 있는 것은 당신뿐이야.")이며 동시에 회복한 관계의 출발을 알려 주는 첫 번째 타인이다.

소냐는 이성으로써가 아니라 직관으로써 관계가 답임을 알고 있다. 라스콜니코프의 '초인'이 무자비한 단절을 전제로 한다면 소냐에게 존재는 근원적으로 관계이다. 그렇기 때문에 그녀에게 라스콜니코프는 무서운 살인범이 아니라 불행한 사람이다. "이 세상에 지금 당신처럼 불행한 사람은 없어요!" 존재를 관계 속에서 파악하는 그녀의 입장에서 보자면 관계에서 이탈한 라스콜니코프야말로 이 세상에서 가장 불행한 사람이다.

한 가지 첨언하자면, 러시아어로 'neschastny(불쌍한, 불운한)'라는 형용사는 러시아 정교의 전통 속에서 죄수를 가리키는 명사로도 쓰였다. '당신은 죄를 지어 참으로 불행하게 되었다.'라는 뜻이 내포되어 있다. 작은 예이긴 하지만 이 단어의 용례는 러시아 정교의 철학을 적나라하게 보여 준다. 죄인을 불행한 사람이라 생각함으로써 정교 교인들은 적어도 원칙적으로는 죄에 대한 심판이 아닌 죄에서 오는 고통을 함께 진다는 태도를 견지했다. 소냐가 말하는 "불행한 사람"은 정교 전통의 보편적 입장을 반영하는 동시에 라스콜니코프의 특수한 상황을 '해석'한다.

소냐의 행동은 그녀와 라스콜니코프 간에 인간 존엄성의 가장 근원적인 조건인 '나와 너'의 관계를 가능하게 해 준다. 라스콜니코프는 소냐에게 말한다. "난 오래전부터 아무하고도 이야기를 하지 않았어." 그런 그가 비천한 창녀에게 모든 것을 다 털어놓고 그녀와의 인격적인 관계를 기대하기 시작한다. 그는 몇 번씩이나 소냐에게 자신을 버리지 말아 달라고 당부한다. 소냐는 그에게 최후의(아니 어쩌면 최초의) '너'이다.

오랫동안 그에게는 낯설었던 감정이 파도처럼 그의 영혼에 스며들어, 그의 마음을 순식간에 적셨다. 그는 그 감정을 거부하지 않았다. 눈에서 눈물 두 방울이 흘러내려, 속눈썹에 맺혔다.
"그럼 나를 버리지 않는 거야, 소냐?"
그는 일말의 희망을 느끼며 그녀를 바라보고 물었다.
"아뇨, 아니에요, 절대로 언제까지나 그 어느 곳에서도 버리지 않을 거예요!"

라스콜니코프는 이어서 소냐에게 묻는다. "말해 줘, 이제 나는 어떻게 하면 좋을까?" 그러자 소냐는 마치 준비라도 하고 있었다는 듯이 그에게 답을 알려 준다.

"일어나세요. (그녀는 그의 어깨를 잡아 일으켰고, 그는 놀라서 그녀를 바라보았다.) 지금 즉시 나가서 네거리에 서서 먼저 당신이 더럽힌 대지에 절을 하고 입을 맞추세요. 그다음 온 세상을 향해 절을 하고 소리를 내어 모든 사람에게 말하세요. '내가 죽였습니다.'라고. 그러면 하느님께서 또다시 당신에게 생명을 보내 주실 거예요."

자유에 관한 성찰

소냐가 라스콜니코프에게 권하는 것은 경찰서에 가서 자수하라는 것이 아니라 네거리에 가서 '고백'을 하라는 것이다. 그러기 위해서 그는 우선 "나가고" "온 세상을 향해 절을 하고" "소리를 내어 모든 사람에게" 말해야 한다. 이 세 가지 행위가 공통적으로 포함하는 첫 번째 의미는 세상과의 '연결'이다. 그는 일단 나가야 한다. 새장처럼 비좁은 하숙방에서 나가야 하고 감옥처럼 좁은 생각에서 나가야 하고 무덤처럼 차가운 마음에서 나가야 한다. 그리고 온 세상을 향해, 모든 사람에게 말함으로써 다시 그들과 연결되어야 한다.

두 번째 의미는 겸손이다. 땅에 절을 한다는 것은 스스로를 낮춘다는 뜻이다. 나가는 것이 수평적인 움직임이라면 땅에 엎드린다는 것은 수직적인 움직임이다. 나가는 것이 연결이라면 엎드린다는 것은 신 앞에 고개 숙인다는 뜻이다. 초인의 오만도 버리고 권력에의 욕망도 버리고 신 앞에 겸손하게 머리 숙인다는 뜻이다. 오만을 버리고 인류와 연결될 때 신은 그에게 '생명'을 보내 준다. 신이 선사하는 생명이 곧 자유다.

공동체 정신

소냐의 제안은 러시아 정교의 두드러진 특징이자 도스토옙스키 사상의 핵심인 '공동체 정신(sobornost')'과 연결된다.

유배지에서 모든 강제된 행위 중 도스토옙스키를 가장 힘들게 했던 것은 강제된 공동생활이었다. 강제된 음식도, 강제된 노역도 견딜 수 있었지만 강제된 공동생활만큼은 견디기 어려운 것이었다. 그는 유배 생활을 회고하면서 이렇게 말한다. "나는 유형살이를 해야 할

10년 동안 한 번도 결코 1분도 나 혼자 있을 수 없다는 가공스럽고 고통스러운 사실을 조금도 상상할 수 없었다." "뒷날에 가서야 나는 자유의 박탈과 강제 노동 이외에도 유형 생활에는 다른 무엇보다 더욱 힘든 고통 하나가 더 있다는 것을 깨달았다. 그것은 강제적인 공동생활이었다."

그러나 홀로 있는 것은 공동생활에 대한 대답이 아니었다. 도스토옙스키에게 혼자임은 언제나 불안을 수반했다. 그것은 결국 실존적인 죄악의 상태로 이어졌다. 사막의 은수자들처럼, 베네딕토 수도사들처럼, 그 역시 혼자서 가는 자유의 길이 대부분의 사람에게 얼마나 위험한지 알고 있었다. 그는 아마도 유배 전에 페트로파블롭스크 요새 감옥 독방에서 느꼈던 그 절대적인 분리감과 허무와 공포를 도저히 잊지 못했을 것이다. 그는 점차 혼자라는 것은 분리와 아집과 독선과 교만과 오만과 지배와 탐욕으로 이어지고 결국 최대의 악으로 현실화될 수 있다고 믿게 되었다.

혼자라는 것이 답이 아니라면 함께 있는 것이 답이 되어야 한다. 그런데 함께 있는 것 역시 답이 아니라면 도대체 무엇이 답이란 말인가. 오랜 고민 끝에 도스토옙스키는 결국 공동생활이 아닌 '공동체 정신'에서 답을 발견했다.

'공동체 정신'은 러시아 그리스도교의 오랜 전통 속에서 발견되는 개념으로 그동안 무수한 저술과 논문이 그것에 관해 씌어졌다. 대단히 복잡하고 철학적이고 윤리적인 개념이지만 여기서는 간단히 요점만 짚고 넘어가자. 그것은 이를테면 사람들을 하나로 연결시켜 주는 진실한 유대감 같은 것이다. '연대감'이란 단어가 조금 더 적절할

자유에 관한 성찰

지는 모르겠지만 완전히 일치하지는 않는다. 신학자 세르게이 불가
코프에 따르면 공동체 정신은 '결합하다', '모으다'란 동사에서 나온
것으로 '함께 있는 상태를 의미하는 동시에 더 나아가 모든 신자들을
하나로 묶어 주는 '사랑 속의 자유'를 의미한다.[5] 공동체 정신은 단결
도 아니고 집단 이기주의도 아니고 패거리 문화도 아니고 도둑들의
의리도 아니다. 그것은 오로지 사랑과 신뢰와 자유만을 토대로 하는,
공감의 정신, 소통의 정신, 온유의 정신을 의미한다.

공동체 정신은 도스토옙스키가 훗날 발전시키게 될 사상의 모든
것을 담고 있는 핵심으로 자리매김한다. 그가 걸어가게 될 그리스도
교 신앙인의 길도, 그리고 그가 평생 동안 추구하게 될 자유의 길도
모두 공동체 정신과 연결된다.

도스토옙스키는 그리스도교에 함축된 자유, 인간 최대의 자유인
영혼의 자유가 갖는 진정한 의미를 꿰뚫어 보았지만 동시에 그 자유
가 얼마나 위태로운 것인가도 알고 있었다. 그래서 그는 세상을 향해
무조건 영혼의 자유를 수호하라고 외치는 대신 모든 이가 자발적으
로 참여하는 구원의 여정을 제시하였다. 그것은 곧 러시아적 '공동체
정신'으로 이루어지는 사랑의 여정이기도 했다.

도스토옙스키가 받아들인 '공동체 정신'은 『카라마조프가의 형
제』에 나오는 조시마 장로의 입을 통해 "만인은 만인 앞에 죄인"이라
는 사상으로 표현된다. "우리 한 사람 한 사람은 이 지상의 모든 사람
에 대하여, 모든 일에 대하여, 세계의 보편적인 죄악뿐 아니라 이 지
상의 만인에 대하여, 각각의 개인에 대하여 분명히 죄인입니다." '만
인은 만인 앞에 만사에 대해 죄인'이라는 이른바 '죄의 공동체 정신'

은 자비, 연민, 용서로 이어지면서 도스토옙스키의 문학과 사상을 아우르는 궁극의 키워드가 된다.

우밀레니예

라스콜니코프와 소냐의 관계는 그동안 무수한 의문을 불러일으켰다. 라스콜니코프는 왜 하필 소냐를 찾아가는가? 소냐는 왜 그가 살인범이라는 것을 알면서도 그를 사랑하고 그와 함께 시베리아까지 가는가? 이것을 소설적인 개연성의 문제로만 다루기에는 어딘지 석연치가 않다.

소냐를 말함에 있어 반드시 언급해야 하는 것은 러시아 정교에서 가장 중요한 '우밀레니예(umilenie)'라는 감정이다. 러시아 정교회는 처음부터 '우밀레니예'를 강조했다. '우밀레니예'는 우리말로 정확하게 번역할 길은 없지만 대략 '겸손', '온유', '부드러움', '연민', '자비', '순명' 등의 개념을 모두 포괄한다고 보면 될 것이다. 개종 초기의 러시아 공후들은 명예나 자부심 같은 가치보다는 겸손과 순명을 훨씬 높은 덕으로 간주하였다. 우밀레니예는 그리스도의 자기 비움과 낮춤을 의미하는 '케노시스(kenosis)'와 결합하여 지극히 러시아적인 영성의 장구한 전통으로 굳어졌다. 은수자들과 바보 성자들은 우밀레니예를 삶에서 실현한 주역들이었다.

'우밀레니예'의 핵심인 논리와 이성을 넘어서는 연민, 용서, 자비는 도스토옙스키가 창조한 여러 인물의 속성으로 가시화되는데 소냐는 그 대표적인 인물이다. 사실 소냐가 라스콜니코프를 대하는 태도는 이 우밀레니예로만 설명할 수 있다. 소냐는 가장 비천한 직업에 종사하는 어린 소녀이다. 그녀는 문자 그대로 최하의 삶을 이어 가고 있다. 돈도 없고 교육도 받지 못했고 도와주는 사람도 없다. 거기에 배다른 동생들과 계모의 생계까지 책임져야 한다. 그런 소녀가 죄인을 갱생으로 인도하는 인물로 선정된 것은 도스토옙스키의 정교적 관점을 극명하게 보여 준다. 스스로를 비천하다고 여기는 소녀만이 우밀레니예를 통해 교만한 죄인 라스콜니코프를 구원으로 인도할 수 있다. 소냐는 리자베타와 마찬가지로 바보 성자이며 그녀의 낮춤과 비움과 순명은 라스콜니코프의 지식과 교만에 대응할 수 있는 유일한 해답이다.

도스토옙스키는 소냐에게 우밀레니예와 더불어 성모 신심을 더해 준다. 러시아 정교회는 초기부터 성모 신심을 강조해 왔지만 그것은 신학이나 교리를 통해서라기보다는 이미지와 상징과 의식을 통해서였다. 성모 마리아를 러시아어로 번역하면 '보고로디차(Bogoroditsa)', 즉 문자 그대로 '신을 낳으신 분'을 의미하게 되는데, 러시아인에게는 언제나 '동정녀' 마리아보다는 '어머니' 마리아가 더 친숙한 이미지였다. 러시아인에게 성모 마리아는 하느님과 인간을 중재하는 존재, 죄인을 위해 하느님께 전구하는 존재, 인간을 보호하고 지켜 주는 존재, 무한히 다정하고 무한히 자애로운 모든 이의 어머니였다. 작고 연약하고 비천한 소냐는 죄인 라스콜니코프를 끌어안음으로써 지극히 도스토옙스키적인 방식으로 성모 신심을 구현한다.

예심 판사 포르피리

예심 판사 포르피리는 무척 신비로운 인물이다. 그의 직업은 범인을 찾아 적절한 벌을 주는 것이다. 그러나 그는 소냐와 함께 범인 라스콜니코프를 갱생으로 인도하는 역할을 수행한다. 소냐가 정신적인 갱생에 도움이 된다면 그는 실질적인 갱생에 도움을 준다.

범죄 수사관으로서의 포르피리의 능력은 확실히 탁월하다. "작달막한 키, 툭 튀어나온 배, 누렇고 투실투실한 얼굴, 어딘지 아줌마스러운 전체적인 외모"의 이 사나이는 "끊임없이 깜박이는 작은 눈"으로 남들은 보지 못하는 인간 본성을 꿰뚫어 봄으로써 미궁에 빠질 뻔한 살인 사건을 해결한다. 심증, 취조, 범인 규명의 3단계를 차근차근 밟아 가는 그의 수사 방식은 치밀하며 정교하다. 그와 라스콜니코프 간의 치열한 심리전은 소설 전체를 통해 가장 스릴 있고 긴장감 넘치는 대목으로 손꼽힌다.

그는 범죄 수사에서 가장 중요한 것은 인간의 본성이라는 전제하에 눈에 보이는 확실한 물증보다는 보이지 않는 인간의 영혼에 더 큰 비중을 두고 수사에 임한다. 사실 포르피리가 라스콜니코프를 범인으로 지목하기까지 도움이 된 것은 오로지 심리학뿐이다. 그 밖의 증거들은 모두 오히려 그가 범인이 아님을 시사한다. 무엇보다도 장물을 소지하고 있던 칠장이 니콜라이가 스스로 범죄를 자백한 마당에 라스콜니코프를 새삼 의심하는 것은 무의미하게 여겨진다. 그러나 포르피리는 노파 살인 사건에서 "이론에 자극받은 심리"를 끄집어내고 무식한 칠장이가 그녀를 살해한다는 것은 "심리학적으로 불가능하다"는 결론에 도달한다. 그는 우연히 읽은 라스콜니코프의 「범죄에 관하여」라는 논문을 읽고 그가 범인이라는 심증을 굳힌다.

포르피리는 논문의 내용뿐 아니라, 그 논문을 쓴 사람의 심리, 그

자유에 관한 성찰

리고 더 나아가 그 본성까지를 파악하는 데 성공한다. 그는 라스콜니코프의 논문이 "잠이 오지 않는 밤에 극도로 흥분된 상태에서 구상된 것"이며 "터질 것같이 고동치는 심장과 억눌린 열정으로 쓰인 것"임을 꿰뚫어 본 후 "젊은 사람들에게 그런 억눌린 오만한 열정은 위험한 것"이라고 단정 짓는다. 포르피리는 말한다. "음 이 사람은 그냥 이렇게 넘어갈 사람이 아니로구나!"

포르피리는 심리학의 칼을 휘둘러 라스콜니코프로 하여금 범행 일체를 자백하게끔 한다. 그는 짧고 통통한 다리로 정신없이 책상 주위를 왔다 갔다 하면서 쓸데없는 소리를 연방 지껄여 대거나 방정맞게 헤헤거려서 범인의 정신을 교란하는 가운데 끊임없이 '나는 모든 것을 다 알고 있다'는 암시를 범인에게 흘려보낸다. 그의 방식은 "범인을 멋대로 내버려 두고, 붙잡지도 않고, 괴롭히지도 않는다, 다만 자신이 모든 것을 빠짐없이 알고 있고 밤낮으로 그를 쫓아다니고 있으며 잠도 자지 않고 지키고 있다는 것을 알게 하고" 마치 어부가 그물을 던져 놓고 느긋이 기다리듯이 기다리고 있으면 범인은 물고기처럼 제 발로 걸려든다는 것이다.

"그가 어디로 도망칠 수 있겠습니까, 헤헤! (……) 그는 설사 도망갈 곳이 있다 하더라도 자연의 법칙상 내게서 도망칠 수 없습니다. (……) 그는 계속 제 주변을 맴돌며, 점차로 반경을 좁히고 또 좁히다가는 홀쩍! 곧장 제 입으로 날아들어 올 겁니다. 그럼, 저는 그를 삼켜 버리면 그만이지요. 그건 대단히 기분 좋은 일이에요, 헤헤헤! 못 믿으시겠습니까?"

포르피리의 예상은 정확하게 맞아떨어진다. 라스콜니코프는 포르피리의 주위를 맴돌다가 결국은 심리적 압박을 견디다 못해 모든 것을 자백한다. 범인의 자백은 포르피리에게 있어 거의 유일한 해결책이다. 현실적으로 라스콜니코프를 체포할 만한 물증이 전혀 없는 상황에서 예심 판사로서의 의무를 완수하려면 자백밖에는 다른 방도가 없기 때문이다.

그러나 포르피리가 자백을 종용하는 것은 라스콜니코프에게 현실적으로 이익이 된다는 점을 고려한 것이기도 하다. 이미 유력한 용의자가 체포된 마당에 진범이 자수를 한다면 정상이 참작되어 엄청난 감형이 부여될 것임은 자명하다. 수사관이 범인의 이익을 고려한다는 것 자체가 모순적이지만 포르피리는 실제로 그를 벌주는 것 못지않게 그를 갱생시키는 데 관심이 있어 보인다.

도스토옙스키에게 있어서 죄와 벌은 동전의 양면이다. 죄와 벌은 모두 구원으로 향한 길고도 험한 여정의 불가피한 과정이다. 그의 러시아 정교 해석에 의하면 "모든 사람은 모든 일에 있어 모든 사람에게 죄인"('공동체 정신')이며 죄로부터 구원받는 길은 진정한 회개와 "자발적인 수난에의 참여"를 통해서이다. 이 점에서 포르피리가 라스콜니코프를 자백으로 몰아갈 때 그는 작가의 종교적 입장을 법적인 언어로 바꾸어 제시한다고 볼 수 있다. 요컨대 포르피리는 주인공으로 하여금 '자발적으로' 수난에 참여케 함으로써 그의 영혼이 갱생할 수 있도록 유도하는 것이다.

그는 마지막으로 라스콜니코프에게 말한다. "하느님께 기도하십시오, 그편이 유리합니다." 이 말 속에는 그가 라스콜니코프를 구석으로 몰아갈 때와 똑같은 진지함, 똑같은 집요함, 똑같은 유능함이 담겨 있다. 더욱이 '유리하다'는 어휘를 사용함으로써 그는 은총의 희구가 형이상학적이고 추상적인 어떤 것이 아니라 감형만큼이나 현실적이고 낯익은 것임을 말하는 듯하다. 만일 포르피리의 전략이 아니었더라면, 만일 오로지 소냐의 정신적인 지지만 있었더라면 라스콜니코프는 결국 고백이라고 하는 성스러운 과정을 지나쳐 구원의 가능성을 영원히 상실했을지도 모른다.

4 공간

도스토옙스키는 무엇이든 시각적으로 형상화하는 경향이 있다. '눈'은 그에게 가장 중요한 감각 기관이다. 그는 무엇이든 눈으로 보고 그것을 감각 가능한 구체적인 형상으로 재현해야 직성이 풀리는 사람이다. 그에게 본다는 것은 안다는 것이고 이해한다는 것이고 깨닫는다는 것이다. 달리 말하자면 그는 형이상학적인 사상, 이념, 시쳇말로 '뜬구름 잡는 얘기들' 자체에는 관심이 없다는 얘기다. 그의 사상이 아무리 심오하다 하더라도 그가 철학자와는 다를 수밖에 없는 것도 바로 이 때문이다. 그에게서는 모든 '생각'이 '물질'로 가시화된다.[6] 그래서 그의 소설에는 구체적인 사건이나 사물이나 인물로 가시화되지 않는 사변적이고 현학적이고 추상적이고 신비한 내용은 거의 없다. 도스토옙스키는 그런 점에서 결코 어려운 작가가 아니다. 문체만 해도 복잡한 은유나 비유, 시적인 상징도 없고, 유려하고 화려하고 멋진 문장도 없다. 그는 심오한 작가이지 어려운 작가는 아닌 것이다.

도스토옙스키의 이러한 시각화 성향은 『죄와 벌』에서 주인공이 자유를 찾아가는 과정을 묘사할 때도 두드러지게 나타난다. 라스콜니코프가 자유를 찾아가는 과정은 공간의 언어로, 시각적으로 기술된다.

방

감옥의 은유

소설의 첫 문장을 읽어 보자.

찌듯이 무더운 7월 초의 어느 날 해질 무렵, S 골목의 하숙집에서 살고 있던 한 청년이 자신의 작은 방에서 거리로 나와 왠지 망설이는 듯한 모습으로 K 다리를 향해 천천히 발걸음을 옮기고 있었다.

소설의 메시지는 이미 이 첫 문장에서 예고된다. 주인공이 자유를 향해 나아가는 그 지난한 여정을 이 문장은 한 인간이 "작은 방"에서 "나와" 목적지를 향해 "걸어가고 있다"는 것으로 명료하게 요약해 놓은 것이다.

여기서 언급되는 "작은 방"은 사실상 라스콜니코프의 현 상태를 말해 주는 핵심어라 할 수 있다. 그가 세 들어 사는 하숙집은 상트페테르부르크 슬럼가에 있다. 다 헐어 빠진 5층 건물은 눈 뜨고 볼 수 없이 초라한데 그것도 모자라 그의 방은 지붕 밑 다락방이다. 방은 너무

좁아 문자 그대로 옴짝달싹하기가 어렵다. 천장이 너무 낮아 고개를 펴고 일어서 있기도 힘들다. 이곳은 자유의 가장 기본적인 조건인 움직임조차 확보되지 않은 공간인 것이다. 그래서 화자는 그의 방을 가리켜 "벽장 같은 방", 혹은 "관처럼 좁은 방", 혹은 "새장 같은 방"이라고 여러 번 강조한다. 라스콜니코프는 이 방에 갇힌 죄수나 다름없다.

그러나 이 방은 또한 내면의 감옥 같은 상황을 반영하는 공간이기도 하다. 설익은 사상, 증오, 상처받은 자존심과 존재감은 심리적 감옥이 되어 그를 압박한다. 살인 후에 그는 또한 죄라고 하는 윤리적 감옥에 갇힌 죄수가 된다. 인류로부터 도려내어진 것처럼 분리된 그는 이를테면 격리 수용소의 가장 깊은 곳에 있는 독방 안에 감금된 것과 마찬가지다.

넘어가기

라스콜니코프가 문턱을 넘어 방 밖으로 나가는 것은 현실적으로는 살인을 향하여 가는 첫걸음이다. 특히 러시아어로 '죄'라는 단어를 상기해 본다면 문지방을 넘어 나가는 행위는 무척이나 광범위한 해석을 불러일으킨다. '죄'를 의미하는 러시아 단어 prestuplenie는 '넘어가다(prestupit')'에서 파생되었다. 이는 영어의 transgress와 같은 맥락이라 볼 수 있는데, 즉 '죄'란 넘어서는 안 되는 어떤 선을 넘어간다는 뜻이다. 이때의 '넘어가기'는 윤리적인 운동이다. 쉽게 말해서 라스콜니코프가 도끼로 노파의 정수리를 내리쳤을 때 그는 선을 넘어 갔다.

'넘어가기'는 또한 심리적인 운동이기도 하다. 라스콜니코프는 스스로가 초인임을, 비범한 인간임을 입증하려면 반드시 선을 넘어가야 했다. 그에게 넘어간다는 것은 존재의 의미를 스스로에게 확신시켜 주는 행위였다. 그래서 그는 빨리 알고 싶었다. "내가 선을 뛰어넘을 수 있는가, 아니면 넘지 못하는가!"

"나는 어서 뛰어넘고 싶었다……. 나는 사람을 죽인 것이 아니라 원칙을 죽인 것이다! 나는 원칙을 죽였지만 도저히 그것을 뛰어넘을 수가 없어서 아직 이쪽에 남아 있는 것이다……."

그러나 '넘어가기'는 영성의 영역에서 자유를 향한 움직임으로 해석될 수 있다. 자유로워지려면 라스콜니코프는 감옥의 경계선을 넘어가야 한다. 다시 말해서 그는 자신의 방에서 나와 다른 세상으로 가야 한다. 첫 문장은 그러므로 그가 마음의 감옥에서 나와 정신적인 자유를 향해 나아가는 과정을 요약해서 예고한다고 볼 수 있다.

광장

자유로 가는 관문

라스콜니코프는 살인으로 인해 세상과 단절되어 이를테면 '독방'에 갇힌 꼴이 되고 말았다. 그런 그가 자유를 찾으려면 무엇보다도 먼저 자아의 감옥에서 나와 광장으로 가야 한다. 그는 자아와 세계와의 관계를 재정립해야 하고 삶과의 인연을 되찾아야 한다. 광장은 삶과 죽음이, 파멸과 갱생이, 자유와 영원한 구속이 결정되는 공간이다.

라스콜니코프의 방을 나서면 페테르부르크의 좁고 더럽고 악취 나는 거리가 나온다. 미로처럼 뒤얽힌 골목을 지나면 선술집과 야시장과 전당포와 매음굴로 들어찬 광장이 나온다.

감옥이 부자유의 은유라면 광장은 자유로 나가는 관문의 은유이다. 쉽게 말해서 감옥에 갇혀 있던 사람은 광장으로 나갈 때 비로소 자유로 향한 여정을 시작할 수 있다. 광장은 탁 트인 공간이므로 좁고 답답한 감옥에서 광장으로 나간다는 것은 우선 심리적으로 자유의 느낌을 확보해 준다.

그러나 광장의 의미는 그보다 훨씬 심오하다. 광장은 사시사철 사람들로 북적대는 공간이다. 그러므로 광장으로 나간다는 것은 단절을 극복하고 세상과 연결된다는 것을 의미한다. 도스토옙스키는 이 연결이야말로 자유로 가는 지름길이라 생각했고 그렇기 때문에 광장을 『죄와 벌』의 가장 중요한 배경이자 공간 상징 중의 하나로 설정했다. 이 광장은 역시 추상적인 광장이 아니라 지도 위에 실제로 존재했고 지금까지 존재하는 광장이다. 그곳의 이름은 센나야 광장이다.

센나야 광장

센나야 광장은 광장이라기보다는 시장이다. 도스토옙스키는 한때 센나야 근방에서 살았으며 소설 『죄와 벌』의 주요 인물들과 사건 역시 센나야 시장을 중심으로 배치했다. 라스콜니코프도 전당포 노파도 매춘부 소녀도 모두 이 근처에 살며 라스콜니코프의 거의 모든 행동은 센나야 시장과 연결된다.

누더기를 이어 붙인 좌판과 선술집과 매음굴과 구멍가게들이 닥지닥지 붙어 있고 밤이면 야시장과 도박판이 펼쳐지는 이곳에는 희망을 잃어버린 인간 군상이 벌레처럼 우글거리며 밥을 먹고 술을 마시고 놀음을 하고 물건을 팔고 노동력을 팔고 여자를 산다. 곳곳에 쓰레기 더미와 오물과 토사물이 쌓여 있고 사람들은 늘 악다구니를 치고 술 취한 노동자들은 키득거리거나 통곡한다. 이곳에서는 누구나 희생자이고 누구나 가해자이다. 이곳에는 수전노 노파도 있고 성자도 있고 휴학생도 있고 매춘부도 있다. 가장 저급한 욕망이 거리낌 없이 분출되고 생존 본능의 민망한 민낯이 그대로 노출된다. 누군가는 기도를 하고 누군가는 가족을 위해 몸을 팔고 누군가는 도끼를 휘두른다. 이곳은 삶과 죽음이, 선과 악이, 성과 속이 공존하는 공간이다.

시장은 또한 관계의 공간이다. 그곳은 사람들이 바글바글하는 공간이다. 거래를 하고 실랑이를 하고 드잡이를 하는 공간이다. 요컨대 그것은 '타자'와 부딪히는 공간이다. 더불어 사는 공간, 애증의 공간, 거의 모든 사람들의 거의 모든 삶, 복닥거리며 사는 삶, 지지고 볶으며 살아가는 삶의 공간이다. 자유라는 주제를 놓고 볼 때 이곳은 자유의 환영이 어른거리며 동시에 위대한 해방의 순간이 희미하게 손짓하는 곳, 자유와 부자유가 교차하는 곳, 본능과 가치가 교차하는 곳이다.

이곳은 이를테면 지옥과 천국의 중간 지대, 연옥과도 같은 곳이다. 자유로 가는 길을 가려면 일단 감옥에서 나와 광장으로 가야 한다. 광장을 거치지 않고는 아무 데도 갈 수 없다. 그러나 광장이 최종 목적지는 아니다. 여기서 우리는 결정을 해야 한다. 자유로 가는 길에 들어설지, 아니면 그냥 광장에서 복닥거리며 살지, 아니면 아예 다시 감옥으로 돌아갈지를.

자유에 관한 성찰

소냐가 라스콜니코프에게 광장으로 나가 죄를 고백하라고 하는 것도 광장의 이러한 의미를 함축한다. 물론 이때까지 혼자만의 공간에 갇혀 살아온 라스콜니코프에게 광장으로 나가는 것이 그리 쉬운 일은 아니다. 그는 가지 않겠다고 고집을 부린다. 그러자 소냐가 말한다. "그럼 어떻게, 어떻게 살려고 그래요? 무엇에 의지해서 살려고요? 어떻게, 어떻게 사람을 떠나서 살겠다는 거지요! 이제 당신은 어떻게 될까요?"

센나야 광장은 영혼의 빈민굴이고 도덕의 뒷골목이지만 이곳을 거치지 않으면 아무 데도 갈 수 없다. 라스콜니코프가 자유를 향해 가려면 이곳에서 출발해야 한다. 그래서 그는 마지막 순간에 광장으로 나간다.

그는 센나야 광장으로 들어갔다. 그는 사람들과 부딪히는 것이 너무도 불쾌했다. 그래도 그는 사람들이 더 많이 보이는 곳으로 곧장 걸어갔다. 그는 지금 이 순간 혼자 남기 위해서라면 무슨 짓이든 다 했을 것이다. (……) 그러나 광장 한가운데 이르렀을 때 그의 마음속에 어떤 감동이 일면서 알 수 없는 느낌이 급작스럽게 그를 지배하더니 그의 전 존재, 육체와 마음을 사로잡아 버렸다. (……) 감동이 발작처럼 갑자기 그에게 복받쳐 올랐다. 그의 마음은 한꺼번에 녹아내렸고 눈물이 쏟아졌다. 그는 서 있던 모습 그대로 땅에 엎드렸다. (……) 그는 광장의 한가운데에 무릎을 꿇고 머리가 땅에 닿도록 절을 하고는 달콤한 쾌감과 행복감을 느끼면서 더러운 땅에 입을 맞추었다. 그는 일어나서 또 한 번 절했다.

강

이르티시강

라스콜니코프는 본문이 끝나면 에필로그의 공간인 시베리아로 '넘어간다.' 시베리아는 공간 자체로는 감옥이지만 아이러니하게도 그곳은 주인공에게 자유의 획득을 위한 최후의 공간이다.

에필로그의 배경은 시베리아이고 시간은 라스콜니코프가 유형을 온 지 아홉 달이 지난 시점이다. 아직 그에게 진정한 변화는 일어나지 않았다. 페테르부르크에서와 마찬가지로 그는 시베리아에서도 여전히 자신의 죄를 뉘우치지 않는다. 그는 자신의 소심함에 괴로워하고 분노할 뿐 진정으로 참회하지 않는다. 심지어 자신이 저지른 범죄가 그렇게 어리석고 추한 것은 아니라는 생각까지도 한다. "내 사상의 어떤 부분이 천지개벽 이후로 세상을 휘저으며 서로 부딪치고 있는 서로 다른 사상과 이론들보다 더 어리석단 말인가?" 이것은 즉 시베리아에서도 그는 '넘어가기'를 해야만 한다는 뜻이다. 그가 자유를 찾기 위해 마지막으로 넘어가야 하는 경계선은 시베리아를 흐르는 이르티시강이다.

이르티시강은 알타이 산맥에서 발원하여 카자흐스탄을 거쳐 시베리아로 흘러들어가는 거대한 물줄기로 도스토옙스키는 유배 시절 이 강변에 서서 물끄러미 강 건너 세상을 바라보곤 했다. 강 건너편은 그에게 자유의 세상처럼 보였다. 이 강에 대한 도스토옙스키의 느낌은 『죽음의 집의 기록』에서 이렇게 묘사된다.

내가 이르티시강에 대해 그토록 자주 말을 꺼내는 이유는 그 강변에서만 이 신의 세계가, 순결하고 투명한 저 먼 곳이, 황량함으로 내게 신비한 인상을 불러일으켰던 인적 없는 자유의 초원들이 보이기 때문이다. (……) 죄수들이 감옥의 창을 통해 자유세계를 동경하듯이 나는 끝없이 펼쳐진 황량한 광야를 바라보곤 하였다. 무한히 펼쳐진 푸른 하늘에서 이글거리는 태양, 키르기스 강변에서 퍼져 오는 키르기스인들의 아련한 노랫소리, 이 모든 것이 내게는 더할 수 없이 소중했다. 검게 그을고 낡은 유목민의 천막이 보이기도 했다. 천막 근처에서 피어오르는 연기, 두 마리의 양을 데리고 뭔가 바쁘게 일하고 있는 키르기스의 여인도 보인다. 그 정경들은 궁핍하고 투박하긴 해도 자유스러워 보였다. 그러다가 문득 푸른 하늘을 나는 이름 모를 새를 보면서 그의 비상을 좇아 시선을 옮기기도 하였다.

결정의 공간

그에게 강 건너의 저 먼 곳은 '신의 세계'이자 '자유의 세계'였다. 도스토옙스키는 유배 시절 이르티시 강변에서 '시각적'으로 체험한 '자유의 세계'를 『죄와 벌』 속으로 고스란히 들여온다. 도스토옙스키에게, 그리고 라스콜니코프에게 강은 실재하는 공간이며 또한 자유와 비자유의 세계를 가르는 경계선이다. 그들은 강변에 서서 마음속으로 강을 건너 저편으로 갈 것인가 아니면 강 이편에 남을 것인가를 결정해야 한다. 강은 '결정의 공간'인 것이다.

바흐친이 지적했다시피 도스토옙스키의 소설에서 문턱, 층계참, 계단, 현관은 대단히 중요한 공간이다. 문턱이란 안도 아니고 밖도 아닌 어떤 곳이다. 두 개의 다른 공간이 인접하는 공간, 인간이 공간 이동을 위해 반드시 거쳐야 하는 어떤 공간이다. 모든 경계선은 따지고 보면 다 이 문턱의 변형이라 할 수 있다.

바흐친은 이러한 공간을 '위기의 공간'이라 칭했다. 그러나 나는 '위기'라는 이름보다 '결정'이라는 이름이 더 적절하다고 생각한다. 도스토옙스키의 인물들은 모두 이 경계선적 상황에서 운명을 결정해야 하기 때문이다. 문턱을 비롯한 모든 경계선은 이를테면 당장이라도 끊어질 듯 팽팽하게 잡아당겨진 끈 같은 공간, 긴장감으로 가득 찬 제3의 영역과도 같은 공간이다. 이쪽과 저쪽, 아래와 위, 안과 밖 사이의 경계선인 이 공간에서 인물들은 급격한 변화를 체험하고 운명의 대역전을 체험한다. 여기서는 최후의 결정을 내리거나 죽거나 부활하는 일만이 가능하다.[7] 이 공간은 다른 식으로, 이를테면 '셰익스피어식'으로 말해서 "살거나 죽거나"가 결정되는 공간인 것이다. 인물들은 문자 그대로 이 경계선에 살든가 죽든가 둘 중의 하나를, 아니면 영원히 죽든가 죽었다가 부활하든가를 선택해야 한다.

주인공의 갱생이라는 관점에서 보자면 시베리아는 최후의 결정의 공간이다. 소설의 본문 끝자락에서 라스콜니코프는 자수하지만 그것은 그의 갱생과 직결되지 않는다. 그의 자수는 시베리아로의 이동의 계기가 될 뿐이다. 그러므로 라스콜니코프에게는 최종적으로 '죽거나 살거나'를 결정할 공간이 필요하다. 시베리아는 그 마지막 공간이며 이곳에서 그는 '살기로' '결정'한다.

어느 날 병에서 회복된 라스콜니코프는 노역에 동원되어 이르티시 강변으로 나간다. 그리고 강기슭에 서서 저 멀리 광활하고 황량한 강을 바라본다. 그는 '다른 세상'을 바라본다.

자유에 관한 성찰

지대가 높은 강기슭에서는 탁 트인 주변 정경이 한눈에 들어왔다……. 멀리 있는 맞은편 강가에서는 노랫소리가 가물가물 들려오고 있었다. 햇살을 듬뿍 받은 건너편 초원에서는 유목민들의 분여지가 검은 점처럼 희미하게 보였다. 그곳에는 자유가 있었고, 이곳 사람들과는 전혀 다른 사람들이 살고 있었다. 또한 그곳은 마치 시간마저도 멈추어 버려서 아브라함과 그가 기르는 가축들의 시대가 아직 끝나지 않은 것 같았다. 라스콜니코프는 꼼짝도 하지 않고 앉은 채 눈을 떼지 않고서 그곳을 바라보았다. 그의 생각은 몽상과 명상으로 이어졌다. 그는 아무것도 생각하지 않았지만 어떤 애수가 그를 설레게 하고 마음을 아프게 했다.

그가 바라보는 곳은 페테르부르크도 아니고 시베리아도 아니다. 강 '건너'의 공간이다. 그곳에야말로 진정한 자유가 있다. 그곳은 태초의 공간, 아브라함의 공간이며 '이곳'과는 전혀 다른 사람들이 살고 있다. 라스콜니코프는 부지불식간에 그곳을 바라보고 그곳을 마음속으로 '받아들인다.' 이성적으로는 설명할 수 없는 어떤 애수가 그를 설레게 한다. 이제까지의 모든 고통과 수난과 구속은, 모든 죄와 의혹과 증오와 혐오와 절망은 오로지 지금 이 순간을 위해 쌓여온 것이라 해도 과언이 아니다. 엄청난 시간 동안 쌓여 온 어떤 것이 한순간에 폭발하여 그 순간 이후는 이전과 완전히 다른 상황이 펼쳐진다. 이제 라스콜니코프는 마지막 '넘어가기'의 준비가 된 것이다. 이어지는 대목에서 '갑자기' 소녀가 나타나고 또 그는 '갑자기' 소녀의 발치에 엎드려 오열한다.

어떻게 그런 일이 일어났는지 그 자신도 알 수 없었지만 불현듯 무언가 그를 사로잡아서 그녀의 발밑에 몸을 던지게 한 것 같았다. 그는 울면서 그녀의 무릎을 안았다. 처음 순간 그녀는 무섭도록 놀라서, 얼굴이 죽은 사람처럼 창백해졌다. 그녀는 자리에서 벌떡 일어나, 벌벌 떨면서 그를 바라보았다. 그러나 곧, 바로 그 순간에, 그녀는 모든 것을 이해했다. 그녀의 눈에서는 무한한 행복감이 반짝이기 시작했다. 그녀는 이해했다. 그녀는 한 점의 의심도 하지 않았다. 그가 사랑하고 있다는 것, 그가 그녀를 무한하게 사랑하고 있다는 것을, 마침내 그 순간이 도래했다는 것을…….

그들은 말을 하고 싶었지만 할 수가 없었다. 눈물이 그들의 눈앞을 가렸다. 두 사람 모두 창백하고 여위어 있었다. 그러나 이 병들어 창백한 얼굴에서는 이미 새로워진 미래의 아침노을, 새로운 삶을 향한 완전한 부활의 서광이 빛나고 있었다. 그들을 부활시킨 것은 사랑이었고 한 사람의 마음속에 다른 사람의 마음을 위한 무한한 원천이 간직되어 있었다. (……) 그는 부활했다. 그는 갱생한 자신의 온 존재로 그것을 완전히 느끼고 있었다.

그는 마침내 내면의 눈으로 강을 건넌 것이다! 이르티시강은 죽음과 부활을 가르는 선, 구속과 자유를 가르는 선이다. 이 결단의 경계선에서 그는 부활의 영역을 선택한다. 그리고 그는 다시 세계와 연결된다. "한 사람의 마음속에 다른 사람의 마음을 위한 무한한 원천이 간직되어 있었기" 때문이다. 강은 최후로 등장하는 '결정의 공간'이다.

5 시간

인간의 자유는 시간과 떼려야 뗄 수 없는 관계를 맺는다. 아주 쉽
게 말해서 그 누구도 죽음을 향해 흘러가는 시간의 행진에서 자유롭
지 못하다. 우리가 진정으로 자유롭고자 한다면 어떤 식으로든 시간
의 문제를 해결해야 한다. 시간이란 것을 죽음을 향해 미친 듯이 돌진
해 가는 무자비한 어떤 것으로 이해할 때 인간은 언제나 시간의 노예
가 된다. 시간을 신의 선물이자 치유의 힘으로 이해할 때에야 인간은
비로소 시간으로부터 자유로워진다. 라스콜니코프가 소설의 말미에
서 체험하는 자유는 시간 문제에 대한 도스토옙스키의 잠정적인 답
을 보여 준다.

크로노스

라스콜니코프가 바라보는 강 건너의 세상은 심리적으로, 윤리적
으로 '다른 세상'일 뿐 아니라 시간적으로도 '다른 세상'이다. "그곳은
마치 시간마저도 멈추어 버려서 아브라함과 그가 기르는 가축들의 시
대가 아직 끝나지 않은 것 같았다."

자유는 궁극적으로 시간의 문제다. 자유롭게 되기 위해서는 반드
시 시간 축 위에서 해방되어야 한다. 『죄와 벌』의 근원적인 의미, 그
핵심에 있는 자유와 해방의 의미는 시간의 문제와 얽히면서 그 가장
심오한 차원을 드러내 보인다. 강 건너의 '다른 세상'은 '다른 시간'에
대한 공간적 대체물이다.

시곗바늘로 측량이 가능한 시간, 날과 시간과 분과 초로 계산되

는 시간은 인간이 태어나는 순간부터 눈을 감는 그 순간까지 인간의 존재 전체를 규정한다. 예외는 없다. 이 시간은 절대로 뒤돌아보지 않는다. 정확하게 앞으로, 앞으로, 흘러간다. 그러면서 모든 것을 집어삼킨다. 인간에게 그 시간의 끝은 죽음이다. 그래서 '무자비한', 혹은 '가차 없는'이라고 하는 형용사가 흔히 시간 앞에 붙는다. 이렇게 속도와 양으로 측량되는 무자비한 시간의 행진은 흔히 '크로노스'라 명명된다.

속도와 양은 시간과 관련된 속담이나 격언에서 그대로 드러나는데 '시간은 쏜살같이 흘러간다'와 '시간은 돈이다'는 그 대표적인 예라 할 수 있다. 이 속담들은 시간의 속도가 무척 빠르다는 것, 비가역적이라는 것, 그리고 돈처럼 언제나 '부족하다는 것', 그래서 아껴 써야 한다는 것을 말해 준다. 오로지 크로노스로서만 시간을 체험할 때 그것은 언제나 너무 빨리 가고 언제나 부족하다.

라스콜니코프의 살인은 근본적으로 '시간성' 속에서 설명될 수 있다. 개인 차원에서 그를 벼랑 끝으로 내모는 것은 너무 빨리 가는 시간이다. 어머니를 편안하게 모시고 사랑하는 누이동생이 비열한과 결혼하는 것을 막기 위해서 그는 빨리 성공해야 하고 빨리 돈을 모아야 한다. 조금씩 조금씩 커리어를 구축하고 한 푼 두 푼 저축하여 목돈을 만드는 것은 그에게 불가능한 일이다. 그는 참을 수가 없고 견뎌낼 수가 없고 그래서 아무것도 이겨 낼 수가 없다. 부와 명예와 성공에 대한 조바심 때문에 그는 강박적으로 '빨리'를 외친다.

소설 초반에, 그러니까 아직 살인을 감행하기 전에 라스콜니코프가 하숙집 하녀와 주고받는 대화를 들어 보자.

"아이들을 가르치는 건 푼돈 벌이일 뿐이야. 코페이카 가지고 뭘 할 수 있겠어?"

그는 내켜 하지 않으면서 자문자답하듯이 말을 덧붙였다.

"당신은, 그럼, 단번에 큰돈을 벌어 보겠다는 거예요?"

그는 이상한 눈빛으로 그녀를 쳐다보았다.

"그래, 단번에 한밑천을 잡아야지."

그는 잠시 말이 없다가 단호하게 대답했다.

그의 속내는 이 대화에서 아주 노골적으로 드러난다. '단번에 한밑천 잡기.' 돈이든, 명성이든, 권력이든 하루아침에 잡아 보겠다는 심산이다. '단번에'는 무슨 음산한 후렴처럼 소설 내내 그의 말과 생각 속에서 반복적으로 울려 퍼진다.

"어떻게 하느냐고? 부숴야 할 것은 단번에 때려 부숴 버려야 해. 그러면 돼."

그는 실제로 '단번에' 운명을 바꾸기 위해 도끼로 노파의 정수리를 내리친다. 그러나 '단번에' 노파를 내리쳤음에도 그는 조금도 시간을 따라잡지 못한다. 그는 여전히 안달이 나서 견딜 수가 없다. 어서 빨리 이루기 위해 살인을 했건만 아무것도 얻은 것이 없다. 게다가 그는 들킬까 봐, 잡힐까 봐 불안해서 정상적인 생활을 영위할 수 없다. 살인 후 그의 조급증은 증폭된다.

그는 살인 후에 더욱더 안달이 난다. 이번에는 빨리 붙잡히든가 빨리 형을 선고받기를 바라게 된다. 그래서 종말을 향해 미친 듯이 돌진한다. 그는 강박적으로 '빨리' 모든 것이 끝나기만을 바란다. 조급한 사람은 언제나 시간이 부족하다. '끝'을 향한 '빨리'와 '시간 없음'은 이후 그가 자백하는 순간까지 그의 모든 행동을 압박한다.

"주여, 일이 빨리 끝날 수 있도록 해 주소서."
"일이 빨리만 끝나 주었으면."
"어쨌든 이 모든 일을 끝내야 한다."
"나는 빨리 가 봐야 할 곳이 있습니다. 시간이 없어요."
"이것으로 끝이야."
"저는 시간이 없습니다. 볼일이 있으니까요."
"나는 참을 수가 없어요, 싫어요!"

그는 참을 수가 없기 때문에 견딜 수가 없고 견딜 수가 없기 때문에 이제는 살 수가 없다. '빨리', '단번에' 성공하지 못한다면 그에게 산다는 것은 의미가 없다. 그러려면 차라리 죽는 게 낫다.

아니 삶은 내게 단 한 번만 주어질 뿐, 그 이상은 주어지지 않는다. 나는 전 인류의 행복을 기다리고 싶지 않다. 나는 나 자신의 삶도 살고 싶다. 그렇지 않으면 차라리 살지 않는 편이 더 낫다.

본문의 마지막에서 그가 자백을 하는 순간 파국을 향한 질주는 일단 마무리된다. 그러나 그는 여전히 흘러가는 시간을 참을 수 없다. "20년 동안의 유형 생활 이후에 늙어 빠져서 힘없고 고통에 찌들고

백치가 다 되고 난 다음에 깨닫는 것이 지금 깨닫는 것보다 낫다는 것인가? 그렇다면 내가 왜 살아야 하는 거지?"

시베리아에 가서도 그는 여전히 시간의 사악한 손아귀에서 해방되지 못한다. 이제 그는 시간을 포기한다. 시간은 정지된다. 시간은 무한대로 늘어진다. 그런 시간 안에서는 과거에 대한 뉘우침도 없고, 추억도 없으며, 현재의 기쁨도, 미래의 희망도 없다. 그는 죽은 것과 같은 삶을 살고 있다.

현재는 대상도 없고 목적도 없는 불안, 미래에는 아무 보상도 받을 수 없을 끊임없는 희생, 바로 이것이 그의 앞에 놓여 있는 세상의 전부였다. 8년 후에도 그는 겨우 서른두 살 밖에 되지 않을 것이다. 그러나 또다시 삶을 시작할 수 있다고 해서 그게 어떻단 말인가?

그는 여전히 불안에 떨고 있으며 8년 뒤의 미래는 과거와 아무런 차이도 보이지 않는다. 또다시 시작한들 무엇이 달라지겠는가. 여전히 한 치의 오차도 없이 냉혹하게 흘러가는 시간만이 그를 기다리고 있을 뿐이다.

다른 시간

라스콜니코프가 진정으로 자유로워지려면 이토록 억압적인 시간에서 해방되어 '다른 시간'으로 넘어가야 한다. 갱생의 순간을 체험하기 직전 그의 눈앞에 펼쳐진 광경은 시간축상에서의 심리적인 '넘어가기'를 극명하게 보여 준다. 앞에서 인용한 대목을 다시 보자.

그곳에는 자유가 있었고, 이곳 사람들과는 전혀 다른 사람들이 살고 있었다. 또한 그곳은 마치 시간마저도 멈추어 버려서 아브라함과 그가 기르는 가축들의 시대가 아직 끝나지 않은 것 같았다.

그는 시간의 궤적 속에서 강을 '넘어'가야만 한다. 완전히 다른 차원, 이제까지와는 비교도 할 수 없는, 그 어떤 척도로도 설명할 수 없는 다른 차원으로 그의 의식이 이동해야 한다. 이것은 마지막 순간에 가서야 가능해진다. "그는 다만 느꼈다. 변증법 대신에 삶이 도래했고, 의식 속에서 무언가 전혀 다른 것이 형성되어야 한다는 것을." 소설의 마지막 문장에서 라스콜니코프는 다른 세계로 이동한다.

그러나 이제 새로운 이야기, 한 사람이 점차로 소생되어 가는 이야기, 그가 새롭게 태어나는 이야기, 그가 한 세계에서 다른 세계로 옮겨 가는 이야기, 이제까지는 전혀 몰랐던 새로운 현실을 알게 되는 이야기가 시작되고 있다.

요컨대 라스콜니코프가 바라보는 '저 너머'는 시간적으로 완전히 다른 차원의 삶이다. 그곳에는 크로노스와는 전혀 다른 시간이 있다. 그곳의 시간은 더 이상 숫자로 계량화되지 않는다. 시간은 앞만 보고 달리는 괴물이 아니며, 죽음으로 끝나지도 않으며 모든 인간적인 흔적을 집어삼키지도 않는다.

시간을 양으로 체험하지 않는 사람에게 시간은 언제나 제 속도로 흐르고 언제나 넉넉하다. 그는 과거와 미래를 '영원한 현재'로 들여온다. 과거의 상처는 현재에 치유되고 미래의 불안은 희망으로 대체된다. 엄밀히 말해서 이 시간 속에서는 과거에서 현재로, 현재에서 미래로 흐르는, 선적인 행진은 존재하지 않는다. 과거 현재 미래가 영원한 현재로서 영혼 속에서 공존한다.

이 영원한 현재는 인간의 삶을 풍요롭게 한다. 일단 인간이 이 현재를 느끼게 되면 그는 크로노스에서 해방되고 진정한 자유를 향유하게 된다. 이 시간 속에서는 죽음도 노화도 저주가 아닌 축복이며 이 시간을 알고 느끼는 사람에게 시간은 언제나 넉넉하고 현재는 언제나 영원이 된다. 이때의 영원은 아주 긴 시간, 혹은 아주 많은 시간, 혹은 무한히 지속되는 시간이 아니다. 그것은 질적으로 완전히 다른 차원의 시간이다.

시간은 언제나 '많다!'

라스콜니코프를 이 신비한 시간의 차원으로 인도하는 사람은 예심 판사 포르피리다. 그는 라스콜니코프를 심문하는 동안 끊임없이 '시간이 많음'을 강조한다.

"예, 예, 예! 걱정하지 마십시오! 시간은 많으니까요. 시간은 많습니다."
"충분합니다. 시간은 충분합니다……!"
"시간은 많습니다. 시간은 많아요."

라스콜니코프는 포르피리의 '넉넉한 시간'을 결코 이해하지 못한다. 시간이 어떻게 많을 수 있단 말인가. 그는 삶이라는 것 자체에 아무런 의욕도 없기 때문에 미래에 시간이 있다는 것도, 미래에 삶이 있다는 것도 믿을 수가 없다. 포르피리는 그에게 자수할 것을 권유하면서 자수할 경우 감형이 주어질 것이므로 그에게 이롭다고 말한다. 라스콜니코프가 감형에 관심이 없는 듯하자 그는 또 다시 '많은 시간'을 언급한다.

"오오, 인생을 혐오하지 마십시오. 앞길이 창창한데, 감형이 필요 없다니요. 어째서 필요가 없다는 거지요? 당신은 참을성이 없는 사람이군요!"

이 대화에서 포르피리는 라스콜니코프의 모든 것을 정확하게 지적하고 있다. 즉 그가 '참을성이 없다'는 바로 그 사실, 그리고 그것은 곧 인생에 대한 혐오와 맞물린다는 것을 지적한다. 앞에서 살펴보았듯이 라스콜니코프는 참을성이 없기 때문에 자신을 혐오하고 세상을 혐오하고 인생을 혐오한다. 그리고 이 모든 것을 혐오하기 때문에 더욱더 시간을 견뎌 낼 수가 없다. 포르피리에게 시간은 언제나 많고 그렇기 때문에 그가 생각하는 라스콜니코프의 앞날은 창창하다. 그러나 라스콜니코프는 그것을 이해할 수 없다. 그래서 되묻는다. "뭐가 앞으로 창창하다는 겁니까?"

포르피리는 라스콜니코프에게 "어떤 해안"이란 표현을 써서 다른 차원의 시간을 암시한다.

"삶이요! 당신이 선지자라도 됩니까? 그렇게 많은 것을 알고 있어요? 더 찾고 발견하십시오. 어쩌면 하느님이 이 일을 위해서 당신을 기다리고 계

자유에 관한 성찰

실지도 모르지 않습니까. 그것도 영원한 것은 아닐 테고요, 그 족쇄 말입니다. (……) 교활하게 머리를 짜내지도, 아무 생각도 하지 말고 삶 속으로 뛰어드십시오. 그러면 곧장 당신은 어떤 해안에 도달해서 두 다리로 서게 될 겁니다. 어떤 해안이냐고요? 그걸 내가 어떻게 알겠습니까. 난 단지 당신은 아직 더 살아야 한다고 믿을 뿐입니다."

라스콜니코프의 '부족한 시간'과 대조되는 포르피리의 '넉넉한 시간'은 자유의 동의어다. '넉넉한 시간'은 이후 도스토옙스키의 소설 속에서 지속적으로 등장한다. 그것은 저자의 의식 속에서 진정한 자유로 가는 가장 근접한 상태를 의미한다. 물론 그것은 양적으로 '많음'의 개념은 아니다. 인간이 의식적으로 진정한 자유의 길을 선택할 때 체험할 수 있는 '다른 시간'이다. 이 시간대에서는 한순간이 수십 년, 수천 년에 버금가는 양으로 체험될 수 있다.[8]

에필로그에서 라스콜니코프에게도 같은 일이 일어난다. 그에게 숫자로서의 시간은 더 이상 존재하지 않는다. 한 시간이 수천 년이 되고 수천 년은 한 시간이 된다. 그에게 남은 형기인 7년, 크로노스로서 7년은 아무런 의미도 지니지 않는다.

7년, '겨우' 7년! 행복이 시작되고 있던 이 무렵과 또 다른 순간들마다 두 사람은 기꺼이 이 7년을 7일로 생각할 준비가 되어 있었다.

이제 라스콜니코프에게는 생전 처음으로 '참고 기다리는 일'이 가능해진다. 그것이 무엇인지 알지도 못하면서 그는 '견뎌 낸다는 것'

을 그냥 온몸으로 받아들인다. 심지어 그 '견뎌 내는 일'에서 그는 기쁨을 기대한다.

> 그들은 참고 기다리기로 마음먹었다. 그들에게는 아직도 7년이 남아 있었다. 그때까지 얼마나 많은 참을 수 없는 고통이 있을 것이며 얼마나 무한한 행복이 있을 것인가!

그가 도달한 '자유의 시간' 속에서는 그동안 그가 전혀 이해할 수 없었던 새로운 기쁨이 가능하게 된다. 그는 생전 처음 기쁨을 느낀다. 그리고 타인의 기쁨도 이해한다. 7년이 7일인 시간 속에서 과거도 미래도 모두 사랑으로 충만한 현재 속으로 들어온다.

> 과거의 모든 고통, 그 모든 일이 과연 무엇이란 말인가? 모든 것이, 그의 범죄마저도, 판결과 유형마저도 현재 최초의 환희로 가슴 벅차 하고 있는 그에게는 어떤 외적이고 이상한 것으로, 그에게 일어나지 않은 것 같은 사건들로만 여겨지는 것이었다.

여기서 언급되는 "최초의 환희"는 라스콜니코프로서는 문자 그대로 생전 처음 맛보는 '기쁨'이다. 이 시점에 도달하기 전까지 라스콜니코프는 단 한 번도 진정한 기쁨, 자유에서 오는 기쁨을 알지 못했다. 그리고 다른 사람들의 기쁨도 이해할 수 없었다. 그가 시베리아 감옥에서 처음에 느꼈던 기이한 감정은 기쁨의 몰이해에서 오는 것이었다.

자유에 관한 성찰

그는 자신의 감옥 동료들을 보면서 놀랐다. 그들 모두 역시 얼마나 인생을 사랑하고 삶을 소중히 여기고 있는가! 그들은 자유로울 때보다도 감옥에서 더 삶을 사랑하고 가치 있게 여기며, 더 소중하게 생각한다고 그에게는 여겨졌다. 그들 중 어떤 사람들, 예를 들면 부랑자들은 얼마나 무서운 고통과 학대를 견뎌 냈는지 모를 일이었다! 그런데 정말로 한 줄기 햇살이나, 울창한 숲이나 깊은 숲 속의 알려지지 않은 차가운 샘물이 그들에게 그토록 큰 의미를 지니지 않는가. 부랑자들은 그 샘물을 재작년에 발견하고는, 그 샘물과의 만남을 마치 애인과의 만남처럼 꿈꾸며, 꿈에서조차 샘물 주변의 푸른 풀과 관목 사이에서 지저귀는 새를 그리워하지 않는가. 가만 들여다보면 볼수록 그는 더 설명할 수 없는 많은 예들을 발견할 수 있었다.

그는 이 하찮은 사물에서 의미를 발견하는 사람들을 도저히 이해할 수 없다. 사실 이때까지 라스콜니코프에게는 단지 이 소소한 것뿐만이 아니라 생의 대부분의 것이 '그까짓 것'이었다. 오로지 나폴레옹 같은 초인들의 막강한 업적만이 그가 인정하고 부러워하고 '이론적으로' 질투했던 삶의 의미였다. 그는 아무것도 사랑하지 않고 아무것도 존경하지 않고 아무것에도 감사하지 않았다. 그러나 이제 시간을 다른 식으로 체험하기 시작하면서 그는 기쁨을 알게 되었다. 그것은 성공과 명예, 부에서 오는 만족감이 아닌, 시간과 하나가 되어 흘러갈 때, 채워진 시간을 받아들일 때만 가능한 기쁨, 자유와 사랑과 공감에서 오는 지속적인 기쁨이었다.

6 맺는 말

도스토옙스키에게 자유란 크게 두 가지를 의미한다. 하나는 본능으로서의 자유다. 그것은 인간뿐 아니라 모든 생명체의 본능이다. 자유는 식욕이나 성욕처럼 인간이 생물학적으로 존재하기 위해 충족시켜야 하는 가장 필수적인 조건, 생존의 조건이다. 그런 의미에서 그것은 '자유욕'이라 명명할 수 있다. 이 자유는 그 자체로서 좋은 것도 아니고 나쁜 것도 아니고 그냥 본능이다. 배고픈 사람이 음식을 먹으려하는 것이 좋은 것도 아니고 나쁜 것도 아닌 것과 같은 맥락이다. 다만 이 '자유욕'만을 충족시키기 위해 다른 모든 좋은 것, 이를테면 인간적인 품위, 양심, 도덕, 배려 등등을 포기한다면 그 자유 추구는 이기적이고 추악한 것, 심지어 사악한 것이 될 수 있다.

다른 한편으로 도스토옙스키에게 자유는 '자유욕'과는 정반대되는 어떤 것, 본능의 극복과 최고의 도덕적 상태를 향한 지향이다. 도스토옙스키에 따르면 "진정한 자유란 궁극에 가서는 언제나, 어느 순간에나 인간이 스스로의 진정한 주인이 되는 도덕적 상태를 획득할 정도로 자아를 극복하고 자신의 의지를 극복하는 데 있다."(XXV 62) 요컨대 자유란 한 인간이 이 세상에 태어나 사는 동안 인간의 존엄성을 방해하는 탐욕과 공포, 이기주의와 집착, 좌절과 절망과, 증오와 분노와 불안을 딛고 일어서서 자기 자신에 대한, 그리고 세상에 대한 진정한 이해를 거쳐 사랑과 용서와 이해와 인정과 나눔과 베풂의 상태에 도달하는 과정을 의미하는 말이다. 그래서 그는 "최고의 자유는 '타인과 모든 것을 나누어 갖고 타인을 섬기는 것'이다."라고 단언하

는 것이다.(XXV 62)

자유욕의 충족은 대단히 중요한 생존의 조건이지만 다른 모든 본능의 만족이 그렇듯이 지속적인 충일감을 제공해 주지는 않는다. 지속적이고 든든한 내면의 의식, 자아를 지탱해 주고 받쳐 주는 저 깊은 곳의 충만감은 자유욕의 충족만으로는 얻어지지 않는다. 자유욕의 충족은 생존의 조건이지만 인간이 생존을 넘어 의미 있는 삶을 살고자 한다면 자유욕뿐만 아니라 가치로서의 자유를 추구해야 한다.

본능으로서의 자유와 가치로서의 자유의 대립은 『죄와 벌』에서 서사의 핵심을 차지한다. 라스콜니코프가 저지른 살인이 본능으로서의 자유 획득을 위한 사악한 범죄라면 그가 시베리아에서 마침내 얻게 되는 자유는 가치로서의 자유다.

그런데 도스토옙스키가 강조하는 것은 최고의 가치로서의 자유 그 자체가 아니라 그것을 향해 나아가는 과정이다. 그래서 그의 소설들은 언제나 '자유를 획득한 인간'이 아니라 자유라는 궁극의 종착점을 향한 여정에 '들어선' 인간을 보여 준다. 이 점은 인간에 대한 그의 관념과도 부합한다. 인간이란 존재 자체가 최종적이지도 않고 완결되지도 않은 것처럼 자유란 인간이 최종적으로 도달해서 획득하는 어떤 것이 아니다. 인간이 할 수 있는 최대한의 일은 자유를 선택하는 것, 자유를 향해 나아가는 것이다. 자유는 인간 정신이 의식적으로, 노력을 통해, 가장 숭고한 것, 가장 위대한 것, 가장 고결한 것을 향해 나아가는 치열한 과정이다. 중요한 것은 중단 없는 자유에의 지향, 자유라는 목적을 향해 살아가는 삶의 과정이다. 이것이 도스토옙스키가 말하고자 한 자유의 본질이자 『죄와 벌』의 가장 중요한 메시지이다. 그에게 자유는 삶의 목적이다. 자유라는 목적을 향한 지향 없이 인간은 살아갈 수 없다. 그가 유배지에서 돌아와 쓴 위대한 소설들은 모두 이 자유를 향한 지향에 관한 이야기들이다.

　도스토옙스키가 감옥 생활을 토대로 쓴 자전적 소설 『죽음의 집의 기록』의 한 대목을 인용하면서 이 글을 마친다.

　　이 세상의 그 누구도 어떤 목적 없이는, 그리고 그 목적을 향한
　　지향 없이는 살아갈 수 없다. (……)
　　우리 모두에게 목적은 자유, 그리고 감옥으로부터의 해방이었다.

석영중　고려대학교 노어노문학과를 졸업하고 오하이오 주립대에서 문학 박사 학위를 받았다. 현재 고려대학교 노어노문학과 교수로 재직 중이며 한국러시아문학회장, 한국슬라브학회장을 역임했다. 저서로 『자유: 도스토예프스키에게 배운다』, 『러시아 문학의 맛있는 코드』, 『뇌를 훔친 소설가』, 『톨스토이, 도덕에 미치다』, 『도스토예프스키, 돈을 위해 펜을 들다』 등이 있고 역서로 『가난한 사람들』, 『분신』, 『예브게니 오네긴』, 『대위의 딸』, 『우리들』 등이 있다. 러시아 정부에서 수여하는 푸시킨 메달을 받았으며, 제40회 백상출판문화상 번역상을 수상했다.

44

극예술의 모든 법칙에 반해서

체호프의 『갈매기』 읽기

박현섭 (서울대학교 노어노문학과 교수)

안톤 파블로비치 체호프(Anton Pavlovich Chekhov, 1860~1904)
러시아 남부의 항구 도시 타간로크에서 태어났다. 열여섯 살 되던 해 식료품 가게를 경영하던 아버지의 파산으로 일가족이 모스크바로 이주했지만 혼자 고향에 남아 고학으로 중등학교를 마쳤다. 1879년 모스크바 대학 의학부에 입학한 후 가족을 부양하기 위해 잡지에 글을 기고하기 시작했다. 1884년 의사로 개업했으나, 본업보다 작가로서 명성을 얻게 되자 본격적인 창작에 나섰다. 「관리의 죽음」, 「카멜레온」, 「하사관 프리시베예프」 등 풍자와 애수가 담긴 단편을 비롯해 희곡 『이바노프』, 중편 「대초원」, 「지루한 이야기」 등을 썼다. 1890년 사할린으로 자료 수집 여행을 다녀온 후 원숙기를 맞이하여 중편 「결투」, 「귀여운 여인」, 「골짜기에서」 등을 집필했다. 1896년 탈고한 희곡 『갈매기』가 1898년 상연에서 성공하면서 극작가로서도 입지를 굳혔으며 그 외에도 『바냐 삼촌』, 『세 자매』, 『벚나무 동산』 등의 희곡을 집필했다. 젊은 시절부터의 지병인 결핵이 악화되어 1904년 44세의 나이로 사망했다.

안톤 파블로비치 체호프는 19세기 러시아 문학이 낳은 최고의 극작가이자 단편 소설 작가이다. 톨스토이, 도스토옙스키와 같은 거장들에 의해 주도된 장편 소설의 대세 속에서 주변적인 지위에 머물러 있던 단편 소설은 체호프를 통해서 러시아 문학의 한 주류로 자리 잡을 수 있었다. 러시아의 연극, 나아가 세계의 연극은 체호프를 통해서 근대 사실주의 연극의 시대를 마무리 지으면서 현대 연극이 나아가야 할 새로운 길의 이정표를 세울 수 있었다. 지난 세기의 작가들 가운데서 체호프만큼 광범위한 독자층으로부터 꾸준히 사랑받은 소설가도, 그리고 셰익스피어 이래로 체호프만큼 자주 공연되는 극작가도 찾아보기 힘들다. 평범한 작가에게는 둘 중 하나도 불가능한 업적을 체호프는 한 사람의 삶으로 이루어 냈다.

소설가 체호프와 극작가 체호프는 한 사람으로부터 나온 것이었지만 양자의 역정은 사뭇 달랐다. 20대 초 모스크바 의대생 시절 가난한 집안 살림을 돕고 학비를 벌기 위해 쓰기 시작한 콩트와 단편 소설은 20대 말에 어느덧 체호프를 주목받는 신진 작가로 만들어 주었다. 희곡『갈매기』를 쓸 무렵에 체호프는 이미 500여 편의 콩트와 단편 소설을 발표한 상태였으며, 그 가운데서도 1880년대 후반에서 1890년대 전반에 걸쳐 씌어진 단편 소설 대부분은『갈매기』이후에 쓰인 훨씬 적은 숫자의 작품들과 함께 체호프의 걸작으로 손꼽힌다. 희곡『갈매기』가 씌어진 1896년, 서른여섯 살의 안톤 체호프는 이미 러시아 문단의 기대를 한 몸에 받고 있던 최고의 '소설가'였다. 19세기 러시아 사실주의 문학을 꽃피운 톨스토이, 도스토옙스키, 투르게네프 같은 위대한 거장들이 시대의 저편으로 사라져 가고, 새로운 세

극예술의 모든 법칙에 반해서

기의 문학에 대한 전망은 아직 불투명했던 이 시기에, 체호프는 전 시대 거장들의 자리를 대신하여 러시아 문학을 이끌어 갈 수 있는 유일한 대안으로 여겨졌다.

그러나 최고의 소설가 체호프는 그때까지도 아직 최고의 극작가는 아니었다. 소설가 체호프가 타고난 재능으로 탄탄대로를 걸었던 데 반해, 극작가 체호프의 길은 영 순조롭지 못했다. 스물한 살 의대생 시절에 첫 장막극『플라토노프』(1881)를 들고 공연을 부탁하기 위해서 유명한 '말리 극장'을 찾아갔다가 여지없이 거절당한 일화는 지난한 역정의 서막일 뿐이었다. 작가는『플라토노프』로부터 8년 뒤에 장막극『이바노프』(1889)를, 그리고 다음 해에 장막극『숲의 정령』(1890)을 발표했지만, 두 작품 모두 신통한 반응을 얻지 못했다.『숲의 정령』은 그로부터 7년 뒤에 발표된『바냐 삼촌』의 원시 판본으로 간주되며,『이바노프』는 훗날 평자에 따라『갈매기』보다 뛰어난 작품으로 꼽히기도 하지만, 대체로 이 시기에 체호프의 극작술은 아직 그 본령을 구축하지 못한 것으로 평가된다. 다행히『곰』(1888),『청혼』(1889) 등 경쾌한 단막 소극들에서 유례없는 성공을 거두어 자신의 연극적 재능을 증명해 보였지만, 본격적인 장막극 작가로서의 입신을 갈망했던 체호프는 거기에 만족할 수 없었다. 체호프는『숲의 정령』이후 6년 동안 장막극에 손을 대지 않았다.

그리고 1896년에『갈매기』가 씌었다. 집필 과정에서 작가가 지인들에게 말한 바에 따르면, 그것은 "이상한 결말"을 가진 "이상한 희곡"이었으며, "극장의 조건에 상반되는", 그리고 "극예술의 모든 법칙에 반하는" 작품이었다. 그러나 이 이상한 희곡은 스물한 살 때부터 시작된 실패 이후 15년에 걸친 암중모색의 세월에 종지부를 찍는 쾌거였으며, 그 후 잇달아 발표된 『바냐 삼촌』(1897), 『세 자매』(1901), 『벚나무 동산』(1904)과 더불어 체호프 극작술의 정수를 보여 주는 걸작이 되었다.

1 극장의 발견

체호프의 첫 희곡이자 장막극인 『플라토노프』는 그가 소설가로 유명해지기 훨씬 전, 서푼짜리 콩트 작가로 문필업을 막 시작하던 시기에 씌어졌다. 그리고 앞서 말했듯이 체호프를 진정한 극작가로 자리매김해 준 희곡 『갈매기』는 그로부터 15년 뒤, 그가 이미 당대 최고의 소설가로 부상한 이후에야 탄생했다. 『갈매기』를 살펴보기 전에 그 15년 동안 '극작가' 체호프에게 벌어진 일들을 돌아볼 필요가 있다.

김나지야(8년제 중등 교육 기관) 시절에 이미 초고가 씌어졌다고 추정되기도 하는 『플라토노프』는 후기 장막극 세 편을 합친 것에 해당하는 엄청난 분량부터가 엉뚱했다.(공연 시간으로 치면 6~7시간은 걸리는 분량이다.) 굳이 자세하게 옮기는 것이 의미가 없을 정도로 내용 또한 유치하기 그지없다. 어설픈 돈 후안 흉내를 내는 주인공의 연쇄 불륜 행각, 주인공과 엮인 여지주의 재산 다툼, 사랑의 도피행, 아내의 자살 소동과 총기 살인으로 끝나는 복수극 등이 정신 사납게 펼쳐지는 이 희곡은 '극적인 것'에 대한 아마추어 극작가의 조잡한 이해와 터무니없는 문학적 야심을 한번에 보여 주는 것이었다. 러시아의 연

극예술의 모든 법칙에 반해서

구자들 가운데 간혹 첫 장막극『플라토노프』에서 체호프 연극의 근원을 발견할 수 있다고 주장하는 경우를 보는데, 이는 대작가의 손길에서 나온 것은 무엇이든 천재성을 담고 있으리라고 믿고 싶어 하는 강박증이자 과도한 신화화에 다름 아니다. 사실『플라토노프』는 가장 체호프답지 않은 희곡이었다. 오히려 체호프의 위대한 드라마투르기는 바로 이 첫 희곡으로부터 가능한 한 멀리 달아남으로써 가능했다고 해도 과언이 아니다.

작가는 '말리 극장'에서 공연을 거절당한 후 원고를 갈가리 찢어버릴 정도로 첫 희곡의 실패에 좌절했고 그 후로 한동안 희곡에 손을 대지 않았지만,[1] 한편으로는 이 실패로부터 커다란 교훈을 얻은 듯하다. 5년 뒤인 1886년에 씌어진 일인극『담배의 해독에 관하여』, 그리고 그다음 해에 씌어진『백조의 노래』는 그 교훈이 무엇인지를 알 수 있게 해 준다. 무대를 가득 채웠던 군중이 사라지고, 또한 그 군중 사이에서 빚어졌던 분망하고 격렬한 갈등도 사라졌다. 무대 위에는 한 사람만 서 있다. 텅 빈 무대 위에서 배우는 홀로 관객과 대면한다. 작가는 첫 장막극에서 시도했던 상투적인 극적 장치들을 모두 내던지고 근원적인 의미에서의 '극적인 것'이 무엇인가를 숙고하기 시작한 것이다.

『담배의 해독에 관하여』는 이반 이바노비치 뉴힌이라는 강사가 시골 공회당에서 마을 사람들을 대상으로 엉터리 강연을 하면서 자신의 너저분한 신변잡기를 늘어놓는 것이 그 내용이다. 빈 공간에 홀로 덩그러니 놓인 강사는 보이지 않는 청중을 상대로 끊임없이 무언가를 이야기함으로써 이들의 주의를 붙들어야 한다. 그러나 강연의 내용 자체가 엉터리인 데다가 강사 스스로 거기에 의미를 부여하지 않고 있는 까닭에 강연은 시종일관 거북한 행위가 될 수밖에 없다. 한편으로는 시간을 때우기 위해 또 한편으로는 스스로도 알 수 없는 욕망으로 인해 강사는 가정에서의 부끄럽고 내밀한 고민을 청중에게 토로한다. 여기에는 아무런 극적 사건도 없다. 그런데 신기하게도 연극의 시간은 흘러간다.

극적인 사건이 없이 연극이 지속된다는 것은 그것을 대체하는 다른 긴장이 존재한다는 것이다. 강사로서의 공적인 역할과 생활인으로서의 사적인 주체 사이의 긴장이 그 하나다. 분열된 자아의 동요가 상대 배역과의 상호 작용을 대체하는 것이다. 한편에는 가상의 청중과 대면함으로써 만들어지는 또 하나의 긴장이 있다. 한쪽에서는 떠들어 대고 한쪽에서는 이를 조용히 듣고만 있는 기묘한 소통 상황, 이전형적인 극장의 소통 상황이 그 긴장을 만들어 낸다. 여기서 체호프는 관객 또는 객석을 문제화함과 동시에 '극장'을 장악하는 어떤 마법적인 힘의 장(field)을 발견한다.[2] 이 마법의 공간이 배우의 말뿐만 아니라 머뭇거림, 심지어 침묵에까지도 극적인 긴장을 불어넣는다. 사건이 없이도, 상대 배역이 없이도, 심지어 일관된 주제가 없이도, 배우는 단지 무대 위에서 서 있는 것만으로 하나의 연극적 사건이 될수 있었다. 체호프의 후기 희곡들에서 문제가 되는 소위 '의사소통 결여', '독백적 대화'의 맹아가 여기에 있다.

『담배의 해독에 관하여』에 뒤이은 『백조의 노래』는 극장에 대한 또 하나의 발견을 담고 있다. 이번에는 진짜 배우가 등장한다. 공연이 끝난 뒤 술을 먹고 잠들었다가 한밤중에 깨어난 배우는 빈 객석을 향해 공허한 연기를 한다. 흥미롭게도 앞의 일인극의 상황은 여기서 역전되어 있다. 즉『담배의 해독에 관하여』에서 가상의 객석을 채우고 있던 청중이 사라지고 여기에서는 빈 객석, 그러나 진짜 극장의 객석이 설정되어 있는 것이다. 그리고 공연이 끝난 뒤의 빈 무대와 함께 무대의 뒤쪽까지도 보인다.

사건은 어느 날 밤, 연극이 끝난 후, 지방 극장의 무대에서 일어난다. 지방 이류 극장의 텅 빈 무대. 오른쪽에는 칠이 안 된 채로 아무렇게나 붙여 놓은 분장실 문들이 있고 무대 왼쪽과 뒤 무대에는 잡동사니가 쌓여 있다. 무대 중앙에는 걸상이 엎어져 있다. 밤. 어둡다.

마치 극장을 종단면으로 절개해 놓은 듯한 이 무대 설정은 현대 연극에서도 찾아보기 드문 파격적인 고안이 아닐 수 없다. 이 무대를 보는 관객은 자신이 다름 아닌 극장에 앉아 있다는 사실을 끊임없이 상기하게 된다.(게다가 주인공은 엄연히 존재하고 있는 진짜 관객들을 무시한 채, 객석이 비어 있다고 말하지 않는가!) 극장은 이제『담배의 해독에 관하여』에 함축되어 있는 추상적인 논변을 떠나 생생한 실체로서, 하나의 오브제로서 제시된다.

(앞을 바라본다.) 그런데 45년 동안 무대에 서면서도, 한밤중에 극장을 보는 건 처음인 것 같아⋯⋯. 그래, 처음이야⋯⋯. 정말 이상하군, 이런 빌어먹을⋯⋯. (각광 쪽으로 다가간다.) 아무것도 보이지 않아⋯⋯. 흠, 프롬프터 박스가 좀 보이고⋯⋯ 특별석 그리고 악보대⋯⋯ 나머지는 칠흑처럼 컴

컴해! 밑바닥이 없는 심연, 꼭 무덤이군, 죽음이 숨어 있는…… 부르르! 추워! 벽난로 굴뚝에서 부는 것처럼 객석에서 바람이 부는군…… 여기가 영혼들을 부르는 바로 그곳이야! 제기랄…… 소름이 끼치는군…….

공연이 벌어지는 극장이 살아 있는 극장이라면 공연이 끝난 뒤의 빈 무대, 빈 객석의 어두운 극장은 죽은 극장이다. 그렇기에 주인공 스베틀로비도프는 이곳에서 죽음을 느낀다. 그러나 그 사실은 역설적으로 극장이 생명을 갖고 있음을 의미하는 것이기도 하다.

배우로 한평생을 살았으면서도 마치 세상에 태어나 처음인 듯한 시선으로 극장을 보는 스베틀로비도프의 모습은 풋내기 극작가 체호프의 심정을 그대로 전하는 듯하다. 체호프는 스베틀로비도프를 통하여 난생처음으로, 그리고 어쩌면 연극사상 최초로 낯설고도 순수한 극장의 모습을 본 극작가가 된 것이다. 체호프 드라마투르기의 혁신성은 바로 이 순간에 그 근원적인 동력을 형성한 것이 아닐까? 체호프는 『백조의 노래』에 '연극적 습작품(драматический этюд)'이라는 부제를 붙임으로써 실험적 성격을 분명히 하고 있지만, 극장의 공간에 대한 체호프의 자각은 이후의 희곡들에서도 기능적인 층위에서 다양하게 구현된다.

2 극예술의 모든 법칙에 반해서

"상상이 갑니까? 희곡을 쓰고 있습니다. 아마도 11월 말까지 끝내기는 힘

극예술의 모든 법칙에 반해서

들 것 같습니다만. 나름대로 만족스럽긴 한데, 다만 연극의 조건을 몹시 거스른다는 점이 문제입니다."(1895년 10월 21일 수보린에게 보낸 편지)

"(……) 그래서 희곡은 이미 끝냈습니다. 포르테(forte)로 시작해서 피아니시모(pianissimo)로 끝냈지요. 극예술의 모든 법칙에 반해서."(1895년 11월 21일 수보린에게 보낸 편지)

첫 장막극 이후 15년의 지난한 모색 끝에 탄생한『갈매기』는 훗날 체호프 극작 경력의 결정적인 승리이자, 연극사의 대사건이라고 평가되는 작품이다. 그러나 정작 그해 알렉산드린스키 극장에서 올려진『갈매기』의 초연은 또 다른 실패였다. 작가 스스로 자신의 작품을 "극예술의 모든 법칙에 반하는", "이상한 결말"을 가진 "이상한 희곡"이라고 했으니, 그것이 낡은 연극 전통에 길들여진 관객들에게 선뜻 이해되지 않는 것은 어찌 보면 당연한 일이었다. 거기에는 작품을 제대로 전달하지 못한 제작자와 배우의 책임도 컸다. 특히 배우들의 과장되고 판에 박힌 연기는 등장인물의 일상적인 모습과 부합하지 않았고, 섬세한 내면 심리를 전달하는 데에도 적절치 않았다.[3] 체호프는 관객의 야유와 휘파람 소리를 들으며 다시는 희곡을 쓰지 않겠노라고 맹세했다. 다행히 2년 뒤 스타니슬랍스키라는 걸출한 연출가에 의해 예술극장에서 다시 올린 공연이 대성공을 거두면서 온 러시아가 위대한 극작가의 탄생에 환호했지만, 스타니슬랍스키가 아니었더라면 '극작가' 체호프의 이력은 여기서 끝났을지도 모를 일이었다.

현대의 관객들에게 한 세기 전 관객들의 이러한 몰이해는 다소

뜬금없어 보일 것이다. 우리는 체호프의 혁신으로부터 비롯된 모든 연극적 현상에 이미 익숙해져 있으니 이 또한 당연한 일이다. 그런데 우리가 익숙해진 연극적 현상들이란 과연 무엇인가? 요컨대 체호프가 뒤집어 놓은 극예술의 법칙은 무엇인가?

3   연극에 관한 연극

'이상한' 희곡 『갈매기』에는 지금까지의 연극과는 완전히 다른, 새로운 연극의 시대를 열겠다는 극작가 체호프의 야심이 노골적으로 드러나 있다. 우선 공간적 차원에서 극장은 『갈매기』의 한 주인공으로 참여하고 있다고 해도 과언이 아니다. 막이 열리면서 관객들이 처음으로 보게 되는 것은 무대 위의 또 다른 무대, 즉 트레플레프의 가정극 공연을 위한 가설무대이다. 아직 완성되지 않은 가설무대를 일꾼들이 손보고 있는 동안 등장인물들이 그 앞을 차례로 오가며 이런저런 대화를 나눈다. 이윽고 객석이 갖춰지고, 트레플레프의 연극이 시작된다. 가설무대의 막이 올라가는 순간, 조금 전까지만 해도 일꾼들이 올라가서 망치질을 하던 둔탁한 구조물은 가운데가 투명한 액자로 변화하여 무대 뒤편의 풍경을 담아낸다.

막이 오르고 호수의 경치가 펼쳐진다. 달이 수평선에 걸려 있고, 그 그림자가 물 위에 떠 있다. 커다란 바위 위에 흰옷을 입은 니나 자레치나야가 앉아 있다.(1막)

가설무대는 예술적 액자로서의 추상성을 얻음으로써 그 뒤의 의미 없던 공간에 의미를 부여함과 동시에 다른 세계, 즉 니나가 연기하는 20만 년 후의 세계를 여는 신비스러운 문이 되고 있다. 그러나 연극이 아르카디나의 악의적인 방해로 갑자기 중단되면서 서둘러 막이 내려지고, 잠시 동안 열렸던 또 하나의 공간도 갑자기 사라져 버린다. 앞서 『백조의 노래』를 언급한 이유는 바로 이런 장면들에 함축된 연극적 의미를 설명하기 위해서였다. 극장이라는 마법적 공간이 갖고 있는 힘, 마치 생명체처럼 태어나고 소멸하는 무대 속의 세계, 이는 『백조의 노래』를 통해 체호프가 얻은 통찰의 연장인 것이다. 극중극이라는 형식 자체는 일찍이 르네상스 시대부터 시작된 연극적 관습이지만, 체호프는 이를 구성적 차원을 넘어서 물질적 차원으로 구현해 내고 있다. 『갈매기』의 무대 위에 세워진 이 또 다른 무대는 새로운 연극을 창조하려는 체호프의 야망이 구체적 상징으로 물화된 것이라고도 볼 수 있을 것이다.

『갈매기』에서 '연극'은 대화의 핵심 주제이기도 하다. 유명한 여배우인 아르카디나, 극작가 지망생인 트레플레프, 트레플레프의 연극에 출연한 것을 계기로 여배우의 길을 걷게 된 이웃집 처녀 니나, 유명한 소설가 트리고린 등 주요한 등장인물들은 『갈매기』라는 연극 속에서 또 다른 연극에 관한 이야기를 하고 있다. 그 와중에 당대를 풍미하던 이런저런 연극의 코드들이 등장하여 자신의 주장을 펼친다.

트레플레프: (……) 어머니는 연극을 사랑하며, 자신이 인류와 신성한 예술에 봉사하고 있다고 생각하죠. 하지만 내가 보기에 오늘날의 연극은 진부

한 데다 편견으로 가득해요. 막이 오르면 인공조명 아래, 삼면의 벽으로 둘러싸인 방 안에서 사람들이 먹고, 마시고, 사랑하고, 걸어다니고, 옷을 입는 모습을 그 잘나신 배우님들, 신성한 예술의 사도들이 연기합니다. 속물스러운 장면과 대사들 속에서 가정의 일상사에 써먹을 좀스럽고 뻔한 도덕이나마 건져 내려고 애쓰는 걸 보노라면, 그리고 천편일률적인 연극들 속에서 하나같이 똑같고, 똑같고, 똑같은 짓거리를 반복하는 걸 보노라면 저는 모파상이 자신의 뇌수를 짓누르던 속물스러운 에펠 탑으로부터 도망쳤듯이 멀리멀리 도망치고 싶습니다.(1막)

아르카디나: (……) 어째서 흔한 희곡을 고르지 않고 이런 데카당 같은 헛소리를 우리가 듣도록 만들었을까. 소극이었다면 나도 헛소리 들을 준비가 되어 있겠지만, 이건 새로운 형식, 예술의 새로운 기원을 시위하겠다는 거잖아요. 그런데 내가 보기에 여기에는 새로운 형식은 없고, 그저 고약한 성깔만 담겨 있네요.(1막)

여배우 아르카디나가 몸담고 있는 부르주아 멜로드라마의 세계는 풋내기 극작가 트레플레프의 맹렬한 비판을 받고, 반대로 트레플레프가 가족들을 관객으로 두고 상연하는 연극은 아르카디나에 의해 데카당이라고 매도당한다. 한편에서는 셰익스피어가 내밀한 방식으로 『갈매기』의 구성에 관여하고 있다. 아르카디나, 트레플레프, 트리고린 3인의 관계는 셰익스피어의 희곡 『햄릿』에서 거트루드, 클로디우스, 햄릿의 관계를 연상시키는데, 이는 트레플레프가 어머니와 트리고린의 사이를 빗대어 『햄릿』의 대사를 외는 장면에서 분명히 드러난다.("어째서 당신은 악덕에 몸을 맡기셨나요, 어째서 그런 죄악의 심연에서 사랑을 찾았나요?") 나아가 트레플레프의 극중극도『햄릿』의 극중극과 닮은꼴의 구성 요소라고 할 수 있을 것이다.[4]

새로운 형식의 연극을 추구하는 트레플레프는 극작가 체호프의 야망이 투사된 인물일까? 기성 연극의 관습을 혁파하려 한다는 점에서 작가와 등장인물이 공유하는 바가 없지 않지만 이는 섣부른 추단이다. 체호프가 걸어간 연극의 여정은 트레플레프의 상징주의적 실험과는 전혀 다른 길이었다. 오히려 트레플레프가 비판하는 일상성의 연극, 즉, "삼면의 벽으로 둘러싸인 방 안에서 사람들이 먹고, 마시고, 사랑하고, 걸어다니고, 저고리를 입는 모습"에 가깝다. 다만 체호프는 그 일상성 속에 숨겨진 혁신적 가능성을 발견했던 것이다.

다양한 방식으로 나열되는 이런저런 연극의 코드들은 이를테면 '나는 이 모든 것을 나의 연극 속으로 포용한다.'라는 체호프의 대단한 호기를 보여 주는 것이다. 아르카디나의 고루한 연극도, 트레플레프의 혁신적인 연극 형식도, 심지어 연극의 대명사라고 할 수 있는 셰익스피어까지도 여기서는『갈매기』라는 새로운 연극을 구성하는 한 요소일 뿐이다. 달리 말하면『갈매기』라는 희곡 자체가 하나의 자족적인 연극 양식이다.

4   행동

체호프가 연극사적으로 갖는 가장 큰 의미는 연극에서의 사건 또는 행동에 대한 관념을 혁명적으로 바꾸어 놓았다는 데에 있다. 아리스토텔레스가 『시학』에서 강조한바, 희곡은 '행동하는 인간'을 모방한다는 점에서 다른 문학 장르 — 고대 희랍에서 그것은 서사시였으며, 근대적인 의미에서는 시나 소설이 이에 해당된다. — 와 구별된다. 희곡은 소설처럼 주인공을 묘사하거나 설명할 수 없다. 항상 1인칭일 수밖에 없는 연극의 주인공은 자신의 행동을 직접적으로 보여 줄 뿐이다. 그리고 그런 그의 행동이 극적인 사건들을 만들어 낸다. 또한 '극적인'이라는 말 자체에서 이미 표현되고 있지만 그 사건은 무언가 비상한 것이어야 한다. 그렇지 않고서는 두세 시간 동안 지속되는 공연에서 관객이 계속 참고 앉아 있을 수가 없다. 행동을 통해 등장인물들 간의 갈등과 불화와 질투가 차곡차곡 쌓이고 이것이 다시 더 큰 행동과 더 큰 사건들을 야기하고 마침내 등장인물들의 세계가 더 이상 지탱할 수 없는 파국에 이르는 것, 이것이 그리스 비극에서 시작하여 19세기까지 서구 드라마가 쌓아 온 연극적 전통이었다.

『갈매기』에서는 무엇이 달라졌는가? 유명한 예술가들이 등장해서 격렬한 연애 사건을 벌이고, 사생아가 생겨나는가 하면, 젊은 주인공은 사랑에 치이고 재능에 절망하여 자살한다. 이 정도면 충분히 극적이라고 할 수 있지 않은가? 겉으로 보이는 줄거리의 골격만 추린다면 그렇게 보일 수도 있겠지만 이런저런 사건이 다루어지는 방식을 자세히 들여다보면 사태의 다른 면면이 드러난다. 의절이라도 할 것 같던 아르카디나와 트레플레프 모자의 불화는 어정쩡한 화해로 미봉되고, 연적 트리고린에 대한 트레플레프의 결투 신청은 상대방의 철저한 무시로 인해 맥 빠진 소동으로 끝나고 만다. 트레플레프의 첫 번

극예술의 모든 법칙에 반해서

째 자살 시도는 2막과 3막 사이의 어딘가에서, 그리고 니나와 트리고 린이 벌이는 격정적인 연애 행각의 본편은 3막과 4막 사이의 어딘가 에서, 관객들에게는 감춰진 채로 벌어지고 있다. 무엇보다도『갈매 기』이전의 드라마에서 주인공의 비극적 최후가 이처럼 남루한 방식 으로 제시된 예는 일찍이 없었다. 비극의 주인공이 죽으면 새로운 세 계가 열려야 했다. 햄릿의 죽음 뒤에는 덴마크 왕국에 새로운 도덕적 질서가 도래하게 될 것이며, 젊은 포틴브라스의 군대가 덴마크를 접 수하여 새 왕국을 건설할 것이다. 오이디푸스의 처절한 희생에 힘입 어 테베는 신의 저주로부터 풀려날 것이다. 하지만 트레플레프의 죽 음 뒤에는 무엇이 있는가? 매사에 심드렁한 트리고린은 모처럼 격정 의 세계에 잠깐 한쪽 발을 담갔지만 이내 앗 뜨거워라 하며 니나를 팽개치고 늙은 옛 애인에게 돌아온 참이다. 아르카디나는 바로 옆방 에서 아들이 죽는 줄도 모르고 옆 사람의 돈을 빌려 가며 카드놀이에 열중해 있다. 트레플레프가 자신에게 발사한 총소리는 옆방 사람들 에게는 그저 약병이 터지는 소리에 지나지 않는다.[5] 트레플레프의 불 행한 최후 뒤에는 아무런 깨달음도, 새로운 세계도 없다. 오로지 끝없 이 반복되는 죽음 같은 일상만이 있을 뿐이다.

『갈매기』이후의 희곡들로 시야를 연장해 보자. 체호프 희곡에 서 주인공들이 가지고 있는 총은 트레플레프의 첫 자살 시도가 어이 없는 해프닝으로 끝났듯이 대체로 사람을 맞히지 못할 뿐 아니라 심 지어 희극적인 장난감으로 전락하는 모습을 보인다.『벚나무 동산』에 서 벚나무 동산이 팔리는 사건에 대해 그 주인들은 도무지 관심을 보 이지 않는다. 이들은 "노동을 해야 한다."라고 역설하고 200~300년

후의 인류의 미래에 대해 고민하지만 실제로는 아무것도 하지 않거나 할 능력이 없는 사람들이다. 『세 자매』의 시골 여인들은 틈만 나면 "모스크바로 가자."라고 노래를 하지만 자신의 고향을 한 발자국도 떠나지 못한다. 스스로 행동하지 않으니 사건을 만들어 낼 수 없고, 외부 세계로부터 강제된 사건에 대해서는 무력하게 견디는 것이 고작이다. 그리하여 『벚나무 동산』에서 모두가 떠나간 빈집에 누워 피르스가 말하듯이 "산 것 같지도 않은데, 한평생이 지나간다."

도대체 극적인 요소라고는 찾아볼 수 없는 이런 희곡들이 어떻게 관객을 사로잡을 수 있는가? '극적인 것'에 대한 전통적인 관념을 떨치지 못하는 관객들에게 이런 질문은 지극히 자연스럽다. 체호프 희곡에 대한 당대의 반응이 바로 그런 것이었다. 스타니슬랍스키라는 걸출한 연출가에 힘입어 큰 성공을 거두었지만 여전히 일반 관객뿐만이 아니라 당대의 작가와 비평가들에게도 체호프의 연극은 불가사의한 대상이었던 것이다. 체호프가 뛰어난 단편 소설 작가이긴 하지만 희곡은 미숙하다고 생각했던 톨스토이는 그런 몰이해의 대표적인 예이다. 그러나 체호프 이후의 극장이 어떻게 달라졌는가를 이미 목격한 현대의 관객들은 최소한 이 점에 있어서 톨스토이보다 더 체호프를 잘 이해할 수 있을 것이다. 체호프 연극에서 시작된 사건과 행동의 약화가 현대의 부조리 연극에서는 훨씬 더 과격한 방식으로 실현되었음을 우리는 안다. 사무엘 베케트의 희곡 속에 나오는 인물들은 글자 그대로 한자리에 붙박인 채, 아무런 행동도 하지 않고 의미 없는 헛소리만 지껄이고 있지 않은가. 혁명은 대체로 끝났고, 신은 죽었고, 자본주의는 아마도 영원하다. 더 이상 목숨 걸고 추구해야 할 가

극예술의 모든 법칙에 반해서

치도 없고, 우리를 경탄시키는 영웅도 없다. 비범한 영웅의 거침없는 행위로 세계 전체가 광채를 띠고 그의 죽음과 함께 다른 세계가 열리던 시대에 사건과 행동의 드라마가 극적인 것이었다면, 현대의 관객들에게는 멈추어 버린 시간 앞에서 무얼 해야 할지 모른 채 망연자실해 있는 체호프 주인공들의 모습이 극적인 것이다.

5 희극, 또는 니나의 희망

니나: (혼잣말로) 저렇게 유명한 여배우가 울다니 ── 그것도 저런 하잘것없는 일을 가지고 울다니, 정말 이상한 일이야! 게다가 작가 선생님도 이상해. 대중의 사랑을 받는 유명한 작가인데, 온갖 신문에 이분에 대한 기사가 실리고, 초상화가 팔리고, 여러 나라 말로도 작품이 번역될 만큼 훌륭한 분인데, 하루 종일 낚시질만 하면서 잉어 두 마리를 잡은 일에 그렇게 기뻐하다니. 나는 유명인들이란 오만하고 범접할 수 없는 사람들일 거라고 생각했어. 그들은 가문과 부를 무엇보다도 중시하는 군중에게 자신의 영광과 명성으로 복수하면서, 군중을 경멸할 거라고 생각했어. 그런데 이런 사람들이 저렇게 울고, 낚시질을 하고, 카드놀이를 하면서, 웃어 대기도 하고 화를 내기도 하잖아, 마치 보통 사람들처럼…….(2막)

『갈매기』의 또 다른 '이상한' 점은 그 장르 지시에 있다. 놀랍게도 작가는 주인공의 자살로 끝나는 이 비극적인 드라마의 형식을 '4막의 희극'으로 규정하고 있는 것이다. 굳이 희극으로서의 단서를 찾자면 찾을 수도 있는데, 위의 대사는 바로 이 문제에 대한 작가의 간접적인 주석처럼 보인다. 보다시피 『갈매기』 이전의 연극의 통념에 따르면 비극의 주인공에 어울릴 법한 사람들이 마치 희극 배우 같은 행동을 하고 있는 것이다. 어디까지나 우아한 여배우여야 할 아르카디나는 사소한 일로 하인들과 다투고, 푼돈에 벌벌 떠는 인색한 속물이며, 외국어로 작품이 번역될 만큼 유명한 작가인 트리고린은 낚시질로 잉어 두 마리를 잡았다고 기뻐하는 평범한 남자다. 물론 이들이 소극의 광대처럼 홍소를 자아내는 인물은 아니다. 하지만 지식인이나 예술가에게 통념적으로 기대되는 고상한 미덕을 찾아볼 수 없다는 점에서 이들은 희극적 인물의 잠재적 자질을 갖고 있다고 할 수 있는 것이다. 희극 배우이면서 비극의 인물을 연기하고 있는 「백조의 노래」의 역설이 여기서 역전되고 있다.

한편 등장인물 간의 관계에 눈을 돌려 보면 보다 뚜렷한 희극의 단서를 발견할 수 있다. 『갈매기』에서 하인들을 제외한 모든 인물은 서로 물고 물리는 삼각관계에 얽혀 있다. 하나의 삼각관계는 슬픈 드라마의 단골 소재가 되지만, 삼각관계가 너무 많아지면 얘기가 달라진다. 마키아벨리나 셰익스피어의 희극에서 너무 많은 삼각관계가 얼마나 우스꽝스러운 소동을 만들어 냈는지를 상기한다면 이 또한 『갈매기』를 희극으로 부르는 체호프의 심중이 담긴 장치라고 볼 수 있을 것이다. 그러나 『만드라골라』나 『한여름 밤의 꿈』에서는 모든 연인들이 자기 짝을 찾고 행복하게 끝나는 반면, '사랑의 묘약'이라는 구성적 장치가 없는 『갈매기』에서는 모든 관계가 불행으로 귀결되고 만다는 점에서 양자는 갈린다. 희극적인 장치를 쓰면서도 전형적인

극예술의 모든 법칙에 반해서

희극의 구성으로부터 미끄러져 나감으로써, 체호프는 다시금 극예술의 법칙을 뒤집고 있는 것이다.

작가의 말을 모두 글자 그대로 받아들일 필요는 없다. 모든 작가가 자기 작품에 대해서 전략적, 습관적으로 하얀 거짓말을 한다. 체호프는 자신의 심중에 대한 거리 두기가 철저한 사람이었으며, 자신이 쓴 모든 희곡을 항상 희극으로 부르고자 했다는 사실도 염두에 두어야 할 것이다. 체호프가 『갈매기』를 희극이라고 한 것은 엄격한 장르 지시라기보다는, '비극적 상황에 대한 수용 태도'로서의 희극을 말하는 것이라고 이해할 수도 있다. 과거에는 비극적 주인공에 어울릴 트레플레프나 니나이지만 어찌 보면 운명의 장난에 놀아나는 가련하고도 우스꽝스러운 꼭두각시일 수 있다는 것, 한편으로 메드베젠코, 샤므라예프, 폴리나 같은 희극적인 인물들도 자기 나름의 슬픔을 내면에 감추고 있다는 것 ─ 이런 상념들을 붙잡고 『갈매기』를 본다면 장면 장면의 '비극적 희극성'이 어느덧 느껴질 것이다.

『갈매기』를 지배하고 있는 우울한 분위기에서 벗어나고자 관객들은 니나에게서 희망의 씨앗을 찾고 싶어 한다. 니나는 어쩌면 과거의 비극에 등장했던 영웅적인 주인공의 후예가 아닐까? 그녀는 자신의 꿈을 실현하기 위해 과감히 현재의 틀을 깨고 미지의 세계로 뛰쳐나갔다. 그리하여 비록 좌절하고 상처받았지만 삶을 향한 불굴의 의지를 꺾지 않았다. 니나는 말한다. "우리가 하는 일에서 중요한 것은 명예가 아니라, 내가 동경하던 그 눈부신 명성이 아니라, 참는 능력이라는 걸 이젠 알아요. 자신의 십자가를 짊어지고 믿음을 갖는 거야. 나는 믿음을 가지고 있기 때문에 그렇게 괴롭지 않아. 그리고 나 자신의 사명을 생각할 때는 인생이 두렵지 않아." 그러나 과연 니나가 이제까지의 고난을 발판으로 하여 진정한 배우로 거듭날지, 아니면 결국 삼류 유랑 극단의 배우로 여생을 마칠지는 연극 이후의 일, 영원한 수수께끼이다. 우리 자신의 미래 또한 그렇지 않은가? 어쩌면 우리는 연극이 끝나는 그 순간부터 니나의 미래를 더불어 살게 되는 것인지도 모른다.

박현섭 서울대학교 천문학과와 노어노문학과를 졸업하고 노어노문학과 대학원에서 「체호프 희극의 성격과 그 발전 과정에 관하여」로 박사 학위를 받았다. 러시아 국립극동대학교 한국학과 객원교수, 상명대학교 노어노문학과 교수를 거쳐 현재 서울대학교 노어노문학과 교수로 재직하면서 러시아 희곡과 영화에 관해 연구하고 있다. 역서로 『체호프 단편선』, 『체호프 희곡선』, 유리 로트만의 『영화 기호학』 등이 있다.

45

소설만이 전할 수 있는 진실

쿤데라의 『농담』 읽기

유종호 (전 연세대학교 석좌교수)

밀란 쿤데라(Milan Kundera, 1929~)
1929년 체코(당시 체코슬로바키아)의 브르노에서 태어났다. 어린 시절 피아니스트이자 음악원 교수였던 아버지로부터 피아노를 배웠다. 프라하의 공연예술대학교에서 시나리오 창작과 영화 연출을 공부한 후, 같은 학교 영화학부에서 영화를 가르치며 시와 에세이, 희곡을 집필했다.
1968년 '프라하의 봄'에 참여하고 '인간의 얼굴을 한 사회주의 운동'에 적극적으로 가담했으나, '프라하의 봄'이 소련 침공으로 좌절되고 정부의 숙청이 이어지면서 모든 공직에서 해직당하고 출판이 금지되었다. 1975년 프랑스로 이주한 후 렌 대학과 파리 대학에서 가르쳤고, 이후에도 집필을 계속해 오고 있다. 주요 작품에 소설 『농담』, 『우스운 사랑들』, 『웃음과 망각의 책』, 『참을 수 없는 존재의 가벼움』, 『정체성』, 『무의미의 축제』, 에세이 『소설의 기술』, 『배신당한 유언들』, 희곡 『자크와 그의 주인』 등이 있다.

인간의 참된 선의는 아무런 힘도 지니지 않은 사람들에 대해서만 순수하고 자유롭게 베풀어질 수 있다. 인류의 진정한 도덕적 실험, 가장 근본적인 실험, (너무 심오한 차원에 자리 잡고 있어서 우리의 시선에서 벗어나는) 그것은 우리에게 운명을 통째로 내맡긴 대상과의 관계에 있다. 동물들이다. 바로 이 부분에서 인간의 근본적 실패가 발생하며, 이 실패는 너무도 근본적이라 다른 모든 실패도 이로부터 비롯된다.

— 쿤데라, 『참을 수 없는 존재의 가벼움』

시의 목적은 놀랄 만한 사고로 우리를 눈부시게 하는 것이 아니라 존재의 한순간을 잊히지 않는 순간으로 또 견딜 수 없는 그리움에 값하는 순간으로 만드는 것이다.

— 쿤데라, 『불멸』

1 글머리에

문학 작품의 질과 독자층의 수용 사이에 긴장 혹은 대립적 관계가 있다는 것은 널리 인지되고 있다. 20세기에 와서 그 대립 관계는 더욱 첨예해졌다는 것을 실감하게 된다. 가령 영문학의 경우 언어의 문학적 가능성을 극한까지 몰고 가서 산문을 시의 경지로 끌어올렸다는 평가를 받고 있는 『피네간의 밤샘』에 대해 찰스 로젠은 작자 자신의 낭독 음반을 들으면 마치 음악을 듣는 듯한 즐거움을 준다며 그 가독성은 놀랄 만하다고 적고 있다. 그러나 그 작품을 통독했다

소설만이 전할 수 있는 진실

는 사람은 불과 몇 명밖에 만나지 못했다고도 적고 있다.[1] 외국인인 우리로서는 제임스 조이스의 초기 단편집 『더블린 사람들』이나 장편 『젊은 예술가의 초상』에 의지해서 그의 후기 작품의 작품적 경지를 상상할 수밖에 없다. 소설 한 편을 위해 무량한 시간을 바치기에는 삶이 너무 짧고 고단하며 읽어야 할 책이 너무나 많기 때문이다. 그런가 하면 1915년에 나온 반(半)자전 소설 『인간의 굴레에서』가 발간 50년째에 1000만 권의 판매량을 보였다는 서머싯 몸은 대중 작가로 분류되어 문학사에서 홀대되고 대학 교재용 사화집에서도 묵살되는 것이 보통이다. 그의 작품을 본격적인 작품과 상업적 작품으로 나누어 평가하려는 일부의 비평적 시도도 소수파의 견해로 머물러 있다. 문학성에 있어서나 대중적 수용에 있어나 크게 성공하였던 셰익스피어와 같은 행복한 사례의 부활은 가망이 없는 것인가? 그것은 가뭄에 콩 나듯 어쩌다 빚어진 우발적 요행으로서 다시는 기대할 수 없는 일회적 역사 현상에 지나지 않는 것인가? 이것은 예술사회학 혹은 문학사회학이 안고 있는 하나의 지극한 난문제라 할 것이다. 예외적 소수에 속하는 안목 있는 전문적 독자와 안이한 소일거리로 문학을 수용하는 일반 독자로 독자층이 양극화하는 것은 반드시 문학 분야로 한정되는 것은 아니다. 문명의 발달과 세분화되는 노동 분업과 점증하는 전문화 경향은 이러한 분리 현상을 가중시키는 것으로 보인다.

그런 가운데 문학적 성취나 독자 끌기 모두에서 20세기 후반에 크게 두각을 나타낸 작가는 가르시아 마르케스와 밀란 쿤데라라 생각한다. 가지를 잘리고 피를 철철 흘리는 초목, 젊은 유혹자의 몸을

싸고 심상치 않게 덤벼드는 누런 나비 떼, 마을을 휩쓰는 전염성 불면증, 죽은 자와 산 자가 나누는 대화 등의 장면이 천연스럽게 전개되는 마르케스의 작품 세계는 일거에 세계적인 반응을 일으켰다. 그것은 분명히 놀라운 문학의 신세계였다. 한편 1980년대의 프랑스에서는 누구나 밀란 쿤데라 특히 그의『참을 수 없는 존재의 가벼움』을 읽고 있다는 말이 나돌았다. 비평적 반응이 극히 우호적이었고 독자의 반응도 폭발적이었다. 물론 이러한 축복받은 문학적 행운이 작품고유의 내재적 가치나 미덕에서 유래한 것만은 아니다. 그 수용에친화적으로 작용하는 지적 사회적 풍토와 연때가 맞아서 가능한 것이다.

1950년대 후반 이후 '제3세계'가 역사의 무대에 본격 등장하면서라틴 아메리카 여러 나라가 세인의 관심을 끌었다. 해방 신학, 종속이론, 체 게바라의 이름을 상기하면 대체로 당대 분위기를 상기할 수있을 것이다. 가르시아 마르케스를 낳은 콜롬비아는 동시에 반정부게릴라 활동 중 사망한 카밀로 토레스 신부를 낳기도 하였다. 마르케스가 일거에 세계적 명성을 얻게 되는 데에는 제3세계로 귀속된 라틴아메리카 출신 작가란 사실도 일조했음은 부정할 수 없다. 한편 쿤데라의 경우 소련군의 탱크 부대 진주로 막이 내린 프라하의 봄과 무관할 수 없다. 처녀 장편인『농담』의 프랑스어 초판이 나온 것은 1968년가을의 일로서 '사람 얼굴을 한 사회주의'를 표방했던 알렉산드르 둡체크가 모스크바로 공수되어 굴욕적 처우를 받고 온 직후였다. 전 세계 주시의 대상이었던 소련군의 프라하 진주와 그 여파는 한 보헤미아 작가의 열의에 찬 수용에 크게 기여하였다. 훌륭한 작품은 언젠가는 진가를 인정받게 마련이지만 문학 외적 요소가 그 촉진에 기여하는 것은 흔히 목도되는 비근한 문화 현상이다.

2   작가 소묘

스물다섯이 되기까지는 문학보다 음악에 경도했다고 쿤데라는 말하고 있는데 그의 문학적 첫 열정은 서정시였다. 1953년에 나온 시집 『인간: 넓은 정원』에는 '갑갑한 이데올로기 형성기'의 불안이 벌써 엿보였다. 그러나 1955년과 1959년에 각각 새 시집을 내고 있다. 혁명에 가담하는 시인이 주인공으로 되어 있는 두 번째 장편인 『삶은 다른 곳에』는 그래서 반자전적인 작품이란 평을 받고 있기도 하다. 흐루쇼프의 스탈린 격하가 시작된 1950년대 중반에 그는 "시 비판이면서 동시에 그 자체가 시가 되는 소설을 쓰는 방법이라는 미학적 문제"를 생각하기 시작하였다고 뒷날 회고하고 있다. 1962년엔 그의 첫 희곡 작품인 『열쇠 임자』가 프라하 국립 극장에서 상연되었는데 그 암묵적 체제 비판 때문에 큰 센세이션을 일으켰다. 뒷날의 쿤데라는 이들 청년기의 문학적 모험을 격하게 물리치면서 자신의 '작품'이라고 간주하기를 거부하고 있다. 1963년에 얄팍한 단편집 세 권을 내었는데 이 중의 일부가 뒷날 『우스운 사랑들』에 수록되었다. 이때부터 작가 쿤데라가 탄생한 셈이다. 첫 장편인 『농담』은 1965년에 탈고했으나 2년간의 검열 당국과의 옥신각신 끝에 1967년에 프라하에서 출판되었다.[2]

『농담』에 이어 『우스운 사랑들』, 『삶은 다른 곳에』, 『이별의 왈츠』, 『웃음과 망각의 책』, 『참을 수 없는 존재의 가벼움』, 『불멸』을 내는데 모두 체코어로 쓴 것이다. 그 이후에 나온 『느림』, 『정체성』, 『향수』 그리고 15년의 공백 끝에 2015년에 나온 『무의미의 축제』는 모두 프랑스어로 쓴 것이다. 이 가운데서 가령 『이별의 왈츠』 같은 작품은 없어도 크게 아까울 것이 없지만 모든 작품이 그 나름의 독자적 매력과 미덕을 가지고 있다고 말할 수 있다. 소설 이외에도 에세이 모음에 『소설의 기술』, 『배신당한 유언들』, 『커튼』, 『만남』이 있고 희곡에 『자크와 그의 주인』이 있다. 1975년에 프랑스로 이주한 쿤데라는 1981년에 프랑스 시민권을 얻었다. 1993년부터 프랑스어로 작품을 쓴 셈인데 1985년에서 1987년 사이에 그는 프랑스어 번역본을 대폭 수정하였고 이후 모든 작품의 프랑스어 번역본이 원본으로 간주되고 있다. 작자 자신이 그리 원한 것이다.

첫 번째 에세이 모음인 『소설의 기술』의 표제가 보여 주듯이 쿤데라의 에세이는 주로 소설의 이모저모를 다룬 소설론이다. 그러나 음악학자이기도 했던 그의 부친이나 젊은 날의 이력을 반영하여 그가 경의를 가지고 있던 체코의 작곡가 야나체크를 비롯하여 스트라빈스키 등을 다룬 음악론이 있다. 또 과거의 역사적 인물에 대한 판단이나 평가와 같은 중요한 문제를 다룬 에세이도 있다. 그의 에세이는 중복되는 부분이 많고 또 치밀한 논리적 정합성보다는 작가 특유의 대담한 발언이 많아 때로 공감하기 어려운 대목이 없지 않다. 그러나 서구 문학의 근면한 독자로서 특히 서사 전통에 대한 견고한 이해와 통찰을 가지고 그 바탕 위에서 작가의 길을 걷기 시작했다는 사실을 그의 에세이는 경탄스럽게 보여 준다. 그러한 맥락에서 쿤데라 작품 이해를 위해서 그의 에세이는 필수적이라 할 수 있지만 문학 일반의 이해를 위해서도 더없이 유익하고 재미있는 읽을거리가 되어 있다. 작가로서의 방법적 자각에 이르는 과정과 그 궁극적 경지가 선명히 드러나 있기 때문이다.

인간사의 상대성과 모호성을 근간으로 한 서구 세계의 한 모형으로서 소설은 전체주의적인 우주와 양립할 수 없다. 이 양립 불가능성은 반체제 인사와 당료·관료 혹은 인권 운동가와 고문 담당자를 가르는 양립 불가능성보다 한결 깊다. 왜냐하면 그것은 정치적 도덕적일 뿐만 아니라 존재론적인 것이기 때문이다. 존재론적이라는 것은 다음과 같은 뜻이다. 유일한 진실의 세계와 소설의 상대적이고 모호한 세계는 전적으로 다른 질료로 빚어진 것이다. 전체주의적 진실은 상대성과 회의와 질문을 배제한다. 그것은 내가 말하고자 하는 소설의 정신을 수용하지 못한다.[3]

소설의 정신은 복합성의 정신이다. 모든 소설은 독자에게 말한다. "사물은 당신이 생각하듯이 단순하지 않다." 이것이 소설의 영원한 진실이다. 그러나 질문보다 더 빨리 나와서 질문을 차단하는 안이하고 신속한 답변의 소음 속에서 그 진실을 듣기는 꾸준히 어려워지고 있다. 현대의 정신 풍토에서 옳은 것은 안나가 아니면 카레니나이고 아는 것의 어려움과 진실의 붙잡기 어려움을 말해 주는 세르반테스의 옛 지혜는 성가시고 부질없어 보인다.[4]

그의 소설은 그가 말하는 "소설의 정신"에 충직하다고 할 수 있다. 그의 반체제적 입장도 근본적으로 소설의 정신에서 유래한 것임을 알 수 있다. 소설의 정신이 위기에 처한 것이야말로 유럽의 위기를 말하는 것이라고 그가 강조하는 것은 당연해 보인다.

3 『농담』을 고른 이유

쿤데라 작품 중에서 가장 많은 독자를 모은 것은 『참을 수 없는 존재의 가벼움』이다. 영화화되었다는 사유도 곁들여서 쿤데라 애독자 형성에 크게 기여했다. 사랑의 얘기이면서 동시에 사상 소설이기도 하고 장난기가 있으면서도 심각한 사색이 어우러진 매혹적인 작품이다. 삽입된 상념이 일탈로 느껴져 소설의 균형을 깨는 법도 없다. 『불멸』, 『농담』과 함께 쿤데라의 필독 수작이라고 말하고 싶다. 그럼에도 굳이 『농담』 읽기를 선택한 것은 대충 세 가지 이유에서다.

첫째 이 작품은 쿤데라의 처녀 장편이다. 처녀작은 한 작가의 잠재 가능성을 보여 주면서 사실상 작가적 성장의 예고 지표가 되어 준다는 측면이 있다. 그래서 처녀작이 대표작으로 귀착되는 역설적인 경우도 없지 않다. 처녀작을 정독하는 것은 작가의 작품 세계 전체를 이해하는 데 가장 유효하다고 생각된다. 두 번째로 묘사하는 세목이 풍부해서 직접성의 충격이 강렬하기 때문이다. 『느림』 이후의 후기 작품들은 이에 비하면 작품 세목의 구체가 소루해지면서 많은 것이 생략되어 있다. 삶과 현실과 인간은 복잡하고 복합적이다. 이 복합

소설만이 전할 수 있는 진실

성에 정공법으로 대치해서 쿤데라 자신의 말을 빌리면 "생활 세계를 조명하면서 독자를 존재 망각으로부터 보호"[5]할 때 작가는 최고의 순간을 갖게 된다. 그러한 최고의 순간들이 점철되어 있다. 쿤데라는 그가 경애하는 작가 로베르트 무질에 대해서 자주 언급했는데 「안개 속의 길들」이란 에세이에서는 무질의 동시대인들이 그의 작품보다도 지성에 감탄해 마지않으면서 그가 소설보다도 에세이를 썼어야 한다고 말했음을 거론한다. 그러나 그의 에세이는 답답하고 지루한데 그것은 무질이 오직 소설에서만 위대한 사상가이기 때문이라고 지적한다. 그의 사상은 구체적인 작중 인물로 북돋아 주어야 한다면서 쿤데라는 그의 사상이 철학적 사상이 아니라 소설적 사상이라고 말한다.[6] 사실 이러한 소설적 사상으로 충만해 있고 과거의 전통적 소설의 미덕이 두루 갖추어져 있는 것이 『농담』이라고 생각되는 것도 이유가 된다.

위의 말과 연관되는 것이지만 생동하는 다양한 작중 인물들이 등장해서 사회의 여러 층위를 보여 준다는 점도 큰 강점이다. 남녀 주인공에 해당하는 인물 이외에도 수다한 군소 인물이 나오는데 모두 살아 생동한다. 가령 제6부의 화자로 등장하는 코스트카는 복음서에 나오는 형제애가 실현되기를 꿈꾸는 기독교도이다. 공산당이 절대 권력을 잡기 이전에 대학 토론회에서 그는 공산주의자 편을 들어 동료 기독교도들을 곤혹스럽게 만들었다. 기독교의 이상과 공산주의가 표방하는 가치가 합일점을 찾을 수 있을 것이란 공상적 희망에서 공산주의자에 동조한 것이지만 이런 인물이 나온다는 것 자체가 흥미 있다. 코스트카는 사회주의가 근원적으로 종교적이며 하느님의 왕국을 지상에 건설하려는 인간 노력의 역사의 한 과정이라고 생각한다. 그에게 루치에는 종교 쇠퇴 시대의 어린 희생자이며 그는 그녀에게 사랑의 가능성을 실감시켜 준다. 군소 인물로서 루드비크가 소속해 있던 검정 표지 부대의 애송이 중대장, 중대원들에게 밀고자라고 오해받고 왕따를 견디어 내지 못하고 자살하는 알렉세이, 『마담 보바리』에 나오는 쥐스탱을 연상시키는 인드라 등이 모두 쉬 잊히지 않는 인물로 살아 있다.

20세기 역사의 가장 중요한 특징은 전체주의 체제의 등장이라고 생각할 수 있다. 유일 정당과 이데올로기에 의해서 지배되며 모든 정치적 사회적 경제적 행위가 그 안으로 흡수되고 포괄되는 정치 체제의 사례로서 파시즘과 나치즘과 스탈린주의를 지적할 수 있다. 모든 이의 제기나 반대가 경찰 폭력에 의해서 억압되는 것도 공통적인 현상이며 막강한 비밀경찰의 역할 또한 마찬가지다. 파시즘과 스탈린주의를 일괄 취급하는 관점에 대해서 비판적인 견해가 있는 것은 사실이다. 그러나 권력이 누구를 위해서 행사되느냐, 다시 말하면 전체 인민을 위해서 행사되느냐 혹은 특권적 소수를 위해서 행사되느냐에 따라서 양자가 구별된다는 논리는 현실적 설득력을 발휘하기 어렵다. 그것은 표피적인 명분상의 구별이란 측면이 강하다. 붕괴 후에 드러난 동구권의 실제 상황과 그 사회 역사적 세목은 파시즘이나 나치즘과 스탈린주의를 구별할 필요가 있다는 이론을 사실상 무력화하고 있다. 전체적 전면적 지배는 마치 모든 인간이 한 개인이기나 한 것처럼 인간의 무한한 복수성과 구별을 조직하려고 시도한다. 그리고 이 과정에서 개개인의 인간됨은 가차 없이 유린된다. 전체주의 체제라는

소설만이 전할 수 있는 진실

20세기의 정치적 공룡 아래서의 생활 세계를 정면으로 다루고 있다는 점에서 가장 도전적인 작품이기도 하다는 것이 『농담』선택의 또 하나의 중요한 사유다.

이 작품이 처음으로 번역 간행되었을 때 구미에서는 대체로 사실주의 작품으로 수용하는 경향이 있었다. 공산주의 체제하의 최초의 20년간의 체코의 사회 조건을 보여 주고 있기 때문이다. 최초의 프랑스어판 서문에서 루이 아라공은 가장 위대한 20세기 소설의 하나라고 격찬하였다. 그러나 작자 자신은 1980년에 있었던 텔레비전 토론 프로에서 누군가가 『농담』이 스탈린주의에 대한 주요한 규탄이라고 하자 "그 스탈린주의는 빼 주세요. 『농담』은 사랑 이야기요!" 하고 말참견했다고 한다. 그리고 묘지에서 꽃을 훔쳐서 애인에게 선사한 소녀가 체포된 체코의 소읍에서의 사건에 감흥을 받아서 쓰게 된 것이라고 설명했다고 전한다.[7] 이 같은 반응은 쿤데라가 아니더라도 작가라면 누구나 제기했을 법한 반론일 것이다.

한 권의 장편 소설이 스탈린주의 규탄이라고 정의되면 아무리 그것이 소설의 주요 특징이라 하더라도 환원적 효과를 나타내어 작품의 전체성이 독자 수용 과정에서 훼손되게 마련이다. 더구나 스탈린주의 규탄이라는 정치적인 정의는 그 환원적 효과가 크다. 쿤데라는 조지 오웰의 『동물 농장』에 관해서 혹독하게 비판한 적이 있다. 그 작품이 현실을 정치적 차원 그것도 정치적 차원의 부정적인 차원으로 집요하게 축약 환원시키고 있다는 것이다. 전체주의의 악은 바로 삶을 정치로 환원하고 정치를 선전으로 환원하는 것이라면서 선의의 의도에도 불구하고 오웰 소설은 전체주의 정신, 선전의 정신에 가담한다는 것이다.[8] 이렇게 "소설의 정신"에 어긋나는 축약이나 환원주의에 비판적인 그가 자기 소설이 상투적인 정치적 관용구로 환원될 위험성이 큰 딱지 붙이기에 크게 반발한 것은 당연한 일이다. 또 그의 입장에서 보면 『농담』이 오로지 스탈린주의 규탄 소설이라고 한다면 소설만이 말할 수 있는 것을 말해야 하는 작가의 윤리와 미학을 방기한 셈이 될 것이다. 이에 관해서는 그가 일본 작가 오에 겐자부로의 단편 「인간의 양」에 관해서 얘기하고 있는 것이 흥미 있고 참조에 값한다고 생각한다.

어느 저녁 일본인 승객이 가득 찬 버스에 술 취한 외국 군인 한 떼가 승차한다. 군인들은 한 학생 승객을 강압하여 하의를 내려 궁둥이를 벌거숭이로 드러내게 한다. 학생은 승객들의 숨죽인 웃음소리를 감내한다. 그러나 군인들은 한 사람의 희생자에 만족하지 않고 승객 태반이 하의를 내리도록 강요한다. 버스가 정거하고 군인들이 하차하고 하의 내린 승객들은 다시 하의를 올려 입는다. 다른 승객들은 무저항 상태에서 깨어나 망신당한 승객들이 경찰에 가서 외국 군인의 행패에 대해 신고해야 한다고 채근한다. 한 교사 승객이 학생에게 대들기 시작하더니 버스를 내린 그를 뒤따라 집까지 가면서 그가 당한 망신을 세상에 알리고 외국인들을 규탄할 것을 요구한다. 모든 것은 두 사람 사이 증오의 폭발로 끝난다. 단편을 요약하고 나서 쿤데라는 비겁과 창피와 정의의 사랑을 자처하는 가학적 파렴치를 다룬 굉장한 단편이라 하고 여기서 외국 군인들이 누구인가 하는 물음을 제기한다. 그들은 전후에 일본에 진주한 미국 군인들임에 틀림이 없다. 승객들이 일본인이라고 딱 부러지게 말하면서 왜 군인들의 국적은

소설만이 전할 수 있는 진실

밝히지 않는 것인가? 정치적 검열 때문인가? 스타일상의 문제인가? 그렇지 않다는 것이다. 만약 단편에서 일본인 승객들이 미국 군인들과 마주하고 있는 것으로 말한다면 어떻게 될 것인가! 명백히 밝힌 단어 하나의 사용이 강력한 효과를 나타내어 그 단편은 정치 팸플릿 즉 점령군에 대한 고발로 단순 환원되고 말 것이다. 단 하나의 형용사를 포기함으로써 정치적 국면은 흐려지고 작가의 최대 관심사인 "실존의 수수께끼"가 각광을 받게 된다는 것이다.[9]

쿤데라의 지적은 "시를 비판하면서 동시에 그 자체가 시가 되는 작품"을 희구하는 작가에게 어울리는 발언이다. 술 취한 외국 군인이 행패를 부릴 때는 잠자코 있다가 그들이 하차한 후에 피해자에게 창피당한 것을 고발하라고 강요한다. 정의와 인권의 수호자인 양 행세하며 피해자에게 이중의 굴욕감을 안겨 주는 것은 남의 불행을 정치 쟁점화하여 활용하려는 흔히 목도되는 현상이다. 이러한 것도 쿤데라가 말하는 키치에 해당한다. 『참을 수 없는 존재의 가벼움』에 나오는 화가 사비나는 1968년 소련군의 체코 침공 전후해서 프라하를 떠나 스위스로 망명한 뒤 정치 단체가 마련해 주어 독일에서 작품 전시를 한 적이 있다. 전람회의 카탈로그는 망명 화가 사비나를 흡사 순교자처럼 소개하고 있었다. 핍박받고 불의에 항거하다 마침내 조국을 버리고 투쟁을 계속하는 것으로 서술하고 있었다. 그녀가 항의하자 주최자는 현대 미술이 공산주의의 박해를 받고 있지 않느냐고 묻는다. 화가 난 그녀는 "나의 적은 공산주의가 아니라 키치예요!" 하고 대답한다.[10] 자기 삶을 질료로 키치 만드는 일을 피하기 위해 도미 후에는 체코인임을 밝히지 않는다. 사비나가 토마시를 좋아하는 것은 그가 '키치의 정반대'이기 때문이다. '아름다운 거짓'은 키치이지만 거짓 태도도 키치이다. 사비나의 인물 묘사에는 작가 자신의 경험과 혐오감이 그대로 반영되어 있다고 해도 틀림이 없을 것이다.

스탈린주의 규탄이란 성격 규정은 『농담』을 정치적 담론으로 격하하고 작품이 보여 주는 다채로운 인간 실존의 수수께끼를 경시하고 평가절하하게 한다. 그래서 우리는 작가의 격한 반발이 이유 있는 것이라고 수긍하게 된다. 『농담』은 소설만이 전할 수 있는 다양한 진실을 보여 주는 작품이다. 그것은 사랑의 소설이면서 자연스레 2차 대전 전후 20년의 체코의 사회정치사를 보여 준다. 인간의 내면을 속속들이 보여 주며 역사 속에서 부침하는 생생한 인물들을 통해 사회를 보여 준다. 사람은 가지가지란 실감을 다시 확인하게 된다. 소설이란 장대한 허구는 세목의 진실에 의해서 현실성을 갖게 된다는 말이 있지만 『농담』에는 세목의 진실이 그의 어느 작품에서보다도 풍성하다. 규격화된 정의나 선입견을 떠나서 강렬하고 재미있는 이 작품을 읽어 보는 것은 문학 읽기에서 좋은 새 경험이자 훈련이 될 것이다.

4 구성과 재구성

모두 7부로 구성되어 있는 『농담』은 네 작중 인물의 서로 얽혀 있는 독백 모음 형태를 하고 있다. 주인공인 루드비크, 그의 친구인 야로슬라프, 코스트카, 그리고 학생 시절 주인공의 전락에 큰 몫을 한 인물의 아내인 헬레나가 각각 화자 역할을 담당한다. 루드비크가 1부, 3부,

소설만이 전할 수 있는 진실

5부를 담당하고 헬레나가 2부, 야로슬라프가 4부, 코스트카가 6부를 담당하고 있다. 7부는 루드비크, 야로슬라프, 헬레나가 번갈아 나와 화자 노릇을 하고 있다. 1인칭 화자나 3인칭 주인공으로 일관하는 소설과 달리 하나의 사건이나 경험이 여러 시점에서 서술되는 것이 특징이다. 그러나 시점의 이전을 수반하는 그러한 복합적 시점은 야심적 실험 소설에서 왕왕 그렇듯이 독자를 혼란스럽게 하는 법이 없고 독자는 자연스럽게 작중 인물의 심리와 경험을 따라가면서 서사 흐름을 재구성하게 된다. 전통적 방법에 대한 부분적 충실이 이 작품의 가독성을 높이고 독자에게 직접성의 충격을 친화적으로 안겨 주게 되는데 그 점은 재독해 보면 더욱 선명히 드러난다.

제1부　서술 주체인 30대 중반의 남자 루드비크는 15년 만에 모라비아 지방의 고향으로 돌아온다. 삶의 최초의 재앙을 초래하는 데 중요 역할을 했던 학생회장의 아내 헬레나를 유혹하여 복수를 하자는 자기 부과적 사명을 가지고 온 것이다. 이발소에서 그는 군인과 광부 생활 중 열렬히 사랑했던 루치에를 보게 된다.

제2부　화자인 헬레나는 방송국에서 일하고 있는 열성 당원인데 다음날 르포 제작차 모라비아로 갈 참이다. 잠자리에 든 그녀는 파벨 제마네크와 결혼한 과정을 회상한다. 부부 사이가 원만치 않은 그녀는 루드비크를 만나 보고 호감을 갖게 된다. 딸아이를 위해서도 자신을 위해서도 젊은 날의 기억을 위해서도 가정을 깨서는 안 된다고 생각하지만 따라오겠다는 루드비크를 거절하지 못한다.

제3부　3부는 소설에서 가장 긴 부분인데 다시 루드비크 차례다. 그의 삶의 첫 번째 재앙으로 가게 되는 사연이 서술된다. 농담을 즐기

는 치명적 성향을 가진 그와 농담을 이해 못하는 마르케타 사이에서 사달이 발생한다. 연수회에서 너무나 연수에 열중하는 마르케타를 골려 주기 위해 짤막한 농담조의 엽서를 보낸다. 그것이 빌미가 되어 당과 대학에서 축출된다. 루드비크는 입대, 광산 노동, 감옥 생활 등의 밑바닥 생활을 거치는데 그 사이 루치에라는 19세 여성을 알게 된다. 두 사람만의 공간을 두 차례 어렵사리 마련했으나 루치에는 성적 접근을 완강히 거부한다. 그 후 그녀는 근무처에서 사라지는데 보헤미아 쪽으로 갔다는 소문이 돌았다. 군대 생활의 세목이 소상하게 서술되는데 작품 중에서 가장 박력 있는 핵심적 부분이라 이를 만하다.

제4부　루드비크의 어릴 적 친구인 야로슬라프가 화자다. 두 사람은 밴드에서 함께 연주를 한 사이다. 민속놀이인 '왕들의 기마 행진'에 관한 옛일을 추억한다. 거리에서 루드비크를 보았는데 그가 피한다는 것을 간파하고 생각에 잠긴다. 야로슬라프의 기억을 통해서 루드비크의 이모저모가 새로 밝혀진다. 그와 다시 친구가 될 수 없을까 하고 생각한다.

제5부　다시 루드비크가 화자가 된다. 루드비크는 사명을 완수하지만 그 결과는 완패였다. 제마네크와 헬레나는 사실상 같은 아파트에 살면서 몇 해째 별거 상태라고 헬레나가 밝힌다. 뿐만 아니라 그녀의 남편이 젊은 애인과 함께 나타나 사태를 파악하고 있음을 알린다. 이용한 것이 아니라 이용당했다는 열패감에 빠진다. 밤을 즐긴 것은 루드비크가 아니라 그녀였기 때문이다. 그는 헬레나가 사라지기를 바란다. 그리고 코스트카가 보고 싶어진다. 루치에 얘기를 듣고 싶었다. 루드비크가 등장해야 작품이 빛나게 되고 특히 제5부의 3장은 쿤

데라만이 보여 줄 수 있는 부분이다.

제6부　기독교 신자이며 세균학도인 코스트카가 화자로 나온다. 몇 번 루드비크의 도움을 받은 적이 있는 그는 서부 보헤미아 지방의 국영 농장에서 일할 때 루치에를 알게 된다. 루치에는 여섯 명의 불량 소년들에게 집단 성폭행을 당했고 감화원에 수용된 이력이 있다. 그는 루치에를 농장에서 일하게 했고 그녀에게 사랑을 가르쳐 주었다. 코스트카의 입을 통해 루드비크는 루치에의 전모를 알게 된다.

제7부　루드비크, 야로슬라프, 헬레나가 화자다. 루드비크는 루치에를 전혀 모르고 있었다는 것을 깨닫는다. 야로슬라프는 아들이 '왕들의 기마 행진'에 참여하지 않고 모터사이클 경주에 갔음을 알게 되고 아내가 사전에 알고도 묵인했음을 알게 된다. 시대가 변한 것이다. 루드비크가 자기를 떠나려 하자 헬레나는 자살을 시도하나 음독한 것이 아니라 설사약을 먹어서 한바탕 희극으로 끝난다. 야로슬라프와 함께 밴드 연주에 참여하여 루드비크는 클라리넷을 분다. 그러나 야로슬라프는 심장 발작을 일으킨다. 루드비크는 자기에게 가해진 부정을 바로잡으려는 온갖 노력이 타인에게 부정을 가하는 결과가 되었음을 루치에가 상기시켜 주었다는 사실을 깨닫는다.

위에서 요약할 수 없는 것의 요약을 시도해 본 것은 작품의 구성이 독자로 하여금 서사의 재구성을 꾸준히 요청함을 상기하기 위해서다. 독자들은 작중 인물에 대해서 계속 새로운 사실을 알게 된다. 모든 걸작은 재독 삼독을 요구하고 또 거기에 값하지만 추리극적인 요소가 많은 이 작품의 경우 특히 재독은 필수적이라 생각한다. 가령 주인공인 루드비크나 루치에나 끝자락에 가서야 참모습의 전모가 드러난다. 그들은 낯모르는 타인으로 만나서 가까워지지만 서로를 제대로 알지 못한다. 이것은 삶에서도 마찬가지다. 사람을 이해하고 판단하는 것이 얼마나 어려운 일인가 하는 깨우침을 덤으로 주기도 한다.

5 농담과 웃음

작품 표제가 되어 있는 '농담'은 작품의 여러 국면에 적용할 수 있으며 작가의 소설적 사고가 응축된 열쇠 말이다. 그러나 루드비크의 전략에서 결정적인 역할을 하는 마르케타에게 보낸 엽서가 그 성격을 잘 드러내 준다. 루드비크는 여자 친구 마르케타와 더 절친한 사이가 되려고 작심하고 있다. 방학 중 보헤미아 지방에서 열리고 있는 연수회에 참가한 마르케타는 연수에 열중하여 루드비크의 접근에 담담하다. 그곳의 '건강한 분위기'를 찬양하며 서유럽에서 불원장래에 혁명이 일어날 것이라고 덧붙이는 편지를 보낸다. 루드비크 역시 서유럽 혁명을 믿고 있으나 마르케타를 몹시 보고 싶어 하는 자기와 달리 너무나 행복한 그녀를 수용할 수 없었다. 그녀에게 충격과 혼란을 주기 위해 엽서를 보낸다. "낙천주의는 인민의 아편이다! 건강한 분위기는 어리석음의 악취를 풍긴다. 트로츠키 만세! 루드비크."

농담을 좋아하는 루드비크과 달리 농담을 이해 못하는 열아홉의 마르케타는 짧막하고 건조한 답장을 보낸 뒤로는 남자의 편지 공세에 답장을 않는다. 개학이 되자 마르케타를 볼 수 있다는 기대감으로 차 있는 루드비크에게 당 사무국으로 나오라는 전화가 온다. 사무국에서는 위원장이 문을 열어 주었으나 "노동에 영광"이라는 당원 사이의 인사에 답례도 없이 끝 방으로 가 보라고 이른다. 그 방에서 당의 학생위원회 위원 세 명에게서 심문을 받는다. 그들은 엽서 내용을 빌미로 그를 트로츠키주의자로 몰아 학생연맹에서의 지위를 박탈한다면서 방 열쇠를 반환하라고 통고한다. 그저 농담일 뿐이었다는 해명은 세 사람의 파상 공세에 전혀 먹히지 않는다. 루드비크를 낙천주의와 당의 기율을 조롱하는 인물로 예단하고 밀어붙이는 것이다. 이제 남은 것은 자연과학대학 당 위원장인 제마네크에게 호소해 보는 것이란 친구의 말을 듣게 된다.

루드비크를 만난 마르케타는 자기가 엽서 내용을 발설했다는 것을 실토한다. 그리고 「명예의 법정」이란 영화에 나오듯이 루드비크가 진심으로 과오를 공개 시인하면 그의 곁에 서겠다고 제의하나 루드비크는 거절한다. 제마네크가 책임자가 된 것에 루드비크는 희망을 걸었다. 모라비아 민속 음악을 좋아해서 모라비아 출신인 루드비크과 친한 데다가 마르케타와도 친해서 그녀를 잘 알고 있기 때문이다. 그녀를 놀려 주기 위해서 난쟁이 얘기를 꾸며서 얘기하는 루드비크를 방조해서 함께 재미있어 한 적도 있지 않은가! 그러나 자아비판에도 불구하고 대학 전체 위원회에서 제마네크는 루드비크의 죄과에 대해 보고하고 조직의 이름으로 축출을 제안한다. 교수와 친구를 포함한 100여 명이 전원 손을 들어 찬성을 했고 학업의 계속마저 금하고 만다.

당의 학생위원회 소속 세 명의 학생이 루드비크를 심문하는 과정은 짤막한 단문으로 속도감 있게 전개되어 이단 재판의 공포 분위기와 대책 없음을 생생하게 보여 준다. 평소 흉허물 없이 편하게 지내던 사이이지만 반혁명 분자에 대해서는 추호의 우정도 참작도 보이지 않는다. 그나마 희망을 걸었던 제마네크의 능란하고 효율적인 죄과 보고와 출당 제의 및 만장일치의 찬성은 섬뜩한 전율을 경험하게 한다. 공산당이 집권한 직후의 시기여서 특히 청년층의 혁명 대열 참여가 열성적이었던 만큼 그들 사이에서 심한 충성 경쟁이 있었던 것도 배경 설명이 되어 줄 것이다. 정치 정세나 분위기가 달라지면 대세를 따르기 위해서 또 경쟁적 분위기가 조성된다. 그것은 1956년 스탈린 비판이 시작되어 그의 범죄가 공공연히 거론되고 신문이 온통 거짓 말투성이이고 국영 상점이 구실을 못하며 문화는 쇠퇴하고 집단 농장은 애초부터 잘못된 것이고 소련에는 자유가 없다고 누구나가 얘기하는 시절에 대한 제2부 헬레나의 독백에서도 여실히 드러난다.

퇴교당한 루드비크는 결국 군에 입대하여 오스트라바 근교에서 병영 생활을 한다. 정치적 위험 분자임을 알리는 검정 표지가 달린 군복 부대에 소속된 그는 무기 공급은 받지 못하고 엄격한 훈련과 함께 탄광에서 노역을 하게 된다. 자신의 농담 때문에 검정 표지 군복을 입고 있지만 결백하다는 것을 정치위원에게 호소해서 이해를 얻은 것 같았다. 그러나 상부에 알아본 그는 "왜 날 속이려 들었나? 트로츠키주의자라며!"라고 질책한다. 병영 생활 중 수시로 루드비크는 자기를 출당과 퇴교로 몰아넣은 대학 위원회의 결의를 떠올리며 반추해서 그것이 치유하기 어려운 정신 외상임을 보여 준다.

농담은 웃음과 직접적으로 연관된다. 농담조차 통하지 않는 억압적 분위기는 당연히 병영에서 한결 더 지배적이다. 사실 전체주의 사회는 명령에 따라 일사불란하게 움직여야 하는 병영과 다를 바가 없고 양자는 완벽한 상동 관계에 있다. 검정 표지 부대에서의 생활 강요는 반드시 징벌적 의미만이 있는 것이 아니다. 거기서의 경험을 통해서 전체주의 사회에의 적응을 습득하라는 교육적 효과를 노리는 것이기도 하고 따라서 징벌이 아니라 재교육이란 말이 흔히 쓰인다. 농담과 웃음이 없는 세상이란 어떤 것인가? "처음으로 농담을 한 사람, 말에서 웃음을 마련한 사람은 누구인가?"란 질문을 던지고 나서 조지 슈타이너는 "구약에 농담이 없는 것으로 보아 아마 순수한 말놀이 재치는 비교적 근자에 생긴 전복적 발전이 아닐까?" 하고 적고 있다.[11] 농담이나 웃음에는 사실 전복적인 요소가 있다. 웃음이 부조화 인지의 반응이라고 할 때 유일신이나 단일한 이념 체계가 지배하는 권위주의 사회에서 웃음은 유일 권위에 대한 암묵적 조롱이나 비판이라는 국면을 갖게 마련이다. 또 진지함의 반대라는 점에서 웃음이나 농담은 권력과 권위에 대한 도전이 된다. "자기가 우월하다고 생각하기 때문에 웃음이 나온다."라고 적은 보들레르는 동시에 "사자의 이빨을 갖고 있지 못한 인간은 웃음으로 깨물고 뱀의 표리부동함을 갖지 못한 인간은 눈물로 유혹한다."라고 적고 있다.[12] 농담은 이렇게 권위를 부정하며 내장된 공격성을 가지고 있다. 그것이 허용되지 않는다는 점에 전체주의 사회의 어둠이 있지만 그렇기 때문에 그런 사회에는 많은 농담과 지어낸 우스갯소리가 지하에서 활발히 유통된다.

『농담』이란 표제는 농담조차 허용되지 않는 전체주의 사회의 어둠을 함의하기도 하지만 결코 단성적인 것이 아니다. 유혹에는 성공하나 복수에는 실패한 헬레나와의 정사를 두고 루드비크는 자기가 우스갯감이 되었다면서 그게 하나의 '농담'이라고 말한다. 루치에와의 격렬했던 사랑도 결국은 시시한 '농담'이란 생각이 스치기도 한다. 그런 점에서 '농담'은 다성적이고 모호하고 그래서 더욱 매혹적이다.

6   사랑과 해방

『농담』에서 루드비크과 루치에의 사랑은 순수하고 강렬하나 완성에는 이르지 못한다. 두 사람의 사랑은 제3부에서 서술되지만 그 전모는 끝자락에 가서야 드러나며 그동안은 독자의 궁금증으로 남아 있게 된다. 오스트라바에서 병영 생활을 하던 루드비크는 극장 근처에서 처음으로 루치에를 보게 된다. 아주 평범한 모습의 그녀에게 끌렸는데 그녀의 특이한 느림에 매혹되어 따라갔다. 그녀가 극장으로 들어가자 표를 사고 따라 들어가 그녀 옆자리에 앉는다. 관람이 끝나고 그녀가 외투를 입을 때 팔을 끼우는 것을 도와준다. 공장에서 일하고 여성 기숙사에서 사는데 11시까지는 들어가야 한다는 그녀를 바래다주고 언제 다시 만날 수 있을지 엽서로 알리겠다 하고 작별한다. 돌아보니 여자는 그 자리에 서 있고 한참 후 거리가 멀어지자 경직된 태도를 풀고 루드비크를 응시하고 이어서 손을 들어 보인다.(이 대수롭지 않은 장면도 재독을 하면 그 함의가 분명해진다.) 남자 편에서도 손을 들어 보이고 발걸음을 옮겼는데 루치에는 여전히 손을 흔들고 있었다. 이렇게 시작된 사랑은 유례없는 강렬함과 아름다움과 긴장의 장면으로 펼쳐진다. 루치에를 알게 되면서 루드비크에게 일어나는 변

소설만이 전할 수 있는 진실

화는 회고적인 것인 만큼 사색과 성찰이 섞인 농도 짙은 것이 된다.

그날 저녁부터 나의 내면은 일변하였다. 내 안에 누군가가 다시 살게 된 것이다. 내 안에 마치 방 안에서처럼 갑자기 살림이 차려지고 누군가가 거기 살고 있었다. 몇 달째 소리 없이 벽에 걸려 있던 시계가 갑자기 똑딱거리기 시작하였다. 의미심장한 일이었다. 그때까지 무에서 무로 소리도 표도 없이 강물처럼 무심하게 흘러가던 시간이(나는 정체 속에서 살고 있었으니까!) 다시 사람의 얼굴을 띠기 시작하였다. 시간이 자신을 구분하고 또 측정하였던 것이다.

한 여자를 그토록 많이 생각하고 그토록 한 여자에게 골똘히 정신을 집중한 일이 그전엔 없었다.(하기야 그럴 시간도 많지 않았지만 말이다.) 다른 어떤 여인에 대해서도 그런 감사의 마음을 느낀 적이 없었다.
감사의 마음이라고? 무엇에 대해? 우선 무엇보다도 루치에는 우리를 에워싸고 있던 애처로울 정도로 한정된 성애의 시야로부터 나를 해방시켜 주었다.

그러나 루치에는 단지 오스트라바의 그 삭막한 성적 모험 후에 느꼈던 전반적 구역증으로부터 나를 해방시켜 주기만 한 것이 아니었다. 나는 이제 내가 싸움에 졌다는 것을 알았다. (……) 그러나 이러한 태도의 변화는 단지 이성과 의지의 차원에 있는 것이었고 그렇기 때문에 나의 잃어버린 운명에 대해 내가 속으로 흘리는 눈물은 마를 수가 없었다. 이 내면의 눈물을 루치에는 마치 마술처럼 진정시켜 주었다. 내 곁에 그녀를 또한 그녀의 삶 전체를 느끼기만 하면 되었다. 그녀의 삶 속에서는 세계동포주의와 국제주의, 정치적 엄중 경계와 계급 투쟁, 프롤레타리아 독재의 정의에 대한 논쟁들, 전략과 전술이 동반된 정치, 이 모든 것이 아무런 역할도 하지 않았다. (제3부 8장)

학생 루드비크는 공산당 당원이었고 또 그 운동에 열렬히 가담하였다. 그리고 그런 중에 좋아하는 여성에게 보낸 농담 엽서로 말미암아 전락하게 된 것이다. 처음 그는 그러한 사태에 도저히 자신을 적응시킬 수가 없었다. 그러던 차 루치에라는 교육받지 못한 공장 근로자 여성을 통해서 마음속의 통한을 진정시킬 수가 있었다. 그녀는 학생들이 즐겨 논쟁하던 정치 문제 같은 것에 소양도 없고 별 관심도 없다. 어찌 보면 그녀에 대한 사랑이 계기가 되어 루드비크는 냉정한 자기 이해에 이르게 된다.

이 운동에서 무엇보다도 나를 매혹시키고 심지어 현혹시킨 것은 역사의 수레 가까이에 서 있다는 느낌(실제이건 겉으로건)이었다. (……) 우리가 경험했던 도취는 흔히 권력의 도취라고 알려져 있다. 그러나 (약간의 선의로) 나는 보다 순한 말을 고를 수가 있을 것 같다. 우리는 역사에 홀렸다. 그 등에 올라탔고 우리 엉덩이 밑에서 그것을 느낀다는 생각에 취했다. 대개의 경우 결과적으로 추악한 권력에 대한 탐욕으로 드러나는 것을 인정하지만 그러나 (모든 인간사는 모호한 것이므로) 거기에는(특히 우리들 젊은이들 사이에는) 이상주의적인 환상이 있었다. 즉 사람이(모든 사람이) 역사의 바깥에 있지 않고 역사의 발굽 아래 있지도 않으면서 역사를 창조하고 인도하

소설만이 전할 수 있는 진실

는 그러한 인간의 시대를 연다는 환상이었다.(제3부 8장)

역사의 수레바퀴에서 동떨어진 곳에는 삶이란 있을 수 없고 오직 식물적인 무위의 생활과 권태와 시베리아만이 있다고 믿었던 루드비크는 이제 시베리아 생활 6개월 만에 완전히 새롭고 예기치 못했던 삶의 기회를 찾게 되었다. 비상하는 역사의 날개에 가려서 숨어 있던 일상생활이란 잊힌 초원이 눈앞에 전개된 것이다. 그 초원에서 가난하고 가련한 그러나 사랑스러운 여인이 그를 기다리고 있었다. 바로 루치에였다. 작가에 따르면 그녀는 역사에 대해서 아무것도 몰랐고 역사 아래에서 살고 있었으며 역사에 대한 갈증도 없었다.

거대하고 당대적인 일들을 전혀 몰랐고 오로지 작고 영원한 자신의 문제들을 위해 살았다. 그리고 나는 홀연 해방되었다. 그녀는 나를 자신의 회색빛 낙원에 데려가려고 찾아온 것이다. 한순간 전만 해도 그렇게 두렵게만 보였던 그 발걸음, '역사의 바깥으로' 나를 이끌었던 발걸음이 갑자기 내게 안도와 행복의 발걸음이 되어 있었다. 루치에는 수줍게 내 팔꿈치를 잡았고 나는 그녀에게 끌리는 대로 가만있었다.(제3부 8장)

루드비크는 루치에의 처지에 관해서 알게 된다. 견습공으로 가기 전 열네 살까지 학교에 다녔으나 집에서 행복하지 못했다. 어머니가 재혼한 의붓아버지는 술고래였다. 두 사람은 루치에가 돈을 훔쳤다고 구타까지 하였다. 이러한 불화가 어떤 고비에 이르자 오스트라바로 도망쳐 와 살게 된 것이 1년이 넘었고 친구도 있으나 혼자 극장 가는 것이 낙이다. 그다음 만났을 때 루드비크는 시를 읽어 주었는데 루치에는 흐느끼더니 그의 작업복에 얼굴을 묻고 계속 울었다. 한 달에 세 번은 루치에를 만날 수 있었고 부지런히 편지를 보냈다. 답장 대신 루치에는 꽃다발을 가지고 왔다. 처음엔 그게 어색해서 꽃은 남자가 여자에게 주는 것이라 했으나 루치에가 울음을 터트릴 것 같아 받았고 곧 익숙해졌다. 그때가 가장 행복했던 때라고 그는 생각한다. 그때 껏 그들의 사랑은 마른 입맞춤뿐이었으나 옷을 사 주고 새 옷을 입은 루치에에게서 루드비크는 육체를 발견한다. 어렵사리 루치에의 기숙사를 방문해서 두 사람만의 공간을 갖게 되었으나 루치에는 남자의 접근을 완강히 거부한다. 그러나 다음번엔 내 여자가 되어 달라는 루드비크의 말에 약속한다고 말한다. 루치에는 병영 철조망으로 장미를 건네주기도 하고 매일처럼 철조망으로 찾아오고 루드비크 또한 편지를 보낸다. 어렵사리 철조망을 빠져나가 어느 광부의 집에서 평복으로 갈아입고 약속한 장소에서 루치에를 만난다. 루드비크는 루치에가 떨고 있음을 알고 사유를 묻는다. 무슨 일이 났을까 보아 두려워서라고 대답하는 루치에는 남자의 포옹을 뿌리치려 한다. 초조해진 루드비크는 옷을 벗기려 하고 루치에는 자기를 사랑하지 않는다며 물리친다. 긴장감 있게 소상히 전개되는 두 번째의 두 사람만의 밀회는 결국 루드비크가 루치에를 방에서 내쫓는 형국으로 끝나 버린다. 루드비크는 루치에의 저항을 이해할 수 없었고 루치에 편에서는 루드비크가 다른 남자들과 다를 바 없으며 자기를 사랑하는 것이 아니라고 생각한 것이다.

소설만이 전할 수 있는 진실

7 키치의 거부

본의 아니게 수통스럽게 헤어진 후 루드비크는 철조망 쪽으로 루치에가 나타나지 않나 주목하였으나 그녀의 모습은 보이지 않았다. 돌아와 주기를 간청하는 긴 편지를 보냈으나 수취인이 주소를 남기지 않고 떠났다는 글씨가 적힌 채 반송되었다. 아침 작업조에서 안전등을 받고 그대로 루치에의 기숙사를 찾았으나 2주일 전에 트렁크에 물건을 챙겨 가지고 떠났다고 수위가 말해 준다. 작업 종료 직전에 막장에서 올라오는 동료와 합류한 그는 무단 외출한 것이 들통나서 군사 재판에서 탈영죄로 영창 10개월을 선고받았다. 영창 생활 중 모친이 작고했으나 장례에 가지 못했다. 다시 검정 표지 부대에서 1년을 복무하고 복무 기간 이후엔 3년간 더 광산에서 일하는 계약을 했다. 거부하면 군대에서 더 복무해야 한다는 소문이 있었기 때문이다. 군 복무를 마치고 나서 루치에가 보헤미아 서쪽에 있는 것 같다는 말을 들었으나 더 이상 그녀를 찾지 않았다. 루치에와 헤어지고 15년 후에야 코스트카의 입을 통해서 그녀에 대한 진실을 듣게 된다.

오스트라바를 떠난 루치에는 서부 보헤미아의 농촌 쪽으로 가서 마을을 떠돌아다니며 구걸도 하고 빵과 우유를 도둑질하다가 붙잡힌다. 국영 농장에서 일하던 코스트카가 루치에를 농장에서 일하게 하고 거기서 그녀의 반생이 드러난다. 오스트라바에서 국영 농장으로 보낸 신상 기록에 따르면 루치에는 셰브에서 견습 미용사로 일하다가 풍기 문제로 감화원에서 1년을 보낸 후 오스트라바에서 노동자로 일했는데 기숙사에서는 모범적이었고 유일한 비행은 묘지에서 꽃을 홈쳤다는 것이 그 내용이다. 꽃을 홈치게 된 자초지종을 물은 끝에 루치에는 어느 병사를 따라갔다가 도망친 얘기를 하고 그 병사가 "다른 모든 사람과 같이 못되고 거칠었다"고 말한다. 그리고 열여섯 때 역시 16세서 20세에 이르는 남성 여섯 명에게 집단 성폭행을 당했고 함께 어울렸다 해서 감화원에 가게 된 사연을 들려준다. 제6부에 가서야 비로소 독자들은 루드비크과 루치에의 숨 막히는 마지막 밀회의 전모와 진상을 파악하게 되는데 서사의 재구성을 야기하는 시점 전환 장치의 치밀한 작동은 쿤데라의 능란한 기법의 소산이다.

기독교도인 코스트카의 감화로 육체의 사랑도 신의 뜻이라는 것을 수용하는 루치에는 그와 봄날의 대자연 속에서 사랑을 나누게 된다. 그러나 "루치에가 내 삶의 유일한 성취"라고 말하는 코스트카도 그녀 곁을 떠났다. 그녀는 결혼했으나 행복하지 못했고 남자는 바람둥이에다가 아내 구타까지 한다는 소문이었다. 작품 속에서 우리가 그녀를 마지막으로 보는 것은 고향에 돌아온 루드비크가 들른 이발소에서 일하는 이발사로서이다.

그녀의 목소리는 분명 생소한 것이었다. 초연하고 무심하고 거의 귀에 거슬리는 음성, 완전히 낯선 목소리였다. (……) 그것은 그녀가 나를 알아보았으며, 마음의 동요를 억누르고 있었다는 증거라고 생각하니 가슴이 두근거렸다. (……) 내가 아는 것은 아무것도 모른다는 것이 전부라는 사실이었고 또 그 얼굴이 한때 그토록 사랑했던 이의 얼굴인지 아닌지도 확신하지 못한다는 것이 참으로 매정하기 이를 데 없다는 사실이었다.(제1부)

쿤데라가 그려 낸 여성 가운데서 가장 감동적인 여성의 하나이지만 15년 만에 만난 루드비크가 루치에를 더 찾으려 하지 않아 소설 속에서 그녀는 그저 사라지고 만다고 폴 윌슨은 지적하고 있다. 단순히 지적인 트라우마가 아니라 현실에서의 트라우마를 어떻게 처리해야 할지 작가가 알지 못하는 것처럼 보이는데 그렇지 않았다면 강력할 이 작품에서 유일한 실망 사항이라고도 말하고 있다.[13] 과연 그럴까? 이 작품의 결말은 모든 것이 확실하게 종료되지 않고 어중간하게 끝나고 있다는 느낌을 주기 쉽다. 행동과 사건 위주로 따지고 보면 루치에도 루드비크도 어중간한 상황에서 작품이 종료된다고 말할 수 있다. 시작과 중간과 끝이 있어야 한다는 작품의 구조는 움직임을 멈추지 않는 삶과 역사의 구조와 대응하지 않는다. 작품 구조 논리에 충실하다 보면 정작 삶과 역사의 논리를 저버리게 된다. 따라서 삶과 역사에 충실하기 위해서 작품을 뚜렷한 결론 없이 어중간하게 끝낸 것이고 루치에의 경우가 바로 대표적이라 할 수 있다. 작품 속에서 그냥 사라진 것이 아니라 극한적 불우와 신산 끝에 이발사로 일하고 있고 결혼 생활은 행복하지 못하나 그녀의 삶은 계속되고 있다. 가령 그녀가 루드비크와 다시 만나 서로의 과거를 이해하고 행복한 삶을 함께 보낸다 치면 그야말로 삶과 현실의 논리에서 벗어난 감상적 멜로드라마 즉 키치로 떨어지고 마는 것이 아닌가? 쿤데라가 성토해 마지않는 키치는 미학적 문제이기도 하지만 그에 앞서 진실 지향의 리얼리스틱한 태도의 문제가 아닌가? 쿤데라는 키치를 거부하고 작가의 소임에 충실하게 리얼리티를 택한 것이 아닌가? 뿐만 아니라 행동이나 사건 위주로 보지 않고 의식의 변혁이나 새로운 자기 이해와 세계 이해를 중시할 때 사실 이 작품은 어중간하게 끝나는 것은 결코 아니다.

제7부 1장에서 모든 것을 알게 된 루드비크는 루치에에 대한 사랑에 대해서 반추와 성찰을 계속한다. 그는 결국 자신은 루치에를 알지 못했으며 "그녀는 내가 처한 상황의 상관물이었을 뿐이고 그 구체적인 상황을 넘어서는 모든 것, 그녀 자체로서의 그녀의 모든 것을 간파하지 못하고 말았다"는 것을 깨닫는다. 그녀를 그녀 자체로서 알고 이해하고 사랑했어야 하는데 그러지 못해서 그녀와 자신에게 상처를 입혔다는 것이다. 은밀한 공간에서 그녀가 완강히 저항한 것을 떠올리며 하나의 농담 혹은 웃음거리 같다고 생각한다. 자신이 처녀가 아니라는 사실 때문에 또 상대가 그것을 알게 될까 두려워서 그랬던 것이 아닌가? 아니면 코스트카가 이해하듯이 집단 성폭행의 경험이 대부분의 사람들이 사랑의 행위에 부여하는 의미를 루치에에게서 박탈하여 육체는 추악하다는 고정 관념으로 굳어진 탓일 수도 있다고 생각한다. 젊은 날의 또 기억 속의 루치에가 당시 처해 있던 상황의 상관물이라면 상황이 변한 15년 후의 두 사람은 다시 낯선 타인으로 돌아갈 수밖에 없다. 작품이 리얼리티의 추구를 포기하지 않는 이상 이 소설은 그렇게 끝날 수밖에 없다고 생각하게 된다.

제7부 19장을 따르면 루드비크는 민속 음악의 세계에 대한 사랑을 되찾게 되는데 그것은 정치 선전과 문화 관료와 사회 유토피아와 광고 등에 의해서 버림받은 황량함 속에서 그 궁극적 아름다움을 보았기 때문이다. 그런 맥락에서 자기와 루치에가 모두 파괴되고 유린된 삶이기 때문에 동류이며 두 사람의 운명이 흡사하다는 성찰에 이르게 된다. 자신과 루치에는 파괴되고 유린된 세계에서 살았으나 파

소설만이 전할 수 있는 진실

괴된 것들에 대해 공명하는 법을 알지 못해 그들과 자신을 해쳤다는 인식이 이를테면 작품의 대단원이라 할 수 있다. 무구함을 잃어버린 루치에는 다음 대목에서 보듯이 루드비크에 의해서 사랑의 대상으로서의 위엄을 복원받게 된다.

> 루치에가 육체적인 사랑을 유린당하고 그녀의 존재에 대하여 가장 기본적인 가치를 박탈당한 것과 마찬가지로 나의 인생 또한 원래 의지하려고 했던 가치들을 박탈당했다. 그것은 그 기원으로 돌아가 보면 아무 죄도 없는 결백한 것들이다. 그렇다. 결백한 가치들이었다. (……) 내가 그토록 사랑했던, 그러나 제대로 사랑하지는 못했던 루치에, 네가 여러 해가 지난 뒤 내게 와서 말하고자 한 것은 바로 이런 것인가? 유린된 세계에 대한 연민을 청원하러 온 것인가?(제7부 19장)

집단 난행이란 트라우마나 전혀 애매하게 출당과 퇴교와 광산 노동을 강요당한다는 공통성 이외에도 두 사람은 비슷한 계층 출신이다. 독일군의 강제 수용소로 간 후 소식 없는 벽돌공의 아들인 루드비크는 고모의 경제적 후원으로 학업을 계속했다. 시골 건축사인 고모부 내외는 루드비크의 지체 낮은 모친을 하대해서 집으로 초대하는 법이 없었다. 매일처럼 혼자 초대받는 루드비크가 분개하여 반항하려 하나 모친이 극구 만류한다. 중산 계급에 대한 적의는 소년 시절의 궁핍 경험과도 관련되지만 대학 입학 후 당에 가입하여 비교적 열성이게 했다. 어쨌거나 체제가 대외적으로 표방하는 것과 달리 노동 계급 출신의 두 남녀가 가장 혹독하게 유린된 희생자로 드러나는 것은 커다란 아이러니다. 루치에가 여기저기 떠돌아다닐 때도 루드비크에게서 온 편지 뭉치를 버리지 않고 있었다는 것은 시사하는 바가 많다.

이에 반해서 체제 속에서 승승장구하는 제마네크나 헬레나가 부르주아 출신이란 것도 아이러니다. 제마네크는 공산 정부 초창기에는 마르크스 레닌주의를 강의하면서 시대에 영합한다. 그러나 흐루쇼프의 스탈린 비판 이후 이제는 '철학'을 강의하면서 개혁적 사회주의자로 자처한다. 철저한 기회주의자로 처신하는데 처음엔 당의 사냥개란 뒷말을 듣고 있던 헬레나에게 크게 의존했지만 이제 젊은 제자 애인을 두고 교조주의자인 헬레나와 이혼하려 하고 있다. 이러한 아이러니도 쿤데라의 눈에는 모두 '농담'으로 비치는 것이다.

젊음은 끔찍하다. 그것은 어린아이들이 희랍 비극 배우의 장화에 다양한 무대 의상 차림을 하고, 무슨 말인지 제대로 이해도 못하면서 광적으로 신봉하고 암기한 대사들을 떠벌리고 다니는 그런 무대이다. 그리고 역사 또한 끔찍하다. 너무도 자주 미숙한 이들의 운동장이 되어 버리기 때문이다. 젊은 네로, 젊은 나폴레옹, 쉽게 흥분하는 아이들 집단의 운동장이 돼버리기 때문이다. 그리고 이 아이들이 흉내 내는 격정이나 단순화된 겉치레 태도는 홀연히 변형되어 현실에서 파국적으로 실현되는 것이다.(제3부 10장)

눈에 띄는 대로 옮겨 본 작중 인물의 이러한 사색을 곧 작가의 전언이라고 수용할 필요는 없다. 주인공 루드비크의 다양한 감개와 사색 중의 하나이며 그것은 그가 놓인 상황의 상관물이다. 도처에 보이

소설만이 전할 수 있는 진실

는 이러한 사색과 성찰은 쿤데라 소설의 특징의 하나다. 이러한 문제에 대해 깊이 생각해 보는 것이 바로 이 작품을 제대로 수용하는 방식이 될 것이다.[14]

유종호   서울대학교 영문학과를 졸업하고 뉴욕 주립대 대학원에서 수학했다. 공주사범대학교, 이화여자대학교를 거쳐 2006년 연세대학교 특임교수직에서 퇴임함으로써 교직 생활을 마감했다. 저서로 『유종호 전집』(전 5권) 외에 『시란 무엇인가』, 『서정적 진실을 찾아서』, 『한국근대시사』, 『나의 해방 전후』, 『과거라는 이름의 외국』 등이 있고 역서로 『파리대왕』, 『제인 에어』, 『그물을 헤치고』, 『미메시스』(공역) 등이 있다. 현재 대한민국예술원 회원이며, 현대문학상, 대산문학상, 인촌상, 대한민국예술원상, 만해학술대상 등을 수상했다.

46

삶의 완전성의 추구

타고르의 『안과 밖』 읽기

로이 알록 꾸마르 (부산외국어대학교 인도학부 교수)

라빈드라나트 타고르(Rabīndranāth Tagore, 1861~1941)

1861년 인도 콜카타의 명문가에서 태어났다. 정규 교육에 적응하지 못했지만 어렸을 때부터 인도 고전을 익혔고 짧은 영국 유학을 통해 유럽의 문예와 사상에도 친숙하였다. 인도로 돌아와 시와 소설, 수필, 희곡, 비평 등 다양한 글을 발표하면서 인도인의 각성을 촉구했으며, 1901년 산티니케탄에 학교를, 1912년 스리니케탄에 농업 공동체를 만들어 교육과 사회 운동에 헌신했다.

1913년 연작시 『기탄잘리』로 아시아인 최초로 노벨 문학상을 수상했으며, 그가 작사·작곡한 「모든 국민의 마음」과 「나의 금빛 벵골」은 각각 인도와 방글라데시의 국가(國歌)가 되었다. 주요 작품에 시집 『기탄잘리』, 『초승달』, 『정원사』, 소설 『고라』, 『안과 밖』, 평론 『인간의 종교』, 『문명의 위기』 등이 있다.

라빈드라나트 타고르 탄생 150주년을 맞아 영국 《가디언》에 아주 흥미로운 기사가 실렸다. 이 기사는 인도 타지마할의 웅장함, 아름다움, 그리고 슬픔을 "영원을 바라보는 눈물방울"이라 표현한 타고르가 생전에 스물여덟 권의 두꺼운 책을 쓰고 2500곡이 넘는 음악을 작곡하며 문명의 한 시대를 풍미한 거장이었음에도 불구하고 실은 많은 이들이 타고르에 대해서 잘 모른다는 점을 언급하였다. 타고르 문학을 논하기에 앞서 이러한 난관에 봉착하게 된 이유 중 하나를 꼽자면 벵골어로 쓰인 다수의 타고르 작품들의 번역이 안타깝게도 타고르의 벵골어 문학이 가진 촘촘한 아름다움과 철학적 깊이를 포착하기에는 미흡하다는 점을 들 수 있다. 19세기 벵골 르네상스를 대표하는 타고르는 인도뿐만이 아니라 유럽 등 세계적으로도 굉장히 큰 존경과 사랑을 받았다. 예이츠는 "대자연의 법칙에 따라 인간의 정신세계"를 찾아내는 그의 통찰력을 보고 그를 "인도 문명" 그 자체라 칭송하였고 당시 영국 신문들은 하나같이 타고르를 윌리엄 블레이크와 비교하거나, 타고르의 작품 세계에서 나타나는 리듬과 정서를 기독교 찬송가나 솔로몬의 아가와 비교하며 그를 높이 평가하였다. 일본에서는 타고르의 작품을 "한낱 나라 잃은 시인의 노래"에 지나지 않는다고 표현하는 이도 일부 있었지만 타고르를 굉장히 존경하는 언론도 있었다.[1] 이렇듯 타고르가 전 세계적으로 존경을 받았고 그 존경은 지금도 계속되고 있으나, 벵골어 원본과 번역본 사이에 존재하는 틈은 많은 이에게 타고르의 글을 쉽게 '음미'하기 어려운 작품, 혹은 '다가가기 어려운' 작품으로 느끼게 했을지 모른다.

인류 역사의 기민한 관찰자였던 타고르는 당대의 인도와 세계의 상황을 예리하게 주시하고 있었다. 또한 윌리엄 버틀러 예이츠, 마하트마 간디, 오카쿠라 덴신을 비롯한 세계적 인물들과의 만남을 통해 더욱더 깊어진 그의 사유는 그의 에세이와 여행기, 그리고 오랜 기간 교환했던 서신들을 통해 알 수 있다. 그래서인지 타고르의 글은 특정한 지리적, 문화적, 역사적 한계에 얽매이지 않고 전 인류적 정신적 자유의 중요성을 설파하고 있다. 이러한 맥락에서 보았을 때 타고르의 문학 세계와 세계관은 150년이 지난 시점에서 더 의미 있게 다가온다. 이 글에서는 타고르와 그의 문학 세계, 그리고 타고르 사상에 영향을 끼친 격동의 시기의 역사적 배경에 대해서 논하고자 한다. 구체적으로는 타고르의 소설 『안과 밖』[2]을 통해 타고르가 고찰했던 내면과 외면의 경계를 초월하는 삶의 완전성, 사상적 베일의 이념인 '반데 마타람(Bande Mataram)[3] 논의'를 통한 민족주의 비판, 그리고 사랑의 개념에 대해서 살펴보도록 하겠다.

『안과 밖』은 인도가 결정적인 역사적 교차로에 서 있을 무렵의 지적 의식을 깊게 내포한 소설이다. 작품을 이해하기에 앞서 타고르가 이 소설을 썼을 당시의 역사적 배경을 주의 깊게 살펴볼 필요가 있다. 이 소설은 20세기 초반 세계 곳곳에 일어났던 민족주의적 폭동 배경에 반하여 1916년에 집필되었다. 1905년 영국 총독 커즌 경의 칙령에 의해 인도 벵골 주가 두 지역으로 분리되었고 독립에 대한 인도인들의 열망은 폭력 및 비폭력 투쟁으로 이어졌다. 바로 이러한 사상적, 국가적, 그리고 식민주의에 의한 분열의 연속이 타고르의 상상력을 사로잡았다. 타고르 본인도 1901년부터 영국의 지배를 반대했던 사람으로서 제국주의와 그에 대한 저항으로 인해 본래 인도가 가지고 있던 힌두이즘의 깊이와 보편성이 사라지고 있다는 점을 지적하며 '스와데시 운동(외제, 특히 영국산 물품을 배척하고 국산품 애용을 장려하는 운동)'에 참여한 바 있다. 그 당시 타고르가 쓴 노래 「벵골의 흙, 벵골의 물(Banglar Mati, Banglar Jal)」과 그가 시도했던 '라키(Rakhi) 운동(손목에 실을 묶어 주는 팔찌 교환을 통해 힌두와 무슬림 간의 우의를 다지는 운동)'은 영국의 분리 통치를 반대하는 움직임으로, 당시 인도 사람들의 독립 정신을 키우는 데 크게 이바지했다. 그러나 예기치 않게 스와데시 운동이 격렬해지고 힌두와 무슬림 간의 마찰이 폭동으로 귀결되자 타고르는 스와데시 운동에 대한 자기 성찰의 시간을 가지고 변질된 스와데시 운동을 비판하기에 이른다. 그는 "설령 사탄도 우리의 약점을 찾아내기 전까지는 침투해 올 수 없다.(Satan cannot enter till he finds a flaw.)"[4]라고 선언하며 좋은 의도를 가졌던 움직임이 선을 간과하며 악에 취약해지는 상황을 지적하였다.

1 『안과 밖』의 이야기

이 소설은 1인칭 시점에서 서술되는데 세 명의 이야기꾼, 부잣집에 시집간 변변찮은 배경의 어린 아내 '비말라', 근대적 사고방식을 가진 신사이자 비말라의 남편인 '니킬', 그리고 니킬의 친구이자 영민하고 술책이 뛰어난 스와데시 운동의 리더 '산디프'가 번갈아 가며 이야기를 전개하는 방식으로 엮여 있다. 눈여겨볼 점은 비말라 이외에 이야기를 이끌어 가는 등장인물이 두 사람이나 있음에도 소설의 시작과 마무리는 여성인 비말라의 독백으로 되어 있을 뿐만 아니라 그녀가 이 세 사람의 삼각관계 속에서도 중심축으로 활약한다는 점이다. 또한 남편 니킬은 영국인 가정 교사 '미스 길비(Miss Gilby)'를 두어 부인 비말라가 영어와 신교육을 받도록 한다. 이는 비말라가 집안이라는 작은 세계에 안주하기보다 바깥세상을 느껴 보게 하기 위해서다. 그는 이것이 바람직한 사랑이라 생각하며 끊임없이 비말라에게 그녀의 '집안'이라는 '퍼르다(베일의 일종으로 여기서는 여성에게 정해진 활동 공간 또는 심리적 테두리를 상징)'를 초월한 세상으로 나아가 보기를 권한다.

망설이던 비말라는 남편 니킬을 따라 정치 집회에 참여하는데 그곳에서 그녀는 스와데시 운동의 성스러운 임무의 중요성에 대해 매혹적인 연설을 하는 선동가 산디프의 수사(修辭)에 정신없이 빠져든다. 이 연설을 보기 전까지 비말라는 산디프를 직접 만난 적이 없었지만 산디프에 대해 부정적인 시각을 가지고 있었다. 그녀는 산디프가 남편 니킬의 자애로운 우정을 착취한다 생각하였고 그러한 이유에서 산디프를 경멸의 대상으로 본 것이다. 하지만 여성이라는 사회적 베일 속에 안주해 있던 비말라는 스와데시 운동의 신성함을 통해 이 모든 베일을 날려 버린다. 산디프는 스와데시 운동이 비말라 속에 숨어 있는 '샤티(Shakti, 힘의 여신)'의 성스러운 힘을 필요로 한다고 선언한다. 혁명가적인 산디프는 비말라에게 나라의 구세주이자 필수적인 영감의 근원이며 외부 통치로부터 자유를 불러와 줄 희망으로 보였다. 반대로, 조용한 이상주의자였던 니킬은 그녀에게 민중의 난폭한 폭동 속에서 급속도로 목적의식을 잃어버린 이로 비쳐졌다.

니킬은 이 모든 상황을 알면서도 산디프가 자기 집에 묵는 것을 허용한다. 그리 하는 것을 비말라가 소망한다는 것을 알았고 결국 그녀를 위한 선택을 한 것이다. 이는 비말라의 태도를 변화시키는 결과를 가져오지만 니킬은 고통 속에서도 인내한다. 니킬의 집에서 함께 사는 스승 찬드라나트는 산디프가 집에 머무르는 것을 탐탁지 않게 여기며 니킬에게 비말라를 데리고 큰 도시로 가는 것이 어떠냐고 묻는다. 하지만 니킬은 이에 응하지 않는다.

그리고 얼마 지나지 않아 산디프는 자유를 위한 투쟁을 지원한다는 명목으로 비말라에게 남편의 금고에서 막대한 돈을 훔치게 하고, 비말라는 수양 동생이자 어린 독립투사 '아물야'의 도움으로 돈을 훔쳐 낸다. 자기 집에서 돈을 훔쳤다는 죄책감에 시달리던 비말라는 결국 자신의 행동이 그녀를 지탱하고 받쳐 주는 그녀의 '나라'로부터 도둑질을 한 것과 같다는 사실을 깨닫는다. 그녀는 믿음직한 아물야를 통해 보석을 팔아 훔친 돈을 메우려 하는데, 그 과정에서 아물야가 경찰에 잡힐지도 모른다는 공포에 휩싸인다. 산디프는 약삭빠르게 아물야가 가지고 있던 보석을 손에 넣고 그 보석을 비말라에게 다시 돌려주며 공을 차지한다. 하지만 이는 비말라에게 호감을 사는 행동으로 다가오기보다 산디프의 이기적인 본모습을 깨닫는 계기가 된다.

산디프는 지금까지 스와데시 운동을 이끌어 가기 위해 안전한 장소가 필요하다고 주장하며 니킬의 집을 떠나는 것을 거절해 왔다. 그러나 스와데시 운동이 산디프 본인이 계획했던 것 이상으로 난폭해지고 다루기 어려워지자 이윽고 현장에서 도망가기에 이른다. 작품의 후반부에서는 민족주의적 움직임에서 비롯된 폭력성이 극에 달한

다. 국산품 애용과 수입품 불매를 주장한 스와데시 운동은 처음에는
인도 곳곳에서 영국산 수입품, 특히 직물을 불태워 버리는 것으로 시
작되었지만, 이러한 가게들을 불태우는 행위는 결과적으로 영국인들
보다는 인도 내의 소상인들과 생산자들에게 금전적으로, 또 육체적
으로 더 큰 피해를 입히게 된다. 결국 산디프는 본인이 선동한 것보다
훨씬 격렬해진 시위 때문에 도망친 것이었고, 그 리더십의 부재를 부
유한 지주이자 니킬의 라이벌인 쿤두가 적극 활용해 본인의 세력을
이웃 토지에까지 확산시키며 폭력적인 운동을 이어 간다. 애초에 민
족주의에 뜻이 없었던 쿤두는 본인 사업의 번창을 위해 다른 소상인
들과 무슬림들의 가게를 불태우며 스와데시 운동을 기회 삼아 사리
사욕을 채운다. 한편 이웃 토지에서 일어난 난폭한 난동에 대해 들은
니킬은 주위 사람들의 경고에도 불구하고 폭동을 진압하기 위해 말
에 몸을 싣는다. 걱정에 찬 눈으로 이웃 동네의 집들이 불에 타는 광
경을 바라보던 비말라에게 총성이 들려온다. 그녀는 안절부절못하고
창가에서 정문을 바라보며 기다린다. 결국 총에 맞아 심각한 부상을
입은 니킬이 가마를 타고 어둠 속에서 나타나고 아물야는 이미 폭동
속에서 죽음을 맞이했다는 사실이 밝혀진다. 소설은 비말라의 독백
으로 끝을 맺는다.

　이 작품을 통해 타고르는 숭고한 의도를 가진 민족주의 운동의
양면성에 주목하며 정의를 추구하는 움직임이 어떻게 폭력적인 양상
을 가질 수 있는지에 대한 불편한 진실을 다면적으로 구체화한다. 또
작품 속 이야기의 대부분은 니킬의 집 안에서 일어나는데 여기서 '집'
이란 인도라는 국가의 상징적 표현이다. 이 집에서는 니킬과 비말라

뿐만이 아니라 비말라의 동서네 가족, 니킬의 스승 찬드라나트, 그리고 니킬이 비말라의 선생님으로 모셔 온 영국인 미스 길비가 함께 살고 있다. 타고르는 그들의 독백을 통해 여러 개념을 다루는데, 이 작품에서 등장하는 인물들이 반영하는 각기 다른 가치관은 민족주의와 반식민주의 운동에 대해 타고르의 머릿속에서 끊임없이 토론되는 그의 내면의 목소리와 도덕적 상상력이라 볼 수 있다. 즉 타고르는 민족주의의 양상 속에 존재하는 욕망 그리고 다양한 목소리를 각각의 등장인물에 투영하는 것이다. 동시에 타고르는 스와데시 운동을 통해서 미래와 자유를 보장해 준다는 표면적인 혁명적 약속이 절정에 달했을 때 역사가 극단주의에 의해 인류에게서 도난당할 수 있다는 것을 보여 준다.

2 여성 그리고 사회적 베일을 넘어

이 작품에서 비말라의 역할은 무척 흥미롭다. 소설 초반의 비말라는 당시의 보편적인 인도 여성상을 반영한다. 그녀는 어머니로부터 배운 전통적인 부인으로서의 의무를 굳게 믿으며 여성으로서의 헌신이야말로 아름다움 그 자체라고 생각했다. 그래서 아침 일찍 일어나, 자는 남편의 발에 손을 가져다 대며 절하는 것[5]이 자신의 의무라 여겼다. 그러던 어느 날, 깨어난 남편에게 행동을 들키고, 남편 니킬은 미소를 지으며 "비말라, 지금 무엇을 하는 것이오?"라고 묻는다. 그녀는 부끄러워하며 칭찬을 받으려고 한 행동은 아니라면서 그것은

삶의 완전성의 추구

그저 "사랑하기 위해 헌신하는 여인의 마음"이라고 말한다.

　　한편 니킬은 그 시기의 여성들 스스로가 자진해서 지향했던 지리적, 사회적 제약, 그리고 여성의 공간과 그 밖의 공간을 나누던 관계는 단순히 전통적인 것일 뿐만 아니라 심리적인 것이기도 하다고 믿었다. "바깥세상이 당신을 원할 수도 있다오."라고 하던 니킬의 격려에 비말라는 "내가 바깥세상에서 무엇을 원하겠어요?"라고 되묻는다. 그리고 니킬이 그녀가 스스로를 가둬 두는 베일 속에서 벗어나기를 바라면서도 강압적으로 변화를 요구하지 않고 그녀에게 주체적으로 선택할 기회를 주었다고 말한다. "그는 힘이 있다고 하더라도 그 힘을 사용하지 않았어요."라는 비말라의 독백이 이 점을 잘 보여 준다. 남성과 여성의 공간 및 사회적 위치를 구분하는 보수적인 퍼르다를 허물려고 하던 니킬의 진실된 방식에, 비말라는 새로운 변화에 주저하면서도 경계선 너머의 세계에 대해서 배운다. 눈에 띄는 것은 비말라의 자유를 향한 발걸음에 대해 니킬이 억압을 숨긴 위선적인 가르침을 행한 것이 아니라, 그녀가 폭넓은 선택을 할 수 있도록 도와주었다는 점이다. 이 작품에서 니킬은 절대로 자신의 관점을 강요하지 않고 심지어 비말라가 애국심의 물결에 떠밀려 가 버렸을 때에도 더 큰 이해와 사랑으로 인내하며 기다린다. 소설 초반에 마음씨 착한 남편을 부당하게 이용하는 듯한 산디프를 결코 좋게 보지 않았던 그녀는 스와데시와 독립운동에 대한 헌신이 커질수록 산디프가 가진 민족주의적 열정에 매혹되어 간다. 한편 니킬은 그녀가 산디프에게 이끌리는 것을 알면서도 두 사람에 대한 평온한 태도를 거두지 않고 스스로 심적 고통을 견디는 방법을 택한다. 이러한 로맨틱한 삼각관계는 문학 작품에서 흔한 테마로 다루어지지만, 타고르는 복잡한 인간관계, 특히나 사랑하는 부부 사이에 일어난 삼각관계를 복수나 비극적 상호 관계로 귀결시키지 않고 근원적인 접근을 한다. 타고르는 인간 상태와 문명에 대한 근원적인 물음을 통해 격동적 역사의 비극을 대하는 인물들에게 주체성을 부여하고, 인간관계의 딜레마를 흑백 논리가 아닌 윤리적 문제의 다면성을 알려 주는 세련된 차원으로 승화시킨다. 도스토옙스키의 등장인물들이 상반되는 목소리끼리 내면적 모순에 대해 서로 소통하며 일치해 간다면 타고르의 등장인물들은 타협되지 않는 정의를 찾는다.

또한 이 작품을 통해 타고르가 강조하는 관점 중의 하나는 사랑에 대한 끊임없는 물음이다. 과연 헌신하는 것이 사랑인지, 사랑하는 것이 헌신인지, 헌신이 사랑을 만드는 것인지 아니면 그 반대인 것인지 등 사랑에 대한 주제는 이 작품에서 거듭하여 다루어진다. 소설 초반의 독백에서 비말라는 헌신이 열망이라고 하며 니킬이 자신에게 헌신할 기회를 주지 않은 것을 달갑게 여기지 않았다. 모든 여성이 같지 않다는 것을 인정하면서도 그녀가 그녀의 어머니와 함께 공유하였던 소중한 가치는 바로 '배우자를 위해 헌신하고 싶은 열망'이었던 것이다. 비말라는 헌신이 단순히 헌신하는 이를 상하 관계에서 아래를 점하는 존재로 격하하는 것이 아니고, 헌신을 통해서야만 비로소 '헌신하는 이'와 '헌신받는 이'가 평등해진다고 주장했다. 니킬에 대한 그녀의 불만은 자상한 남편인 그가 자신에게 새로운 것들을 배우도록 선택을 주고, 자신이 원하는 모든 것을 줄 뿐만이 아니라, 동시에 자신이 원치 않는 것들도 준다는 것이었다. 불만의 핵심은 새로운 배움을 통해 그녀 자신을 아름답게 가꾸는 것을 격려하고 사랑해 주었지만 한사코 그녀의 헌신을 받아들이는 것만은 거절했다는 부분이다. "사랑하는 그대는 나의 헌신을 받아 주지 않았고 그것이 당신의 훌륭함이지만 나의 헌신을 받아 주는 것이 더 나았어요."(E 5)라는 대사에서도 비말라가 진심으로 바라던 것이 무엇이었는지 알 수 있다.

비말라는 당시의 많은 여성과 달리 그녀 남편의 마음속에서도, 집안에서도 여왕처럼 살았다. 남편을 잃고 아무런 음악도 없는 텅 빈 복도에서 젊음의 아름다움을 불태워 가던 동서와 달리 그녀는 운이 좋았다.(E 6) 흠잡을 곳 없는 남편을 둔 비말라는 자연스럽게 질투의 대상이었다. 그래서 비말라는 "여자들이 생각하는 것은 어쩜 이렇게 좀스럽고 비뚤어진 것인지!"라며 니킬에게 불평했다. 비말라의 말에 니킬은 "중국 여성들의 발과 같이 말이오. 결국 사회적 압박이 그들을 이런 뒤틀린 편협함으로 몰아넣은 것 아니오? 그들은 자신의 운명을 가지고 도박을 하는 체스 폰(졸)들이오. 그들에게 도대체 자신이 가지는 책임이란 것이 있는 것인지?"라고 답하며 비말라에게 '제나나(Zenana, 전통적인 집안에서 부녀자들이 거주하는 방)'에서 나오기를 설득했다.(E 6) 비말라는 니킬의 자상함이 무한하다 생각하면서도 그런 그의 선함을 이용하는 동서, 그리고 직접 만나 알게 되기 전엔 욕심 많고 약삭빠르다 여겼던 그의 친구 산디프까지도 포용하는 남편의 무조건적인 훌륭함을 좋아하지 않았다. 여기서 니킬이 비말라가 제나나에서 나오기를 바라는 것은 타고르가 퍼르다(베일)의 한계와 사상적 보수성을 지적하는 것을 의미한다. 퍼르다는 사람들, 특히 집안 여성들의 정체성을 제한하기 때문이다. 그러기에 니킬은 미스 길비라는 영국인 교사를 집으로 데려와 비말라를 포함한 집안의 여성들이 새로운 노래, 언어, 세계사, 그리고 시각을 배울 기회를 마련했던 것이다. 집안에 외국인 교사를 둔 것은 인도와 영국의 관계를 상징하는데, 이때 타고르가 암시하는 것은 아이러니하게도 미스 길비를 통해 비말라의 견문과 도덕적 상상력이 넓어지는 것이었다.

처음 산디프가 젊은이 열댓 명이 짊어진 커다란 의자를 타고 집에 도착했을 때 비말라의 눈에는 그가 혐오스럽게 비쳤다. "그의 눈에서 나오는 빛은 왠지 진정으로 빛나고 있지 않았어요. 그래서 나의 남편이 조금의 의심도 없이 그의 요구를 들어주는 것이 마음에 들지 않았던 것이지요. 돈 낭비라면 참을 수 있어요. 하지만 우정을 빙자해 그이에게 강요한다고 생각하니 속상했어요. 그는 금욕적인 생활을 하는 사람도, 적당한 재산을 가진 사람도 아닌, 겉만 번지르르한 사람이에요."라고 하는 그녀의 대사에서도 알 수 있듯이 말이다. 하지만 산디프의 연설이 시작되자 그녀는 곧 관객의 한 명으로서 연설에 빠져들었다. "도대체 무슨 일이 일어났는지 모르겠어요. 그저 성급하게 장막을 밀어젖히고 그를 향해 시선을 고정하고 있는 자신을 발견했을 뿐……. 하지만 모여 있는 사람 중 내게 신경을 쓰는 이는 한 사람도 없었어요. 딱 한 번, 운명적인 오리온자리 별 같은 산디프 눈이 내 얼굴을 비쳤다는 것을 알아챘어요. 나는 나 자신을 전혀 의식할 수 없었어요. 더 이상 나는 라자(왕)의 궐 안 여인이 아닌 벵골 여성들의 하나뿐인 대표였죠. 그리고 그는 벵골의 영웅이었어요. 하늘이 그에게 빛을 비추듯이 그는 여성들의 헌신의 축복을 받아 마땅해요."라고 하며 그녀는 말을 이었다. "난 스스로에게 말했어요. 그의 언어가 내 눈

　　　　　　　　　　　　　　　　삶의 완전성의 추구

에 불꽃을 피웠다고요. 우리 여성들은 집안에서만 불의 신인 것이 아니라 영혼의 불꽃 그 자체예요."라고 말이다. 이 부분에서 우리는 타고르가 인도 신화의 전능한 여신 샥티를 비말라를 통해 환생시켰고 비말라가 말하는 불이 중의적인 의미를 내포하고 있다는 것을 알 수 있다. 표면적인 불의 의미는 가정이란 영역에서 불을 쓰던, 베일 안쪽의 위치에 충실한 여성으로서의 비말라이고, 두 번째 의미는 비말라가 스와데시라는 운동에 눈을 뜨면서 힘을 상징하는 샥티 여신이 그녀를 통해 환생한 것이다. 만약 니킬이 산디프에 대해 아주 조금이라도 못마땅함을 표현했다면 그녀는 남편에게 반항하고 굴욕감을 줄 준비가 되어 있었다. 하지만 니킬은 아무 말도 하지 않았고 그녀는 이러한 그의 반응도 마음에 들지 않았다. "그이는 '산디프가 나에게 제정신을 차리게 해 주었다.'라고 말해야 했어요. 여태까지 내가 얼마나 잘못 알고 있었는지 이제야 깨달았어요."(E 15)라는 대사에서 알 수 있듯 말이다.

3   스와데시 운동

스와데시, 즉 외래품을 배척하는 이 운동은 인도 독립운동 역사에서 상당히 중요한 정치적 전략이었다. 식민지 통치에 대한 항의는 외래품을 불에 태우는 공공 행동으로 볼 수 있었다. 도시와 마을에서 외래품을 팔던 가게들을 불태우는 행동은 유행처럼 번져 갔다. 하지만 타고르는 이 광기에 오히려 가난한 가게 주인과 빈곤한 사회적 약자들이 극심한 피해를 입는 것을 지적하며 민족주의적인 스와데시 운동에 윤리적 의문을 던졌다. 부유한 이들은 이러한 허영심을 감당할 여건이 되었지만 이미 비참한 삶을 살고 있던 가난한 사람들은 별다른 대안도 없이 희생되어야 했다며 말이다. 파도처럼 밀려오는 변화로 격변하는 시대에 정작 일반인들은 변화와 정의에 대해서 윤리적 고찰을 할 시간이 없었다는 점을 비말라는 이렇게 표현한다. "벵골 스와데시의 새 시대가 도래했다. 그러나 이것이 정작 어떻게 일어났는지에 대해서는 뚜렷한 견해가 없다. 과거와 현재를 연결하는 완만한 비탈길은 없다. 그렇기 때문에 이 새 시대가 우리 앞의 제방을 깨부수고 신중함과 공포를 쓸어내리며 홍수처럼 왔다고 나는 생각한다. 도대체 무엇이 일어났고 무엇이 앞으로 일어날 것인지 생각하거나 이해할 시간조차 없었던 것이다."(E 11) 이는 급작스러운 민족주의 운동에 아직 준비가 되지 않았던 여성들을 포함한 당시 벵골 사람들의 마음을 타고르가 대변해 주는 것이다.

타고르는 변화하는 새 시대를 인도의 결혼식 풍경을 통해 은유적으로 비교한다. 인도의 결혼식은 서양이나 한국에서 요즘 자주 볼 수 있는 결혼식 풍경과 달리, 대부분 짧게는 이틀, 길게는 일주일 정도를 음악과 춤, 그리고 맛있는 음식을 즐기며 집안사람들과 가까운 동네 사람들이 함께하는 축제이다. 본래 신부의 집에서 축제가 먼저 열리고, 신랑은 신랑의 집에서 코끼리나 말 혹은 가마를 타고 신랑 측 사람들과 흥겨운 노래를 부르고 악기를 연주하며 오는 것이다. 타고르가 살 당시에는 결혼 전에 신랑과 신부가 만나지 않고 결혼식 당일에 이르러서야 대면하는 경우도 많았다. 그렇기에 결혼식 축제가 시작되고 신랑 측의 도착을 알리는 흥겨운 음악 소리가 들리면, 그 동네에 살던 여성들도 하던 일을 멈추고 신랑이 누군지 궁금해하였다. 타고르는 스와데시 운동이 비말라를 포함한 벵골 여성들에게 비슷한 의미를 가지고 있었다고 말한다. 그녀들도 실제로 그 운동이 무엇이었는지는 몰랐지만, 호기심의 소용돌이에 휘말리듯이 그 화려함에 매료된 것이다. 본래 사회적 베일 속 공간에만 국한되어 있었던 여성들이 새로운 변화의 바람을 보기 위해 집안이라는 베일에서 벗어나 밖으로 나온 것이었다. 비말라는 당시 산디프와 스와데시 운동가들이 동네에 오는 것을 이렇게 표현하고 있다. "이웃 동네에서는 결혼식에 참여한 일행들을 이끌고 새신랑이 도착하고 있었어요. 동떨어진 곳에서 들려오는 피리와 트럼펫의 소리가 음악이 되어 공기 중에 울려 퍼졌지요. 저 멀리 빛의 반짝임도 볼 수 있었어요. 그 광경을 조금이라도 잘 보기 위해 여자들은 자신의 옷이나 차림새는 전혀 신경 쓰지 않은 채 가쁜 숨을 몰아쉬며 지붕 위로, 베란다로, 그리고 창문으로 서둘러 몰려들었지요. 멀리서 국가의 새신랑의 도착을 알리는 음악이 울리는데 자기 집안일에 만족할 마음이 없었어요. 그들은 휘파람을 불고 환영의 나팔을 불었어요. 벽이든 창문이든 문이든 간에 구멍이 있는 곳에는 이 멋진 결혼식 행진을 잠시나마 훔쳐볼 수 있길 간절히 바라는 호기심에 찬 눈들이 있었어요."라고 말이다. 그러나 안타깝게도, 원래 벵골어 본문에 있는 이 구절은 영어 번역본에는 적혀 있지 않았다. 하지만 스와데시 운동의 파도를 아직 얼굴을 보지 못한 "국가의 새신랑"이라고 표현한 것은 극적인 변화에 대한 호기심과 설렘을 뜻한다. 이 극적인 순간을 비말라와 니킬의 대화를 통해 살펴보겠다.

스와데시란 폭풍이 나의 핏속에 이르렀을 때 나는 남편에게 말했다.

"나의 옷을 다 태워 버려야겠어요."

"왜 태우려는 것이오?" 그는 말했다. "그대가 원치 않는다면 언제까지든 입지 않으면 되오."

"언제까지든이라고요? 이번 생애에는 아니에요……."

"좋소. 평생 입지 않으면 되는 것이오. 하지만 왜 이 불길에 휘말리려 하는 것이오?"

"제 결의를 좌절시킬 건가요?"

"내가 말하고 싶은 것은 이것이오. 무언가를 만들어 내려고 하는 것은 어떻소? 이러한 파괴적인 흥분에 그대가 1할의 에너지도 낭비하지 않길 바라오."

"이러한 흥분이야말로 무언가를 만들어 낼 에너지를 줄 거예요."

"집 안에 불을 밝히려 결국 집 전체를 태워야겠소?"(E 12)

인도 독립운동 중 스와데시 운동에 관한 토론은 중대한 국가적 논쟁이었다. 이 중 타고르와 간디의 담화는 유명하다. 인도 그리고 유럽에서 독보적인 문학적, 철학적 지성이라 알려졌던 타고르와 스와데시 운동, 인도 독립운동, 그리고 비폭력 운동으로 인도 내외에서 반식민주의의 중심에 있었던 간디는 상호 좋은 관계를 유지했으나 타고르는 간디의 비폭력주의 속에도 폭력성이 있다는 사실을 지적한다. 특히 반식민주의 운동과 간디의 행보가 모든 이의 존경을 받고 있을 시기에 간디의 평화주의적 민족주의를 무조건적으로 찬양하기보다 간디의 행보를 부분적으로 비판하는 것은 그 당시 굉장히 대담한

삶의 완전성의 추구

행동이었다고 볼 수 있다. 하지만 그렇다고 해서 이러한 논쟁이 이 두 훌륭한 인물의 상호 존경에 영향을 미친 것은 아니었다. 간디는 항상 타고르를 '구르데브(Gurudev, 훌륭한 스승)'로 여겼다. 타고르가 설립한 산티니케탄의 학교에서 타고르의 제자였고 인도의 수상을 지냈던 인디라 간디도 비슷한 말을 한 적이 있다. "근거 없는 분노는 존재하지 않지만 그 근거가 좋은 경우는 드물다."라고 말이다. 이러한 사상적 흐름만 보아도 인도 근대사의 전개에 있어 타고르가 어떠한 영향을 미쳤는지 느낄 수 있다.

이러한 운동에 의해 타고르 소설의 본무대이자 타고르 자신의 고향인 벵골 지역은 이미 화염에 휩싸였고 이러한 상황에 이르게 된 것에는 열정적인 산디프의 사상 그 이상의 이유도 있었다. 영어 교사인 미스 길비를 집 내부에 들이는 것은 집안 내 여성들의 원치 않는 수락을 의미했다. 그들에게 이러한 상황 자체는 하나의 음모로 비쳤다. 비말라도 처음엔 망설였지만 나중에는 다정하게 미스 길비를 받아들였다. 그러던 어느 날 한창 독립운동 사상에 물들어 있었던 니킬의 가난한 친척이자 그의 도움을 받던 젊은이 노렌이 교회에 가던 미스 길비를 모욕하는 상황이 발생한다. 이때 노렌을 집에서 내치기로 한 니킬의 결정은 비말라를 포함한 여러 사람에게 지나치게 가혹한 처사로 비추어진다. 얼마 안 가 미스 길비 스스로가 니킬의 집을 떠나기로 마음먹고 니킬은 그녀를 직접 마차로 데려다주며 명예롭게 작별을 고하였지만 오히려 이러한 사실이 지역 신문에 실리며 니킬은 구설수에 오르게 된다. 미스 길비와 노렌 사건이 있은 후부터 비말라는 독립운동에 대한 니킬의 태도에 대해 생각하기 시작하였다. "그렇다

하더라도 나의 남편이 스와데시 운동의 지지를 거부하거나 이 대의
에 어떻게든 반대하려는 것은 아니에요. 그저 지나치게 무조건적인
모국의 숭배를 장려하는 '반데 마타람' 정신을 전적으로 받아들이지
못한 것일 뿐이에요. 그는 말했어요. '나는 나의 국가를 섬길 것이오.
하지만 옳은 것에 대한 숭배가 나의 국가에 대한 숭배보다 더 클 뿐
이오. 나의 국가를 신처럼 숭배하는 것은 저주를 거는 것과 다를 바가
없소.'라고 말이에요."

4 반데 마타람 논의

니킬은 반데 마타람을 추종하는 것을 그리 달갑게 여기지 않았
지만 산디프는 비말라가 앞에 있을 때 이 주제를 꺼낼 기회를 놓치지
않았다. 산디프의 질문으로 시작된 두 인물의 상반된 가치관을 니킬,
산디프, 비말라 세 사람의 대화를 통해 살펴보도록 하겠다.

"애국적인 일에 상상력의 여지를 허용하지 않겠다는 것인가?"
"여지가 있다는 것은 인정하네만 그것에 전적으로 공간을 내줘야 한다는
것은 믿지 않네. 나는 내 나라의 솔직한 현실을 알고 있고 그렇기 때문에
최면을 거는 듯한 애국심의 행위를 두려워하는 동시에 부끄럽다 여기는
것일세."
"자네가 최면을 거는 듯한 애국심의 행위라고 부르는 것을 난 진실이라
부르네. 나는 진심으로 나의 나라가 나의 신이라고 믿고 있네. 나는 인류

삶의 완전성의 추구

를 숭배하네. 신은 사람과 그들의 나라 모두를 통해서 나타나는 것일세."

"그것이 자네가 진정으로 믿는 것이라면 사람과 사람 사이, 그리고 국가와 국가 사이에 차이가 있어서는 안 되네."

토론은 달아오르고 산디프가 말했다.

"여보게 니킬, 이것은 그저 무미건조한 논리에 지나지 않네. 자네는 정녕 감정이라는 것의 존재를 인지하지 못하는 것인가?"

"솔직하게 말하겠네, 산디프⋯⋯. 그대가 부당함을 의무인 듯, 불의를 도덕적 이상(理想)인 듯 삼아 버릴 때마다 나의 감정은 분노에 휩싸인다네. 내가 도둑질을 할 수 없는 것은 내가 논리적으로 생각할 수 있는 능력을 가지고 있어서가 아니라, 내가 나 자신과 내가 사랑하는 이상에 존경이라는 감정을 품고 있기 때문이네."(E 20)

니킬의 이러한 말에 비말라는 격분한다.

"영국이든, 프랑스든, 독일이든, 러시아든 간에 모든 나라가 결국 각자 나라를 위해 훔치는 역사를 가지고 있지 않던가요?"

"그들 스스로가 이러한 도둑질에 대해 책임져야 할 것이고 그들은 지금 이 순간에도 그렇게 하고 있소. 그들의 역사는 아직 끝나지 않았소."

이것이 니킬의 답이었다. 비말라는 이에 동의하지 않았지만 그렇다고 해서 그 순간 해답을 가진 것도 아니었다. "'정의'라는 단어가 논쟁 속에서 뒤엉켜 쓰일 땐, 그토록 좋은 가치가 너무도 추해 보여 차마 유용하다고 할 수가 없다." 비말라가 중얼거렸다.

"나는 분노를 가지고 있어요. 나는 나의 나라를 위해 분노하고 나의 모국이 받은 모욕을 앙갚음하기 위해 쳐부수고 도륙할 수도 있어요. 나는 나를 매료시키는 욕망을 가지고 있고, 이 강한 매혹의 힘은 나의 나라로부터 나의 몸에 스며들어요. 모국이란 눈에 띄는 상징들로 우리 마음을 매료시키는 힘이 있는가 봐요. 나는 나의 모국을 하나의 인격, 사람이라고도 부를 수 있어요. 나의 모국을 나의 어머니라, 나의 '두르가 여신'이라 부르며 그녀를 위해서 이 땅에 나의 희생을 바치며 흙을 핏빛으로 물들일 수 있어요."

그녀의 말을 들은 산디프는 약삭빠르게 두 손을 위로 올리며 "만세, 만세!"라고 외쳤다. 그러고는 "반데 마타람(모국 만세), 반데 마타람!"이라고 계속 외쳤다. 그것을 본 니킬의 얼굴은 어두워졌고 그는 나지막이 대답했다. "나는 신이 아닌 사람이오. 그렇기 때문에 내가 옳지 않다고 생각하는 것을 절대 나라에 바치지 않겠소. 절대, 절대로 말이오."(E 22)

이때 니킬을 통해서 표현된 모국, 사람 그리고 신의 구분은 타고르가 당시 사람들에게 전달하고 싶었던 핵심적인 메시지다. 인도가 영국에 지배를 당했을 때, 많은 인도 사람이 국가에 대한 모욕을 인도인에 대한 모욕과 동일시하였다. 그러기에 국가를 위한 애국심을 넘어, 좀 더 폭력적인 행동도 정당화되었다. 그러나 타고르는 이 작품을 통해서 식민지주의의 피해자들이 걷잡을 수 없는 폭력의 악순환에 빠져 있으며, 피해자라는 입장에서 정당화되는 반복된 폭력은 결국 피해자들에게도 올바른 해답이 아닐지도 모른다고 지적하는 것이다. 물론 타고르는 결코 식민지주의를 찬양하거나 옹호한 것이 아니다. 하지만 타고르는 니킬을 통해서 '정의'라는 이름을 가진 도덕적으로

삶의 완전성의 추구

선한 의도가, 실은 '선과 악이 무엇인가'에 대한 보다 근원적이고 윤리적인 질문을 간과하는 것일지도 모른다는 것을 암시하고 있다. 스와데시 운동이 본래 가졌던 좋은 의도와 모국에 대한 맹목적인 사랑이 타락하여 역설적으로 모국과 자국민들의 '한의 악순환'에 불을 지핀 것일지도 모른다며 말이다. 니킬에게 모국에 대한 사랑이 없었던 것은 아니다. 단지 모국에 대한 사랑이 그가 가진 유일한 사랑이 아니었을 뿐이다. 모국에 대한 사랑은 그의 폭넓은 윤리적 상상력의 한편을 차지하는 것이었다. 니킬은 좀 더 인류애적인 사랑을 했고 그러기에 역사가 아직 끝나지 않았다는 희망을 가지고 있었던 것이다. 물론 분노에 찬 비말라를 통해 니킬은 자신이 그들의 잔치에 참여하지 않음으로 인해 자국민들 사이에서 평이 나빠졌다는 것도 인식하고 있었다.

비말라에 대해서 니킬은 말한다. "그녀의 사랑은 난폭한 곳을 향하고 있다. 그녀의 입술 끝에서 뱃속 깊숙한 곳까지 붉은 고추가 닿은 듯 얼얼해야만 이 삶을 살고 있다고, 그리고 그 삶의 여정을 즐길 수 있다고 느끼는 것이었다."(E 25)라고 말이다. "그들은 내가 상상력이 없다고 비난한다. 내게 등불을 위한 기름은 있을지언정 불꽃이 없다며 말이다. 하지만 이 비난이야말로 내가 그들에게 그대로 돌려주고 싶은 말이다. 그대들은 불꽃이 있어도 어둠 속에 있다. 마치 부싯돌의 어둠처럼……. 폭력적인 충돌에 이르고 소란을 피워야만 불꽃을 피울 수 있는 것이다. 하지만 뚝뚝 끊긴 불꽃은 그대들의 시야를 선명하게 하기는커녕 그저 그 거침없는 자부심을 북돋아 줄 뿐이다."라는 것이 니킬의 논리였다. 그는 비말라에게 산디프의 사랑은 그저 탐욕스러운 자기애일 뿐이라고 경고해 주고 싶었지만 이를 여러 단어에 담아 그녀에게 전하기에 그는 너무나도 자상했다.

한편 산디프는 다른 사고방식을 가지고 있었다. "내가 무언가를 실제로 낚아챌 수 있어야만 그것이 온전히 나의 것이라 할 수 있다. 단지 내가 이 나라에서 태어났다고 해서 이 나라가 나의 나라가 되는 것은 아니다. 내가 힘으로 얻어 낼 수 있는 날, 그것은 나의 나라가 된다."라고 말이다. "자연이 스스로 굴복하는 것은 강도 앞에서뿐이다."라는 것이 그의 인생철학이었고 이와 같은 방식으로 그는 삶을 대했다. "저 새신랑은 누구인가? 그것은 바로 나다. 새신랑의 자리는 횃불을 들고, 제시간에 도착한 그에게 속해 있다. 자연의 예식장에 신랑은 예기치 않게 초대도 없이 들어온다." 그의 욕망은 욕망하는 것을 한치의 부끄러움 없이 최고조로, 극한으로 욕망하는 것이었다.(E 29) 산디프의 눈에서 본 세계는 권력을 현실적으로 쟁취할 수 있는 욕망에 중점을 두고 있다. "우리는 세계의 육식 동물이다. 이빨과 손톱을 가지고 쫓아가고, 움켜잡고, 그리고 찢어 버린다. 아침에 뜯어먹은 풀을 저녁때 되새김질하며 씹는 것으로는 만족할 수 없다. 은유적 표현을 퍼뜨리는 사람들이 우리의 존속을 막는 것을 용납해서는 안 된다."라는 것이 산디프의 단순한 논리였다. 산디프를 통해서 타고르는 스와데시 운동을 지지하였던 사람들의 사상을 투영하고 또 그들의 욕망을 조명한 것을 알 수 있다.

5 타고르와 한국 젊은이의 논쟁

이러한 타고르의 가치관은 1929년 네 번째 일본 방문 시 어느 한국 젊은이와 가졌던 토론을 통해서도 엿볼 수 있다.[6] 타고르와 한국 젊은이가 나누었던 대화는 타고르의 회상으로 기록되어 있다. 젊은이는 타고르에게 마부의 말이나 농부의 소처럼 일본이 자신의 이익 추구를 위한 수단으로 한국을 한낱 도구처럼 통치하는 것에 대해 안타까움을 표했다. 또한 한국이라는 나라가 송두리째 다른 나라에 내다 팔 수 있는 물건이 아니라고 주장했다. 젊은이의 말을 듣고 타고르는 중국을 예로 들며 대화를 이어갔다. 타고르는 그 당시 내란을 겪고 있던 중국이 국가 위신에 대한 감각이 약하고 교육이 부족하다고 말하며 힘의 논리에 기인한 정권 창출은 자기 반란에 불과하다고 지적했다. 그렇기에 민중이 정당한 주인 의식을 가져 자기 권리를 요구할 수 있을 만큼의 교육이 이루어지는 것이 중요하다고 말했다. 그래서 타고르는 젊은이에게 그와 같이 교육받은 사람들이 교육의 필요성을 인지한다면 나약한 민중을 계몽하기 위해 지속적인 노력을 기울여야만 한다고 했다. 구체적으로는 나라를 살리려면 조용한 침묵이 아니라 지식이 요구되며 전쟁은 과학적인 실현 능력과 경제적 능력을 동반하는 행위라고 대답했다.

젊은이는 이 시대를 두 국가 간의 전쟁이라기보다 '짓누르고 억압하려는 자'와 '억압받는 자'의 갈등으로 보았다. 그래서 그는 동양이 서양의 지배를 받는 것처럼 한국도 일본에게 억압과 죽음, 고통을 받게 되는 것이라 주장했다. 이 부분에서 타고르는 젊은이와 의견을 약간 달리하였다. 타고르는 시간이 흐름에 따라 권력을 향한 억제할 수 없는 욕구가 결국 독약처럼 돌아와 권력 그 자체를 소멸시킬 것이라고 생각했다. 또 타고르는 강자와 약자 사이의 차이를 없앤다는 것은 인간 본성을 무시하는 결과를 가져올지도 모른다는 시각을 가지고 있기도 했다. 뿐만 아니라 타고르는 그 당시 러시아가 평등을 구현한다는 이름 아래 강자를 파괴하고 약자들의 투쟁을 독려해 왔으며 이러한 투쟁의 반복이 승리의 나팔 대신에 또 하나의 폭력의 씨를 잉태하게 되고 결국 잔인한 파괴의 악순환이 평화를 위협할 것이라고 우려의 목소리를 높였다. 제국주의, 민족주의 그리고 투쟁에 회의적인 시각을 가졌던 타고르의 이러한 생각은 그 당시 인도에서도 많은 비판을 받았다.

6 사랑

어떤 비평가들은 이 작품에서 보이는 삼각관계가 여느 하숙집 환경에서 볼 수 있는 지독한 사랑의 열병이거나 그 사이에서 벌어지는 미묘한 라이벌 관계와 비슷하다고 보기도 하지만, 그러한 비평은 다소 환원주의적이라고 할 수 있다. 이 작품에서 니킬은 개인적인 고통과 무엇인가를 잃어버린다는 두려움을 묵묵히 받아들이려고 한다. "나는 너무도 욕심이 많았다. 나만의 행복을 부풀리기 위해 그녀를 하나의 천사로 만들었다. 그러나 비말라 그녀는 그녀 자체인 것을……. 나만의 행복을 위해 그녀가 하나의 천사의 역할을 맡기를 바랐던 것은 나의 터무니없는 바람이었던 것이다." 이 맥락에서 타고르는 니킬이 가지고 있었던 비말라에 대한 이상도 하나의 사상적 베일에 불과했다는 것을 지적하며, 이상에 제한되어 온 남녀 관계에 대해서 고찰한다. 그렇다면 남자와 그의 부인의 관계는 도대체 어떠한 것인가? 이 질문은 예전부터 우리의 상식을 꾸준히 자극하고 마찰을 일으켜 왔던 질문이면서 동시에 관습으로 인해 쉽게 표면적으로 대면하여 풀어 갈 수 없었던 질문이기도 하다. 이러한 맥락에서 타고르는 아직 이 질문에 대한 준비가 되지 않았던 당시의 벵골 사회, 나아가서는 인도 사회에 질문한다. 남편과 부인의 관계는 구체적으로 니킬의 독백에서 알 수 있다. "'나의 부인, 고로 나만의 그녀.' 하지만 만약에 그녀가 '아니, 나는 나 자체인걸요.'라고 대답한다면 그 질문에 나는 '어찌 그렇게 될 수가 있겠소. 당신이 나의 것이 아니란 말이오?'라고 대답할 수 있는 것일까?" 이어서 니킬은 본인에게 되묻는다. "'나의 부인'이라는 말은 진실보다 논쟁에 다다르게 하는 것인가? 우리는 과연 하나의 인격을 이름 하나에 가둘 수 있는 것인가?"(E 45) 그는 한 발 더 나아가 "만약에 내가 운다면, 그것은 나를 위한 눈물이지 사회를 위한 것이 아니다. 만약 비말라가 그녀가 나의 것이 아니라고 한다면 나는 왜 나의 사회적 부인이 있어야 할 자리를 규정하는 사회에 대해서 신경을 써야 하는 것인가?"라고 되묻는다. 사랑에 대한 복잡한 감정을 가지며 사랑의 고통을 인내해야 했던 니킬은 그래도 산디프가 자신보다 우월하지 않다는 것에 대해서는 확신을 가지고 있었다. 니킬은 마치 인도의 오래된 결혼 전통 '스와얌버르(Swayambar)'처럼, 비말라의 '인격'이 니킬이 아닌 산디프를 택했던 것이라 생각했다. 스와얌버르는 다수의 예비 신랑이 초대된 자리에서 신부가 본인이 원하는 신랑을 고르는 자리이다. 니킬은 스와얌버르란 "신부의 선택을 신이 존중해 주는 것"이지 신이 선택받은 신랑의 훌륭함이나 가치를 인정하는 것이 아니라고 생각하였다. 즉 이 세 사람의 삼각관계에서 비말라는 산디프가 니킬보다 우월해서 그를 택한 것이 아니라, 신이 "여성의 선택을 존중한 것"이라고 본 것이다. 신이 여성의 선택을 존중한다는 스와얌버르의 전통은 인도의 남녀 관계가 다면적이라는 것을 암시한다. 하지만 니킬은 그녀의 선택에 대한 후회보다 이러한 사유를 통해서 안과 밖 그리고 집과 바깥세상에 대해서 깊게 이해할 수 있었다는 것에 고마움을 느끼며 이를 통해 얻은 배움에서 약소하게나마 기쁨을 찾았고 그 고통의 과정 속에서 그가 잃은 것도 그 자신이었다고 생각했다.

남성성과 여성성 그리고 사회적 위치에 대한 논의는 타고르가 이 작품에 니킬의 스승을 등장시키면서 새로운 다면성을 부여하고 고찰해야 할 요소를 한층 넓힌다. 니킬이 비말라와 본인의 관계에 대해 숙고하며 밤이 깊어 가도록 고민하는 것을 본 찬드라나트는 니킬에게 밤이 깊었으니 그만 잠을 청하라고 말한다. 니킬은 스승의 말에 "스승님, 스승님은 왜 아직 잠을 청하지 않으신 것입니까?"라고 되묻는다. 이때 찬드라나트는 니킬에게 이렇게 답한다. "내가 잠을 잘 수 있는 날들은 이미 저버렸다네. 이제 나는 깨어 있는 삶의 시기에 도달했지." 이 대화를 통해서 타고르는 앞서 니킬이 고통스럽게 고민하던 물음에 새로운 시각을 제시한다. 니킬은 "실은 밤늦도록 잠을 자지 않는 것이 어렵습니다. 비말라가 곤히 잠들었을 때까지 기다리는 것이 어

삶의 완전성의 추구

럽습니다. 낮에는 서로 이야기라도 하지만 우리 둘만 있는 조용한 밤에 무슨 말을 해야 할지 모르겠습니다. 제 몸과 마음 둘 다 너무 부끄럽습니다."라고 대답한다. 그리고 이때 니킬은 '마야(환상)' 속에서 언젠가는 사라질 것과 사라지지 않는 것에 대한 깨달음을 얻는다. 그는 "관계란 꿈속에서도 맺어지고 그리고 그 꿈속에서도 부서지기도 한다. 하지만 나는 영원한 혼례의 밤 등불처럼 영원히 이곳에 존재할 것이다."라고 말하며 사랑의 초월성에 대한 새로운 깨달음을 얻고는 자리에서 일어선다. "그렇다, 이제 나의 비말라를 만나러 가야 한다. 그녀의 지친 팔과 다리가 잠을 청하기 어려워 뒤척거리다 펼쳐 뉘어진 채 침대에서 곤히 자고 있을 것이다. 나는 그녀를 잠에서 깨우지 않은 채 그녀의 이마에 입맞춤을 남겨 둘 것이다. 그것이 바로 그녀를 향한 나의 숭배, 그녀에게 바치는 진실한 꽃이다. 나의 죽음 이후 나는 모든 것, 나의 모든 실수, 나의 모든 고통을 잊어버릴 수 있겠지만, 이 입맞춤 속 기억의 작은 떨림이 남아 연이은 윤회를 통해 엮인 화환은 나의 영원한 사랑에게 바치는 왕관이 될 것이다."(E 47)라며 말이다.

동시에 비말라의 변화하는 시각도 눈여겨볼 필요가 있다. 그녀는 "나는 아무것도 의심하지 않았고 아무것도 두려워하지 않았다. 나는 단순히 나의 나라에 헌신하는 마음만 있었을 뿐이었다. 이 행복에 얼마나 굉장한 기쁨을 느꼈던가? 나는 정교한 자기 파괴를 통해 최고의 행복을 느낄 수 있다는 것을 알게 되었다."라고 말했다. 하지만 이러한 광란도 자연스럽게 유유히 끝을 향해 가고 있었다. 그녀는 산디프의 남성적인 모습은 단순한 여흥에 불과했다는 것을 깨달았다. 손가락으로 '비나(인도의 현악기)'의 현을 튕기며 음악을 만들어 내는 그는 연주의 대가였다. 그녀는 줄을 튕기는 그 손과 그 악기를 싫어한다고 단언하였지만 그가 만들어 내는 음악은 몇 번이고 그녀의 넋을 잃게 했다. 비말라는 산디프가 니킬과는 비교조차 되지 않는다는 것을 알고 있었고 이는 작품의 후반부 그녀의 독백을 통해 다시금 설명된다. "내가 결혼하기 전, 지금은 고인이 된 나의 형부를 보면 그는 항상 술을 마신 후 광란의 상태에서 부인을 미친 듯이 때리고 술이 깬 순간 죄책감에 울부짖으며 참회했다. 다시는 술에 손을 대지 않겠다고 다짐한 바로 그날 저녁 또다시 앉아 벌컥벌컥 술을 들이키는 모습은 역겹기 그지없었다. 하지만 나 자신의 취함은 더더욱 공포스러웠다. 그것은 만질 수도 없고 터져 나오지도 않은 채 나의 핏줄을 찌르며 어떻게 저항해야 할지 알 수 없게 만들었다." 그녀는 이것이 한낱 악몽처럼, 삶 속 관련 없는 거짓된 진실의 뭉텅이와 함께 어느 날 갑자기 사라져 버리길 소망했다. 극도의 혼란 속에 고통스러워하던 그때, 그녀 앞에 스승 찬드라나트가 나타난다. 그녀는 스승 찬드라나트가 모든 것을 또렷하게 볼 수 있는 최고조의 정신 상태로 이르게 하는 능력을 가졌음을 인정하며 "내가 지금까지 나의 한계라 생각해 왔던 것들이 사실은 한계가 아니었다"는 것을 그의 앞에서 깨닫는다.(E 49)

7 삶의 완전성

타고르의 주된 관심사는 역사책 속에서 희미해져 버린 사람들이었다. 그들은 그저 역사와 미래에 아무런 주장도 할 수 없는 패배한 사람들이었을 뿐일까? 그렇게 난폭하게도 만들어졌던 역사에 대해서 우리는 어떻게 이렇게 조용할 수 있을까? 이러한 생각을 중심으로 그의 글은 국가주의, 문명의 위기, 인간의 종교, 역사의 인간화, 민족주의의 민주화에 대한 주제를 다룬다.

타고르는 식민지 시대였던 그 당시 인간 문명이 향하고 있던 방향성에 대해 비판적인 문제의식을 가지고 있었다. 물론 타고르의 역사관을 짧게 요약하는 것은 무리가 있겠지만, 궁극적으로 타고르는 인류 역사가 '통일과 분단, 확대와 축소의 움직임'으로 형성되어 왔지만 결국 진보하며 전진하고 있다고 주장하였다. 타고르는 민족주의에 대해서 회의적인 시각을 가지고 있었지만, 그것 자체가 제국주의에 대한 긍정을 의미하는 것은 아니었다. 타고르는 제국주의, 그리고 민족주의에 대해서 비판적인 입장을 유지했다. 그가 민족주의를 비판했던 이유는 제국주의를 비판하는 민족주의가 또 하나의 억압적이고 편협한 사회를 야기하기 때문이었다. 그는 인류 역사에 있어 국가 간의 폭력을 역사의 흐름을 '축소'시키는 현상으로 봤다. 타고르는 인류 역사가 침략과 폭력에 얼룩지더라도 궁극적으로 통합과 자유의 완성을 향하여 전진한다는 인도의 『우파니샤드(Upanishad)』에서 강조되어 온 보편적인 인류의 하모니 혹은 "근본에 있어서 인류가 하나인 것"에 대한 이념을 이어받은 것으로 볼 수 있다.[7] 그래서 근본적으로 문학을 통해 타고르가 사유하고 싶었던 것은 인도 '마야'의 관점, 즉 현상 속의 세계에서 진실과 정의를 탐구하며 앞으로 문명이 가야 할 방향에 대해 폭넓은 윤리적 시각을 갖는 것이었다.

타고르의 작품 세계에서 보이는 세계관을 연대기적으로 살펴보면, 점점 나이가 들어 감에 따라 그의 작품이 당시 시대상에 반하며 도발적이고 자칫 논란을 일으킬 법한 모양새를 띠어 간다는 것을 알 수 있다. 이러한 의미에서 원숙한 50세란 나이에 집필한 이 작품에서 타고르는 진실과 현실을 좀 더 대담하게 실험하며, 당시 사람들이 가지고 있는 사상적 장벽을 허물고 삶의 완전성(푸르너타, Purnata)을 지향해 가도록 자극했다. '삶의 완전성의 추구'란 타고르의 작품 세계에서 반복되는 주제 중의 하나인데 이는 사회에 존재하는 여러 가지 퍼르다 혹은 사상적 베일을 넘어 자유를 찾는 것을 의미한다. 또한 타고르에게 삶의 완전성이란 개념은 단순히 인도와 인도인에게 국한된 것이 아니라, 전 인류가 다양한 사상적 경계에 속박되지 않고 윤리적 고찰을 통해 자유를 찾는 것을 의미한다. 타고르에게 인간의 자유란, 아직 끝나지 않은 숙제와 같은, 문명의 이상이 완성되어 가는 개념이다. 타고르는 인도 국내와 국외, 즉 안과 밖을 나누던 장벽에 대해 문제를 제기하고, 전통과 변화의 관계에 대한 논의를 통해 사회적 장벽 안쪽에서 살던 여성들이 벽 바깥의 세상을 향해 갈 수 있도록, 혹은 그 벽을 뛰어넘을 수 있도록 자극했다. 사랑, 명예와 헌신, 현실주의와 환상, 포괄적이고 배타적인 민족주의를 논하며 사람들의 정신에 심어진 역사적 모순에 보다 뚜렷하게 의문을 제기했던 것이다.

타고르의 작품 『안과 밖』은 격정의 시기에 있는 인도를 보여 주며 좋은 의도를 가진 국가를 위한 숭배와 사랑이 타락했을 때 역사적 문맹을 야기할 수도 있다는 중요한 사실을 상기시켜 준다. 또한 타고르는 국가라는 개념 자체가 국가 간의 화합을 도모하기보다 갈등을 야기할 수도 있다는 가능성을 제기하며 인류를 '국가'라는 경계를 통해서 보지 않고 전 인류가 가진 보편성, 그리고 나아가 '인류의 하나 됨'을 통해 보는 것의 중요성을 알려 준다. 자유를 위한 투쟁은 폭력을 허용하는 경향이 있다는 것과 모든 종류의 폭력과 정신적 고문을 정당화한다는 점에 대해 깊이 사유하며 식민지주의의 독재로부터 사람들을 구하기 전에 인도 스스로가 내면적인 독재로부터 벗어나야할 필요성을 강조했다. '정의'라는 이름을 가진 '선'이 어떻게 선과 악에 대한 윤리적 질문을 간과할 수 있는지, 그리고 인류가 자유라는 숙제를 완성하기 위해 도덕적 상상력을 한 국가에 구속시키지 않고 그보다 더 큰 틀을 통해 보는 것이 얼마나 중요한지를 강조했다. 타고르는 자유에 대한 윤리와 인간의 본성이 진실과 정의감으로부터 분리될 수 없다는 믿음을 가지고 있었다. 결국 타고르의 『안과 밖』은 『우파니샤드』에서 강조하는 '하나 됨'이라는 인류의 보편적 이념이 살아 숨 쉬는 글이다. 그리고 타고르에게 역사란 아직 끝나지 않은, 인류가 이상의 구현을 위해 나아가야 할 방향이기에, 그가 우리에게 남겨 준 선물은 인류의 보편성에 대한 '희망'이 아닐까 생각해 본다.

로이 알록 꾸마르   인도 벵골에서 태어나 델리 대학 대학원에서 정치학 석사 학위를 받았고 자와할랄 네루 대학 대학원에서 한국어를 공부했다. 1980년 한국에 건너와 서울대학교에서 외교학 박사 과정을 수료했다. 1989년부터 부산외국어대학교에서 인도어를 가르쳤으며 현재 부산외국어대학교 인도학부 교수, 부산국제교류재단 사무총장으로 재직 중이다. 2005년에는 최인훈의 『광장』을 힌디어로 번역해 인도에 소개했다.

주

1   Hermann Hesse, *Unterm Rad, Das erzählerische Werk*, hrsg. v. V. Michels, Bd. 2(Frankfurt/
       M: Suhrkamp, 2012), 김이섭 옮김,『수레바퀴 아래서』(민음사, 1997); Hermann Hesse,
       Demian, Das erzählerische Werk, hrsg. v. V. Michels, Bd. 3(Frankfurt/M. Suhrkamp, 2012),
       전영애 옮김,『데미안』(민음사, 1997). 번역이란 작업이 상당한 공력을 요구하는 중요한
       일임은 말할 필요도 없다. 그런 의미에서 '잘 번역된 헤세'는 이미 한국 문학의 중요한
       자산의 일부라고 해야 할 것이다. 두 책의 인용은 본문 괄호 안에서 번역문/원문의 쪽수
       로 표기하고, 부분적으로 필자가 고쳤다.

2   이 글을 적으면서 읽은 헤세 작품의 번역본은 아래와 같다. 박종서 옮김,『페터 카멘친
       트』(문예출판사, 1975); 이노은 옮김,『크눌프』(민음사, 2004); 박병덕 옮김,『싯다르타』
       (민음사, 2002); 김누리 옮김,『황야의 이리』(민음사, 2002); 임홍배 옮김,『나르치스와
       골드문트』(민음사, 2002); 박환덕 옮김,『유리알 유희』(범우사, 1986). 이 책들에 대해서
       는 번역문 쪽수를 일일이 표기하지 않았고, 역시 부분적으로 고쳤다.

3   Hermann Hesse, *Der Steppenwolf, Das erzählerische Werk*, hrsg. v. V. Michels, Bd.
       4(Frankfurt/M: Suhrkamp, 2012), S. 114.

4   Ebd., S. 144.

5   Volker Michels (Hg.), Hermann Hesse, *Unerschrocken denken*(Frankfurt/M: Suhrkamp,
       2008). 이하 인용은 본문 괄호 안에 집필 연도와 쪽수 표시.

6   그러나 이런 헤세의 입장이 하나의 사례가 될 수 있지만, 반드시 '모범적'이라고 말하기
       는 어려울지도 모른다. 그의 정치적 견해는, 정치에 대한 숱한 의견 표명에도 불구하고,
       전체적으로 경직되어 있다고 볼 수도 있기 때문이다. 그는 1918년의 한 편지에서 이렇
       게 쓰고 있다. "인간성과 정치는 근본적으로 언제나 서로를 배제한다. 이 둘은 필요하지
       만, 그러나 이 둘에 동시에 봉사하는 것은 거의 불가능하다. 정치는 정당을 요구하고, 인
       간성은 정당/당파를 금지한다."(58) 정치 혐오적이지 않으면서도, 다시 말하여 정치적
       인 것의 가능성에 열려 있으면서도 이 정치와 거리를 두는 방법의 고안이 필요하지 않

나 여겨진다.

7 Hermann Hesse, *Der Steppenwolf*, Ebd., S. 62.

8 Ebd., S. 63.

9 Ebd., S. 64. 흥미로운 것은, 바로 이 양극단 사이의 위태로운 가능성 속에서 추구하는 것이 '유머'라고 헤세는 생각한다. "세상 속에, 마치 이것이 세상이 아닌 것처럼 사는 것, 법을 존중하면서도 법을 넘어서는 것, 소유하지 않는 듯이 소유하는 것, 포기하지 않는 듯이 포기하는 것—고귀한 삶의 지혜가 지닌 이 모든 사랑받는, 그래서 자주 표현되는 요구를 실현시켜 줄 수 있는 것은 오직 유머뿐이다."(Ebd., S. 58)

10 Ebd., S. 83.

11 Hermann Hesse, *Siddhartha, Das erzählerische Werk*, hrsg. v. V. Michels, Bd. 3(Frankfurt/M: Suhrkamp, 2012), S. 394.

12 Ebd., S. 384.

13 Ebd., S. 442, S. 456.

14 Ebd., S. 458.

15 Ebd., S. 461.

16 Ebd., S. 465.

17 헤세가 서른여덟 살에 쓴 『크눌프』(1915)의 주인공도 그런 수동적 관찰자적 입장에 서 있다고 볼 수 있다. 그래서 이 작품에 나오는 한 무두장이는 "그저 구경하면서" "매일을 일요일처럼 살아가는" 크눌프를 비난하기도 한다. Hermann Hesse, *Knulp, Das erzählerische Werk*, hrsg. v. V. Michels, Bd. 3(Frankfurt/M: Suhrkamp, 2012), S. 158~159. 이런 오해에 대한 주인공의 반응을 작가는 이렇게 적는다. "그는 무두장이에게 그의 부인에 대한 언질을 줘야 할지도 모른다고 생각했다. 하지만 그는 다른 사람의 문제에 끼어드는 것을 좋아하지 않았다. (……) 누군가 자신의 행복이나 미덕을 자랑하고 뻐길 경우, 그것은 대개 사실과 맞지 않다는 것을 알고 있었다. (……) 사람들이 어리석음에 빠져 있는 것을 구경할 수도 있고, 그들을 비웃거나 그에 대한 연민을 가질 수도 있지만, 그러나 결국 그들이 자신의 길을 가도록 내버려 둬야 하는 것이다."(Ebd., S. 170)

18 Hermann Hesse, *Siddhartha*, Ebd., S. 380.

19 Ebd., S. 468. 예를 들어 '사랑'에 대해서도 헤세는 단순히 긍정심리학적으로 사고하지 않았다. 그는 『페터 카멘친트』에서 한 등장인물의 입을 빌려 이렇게 말하고 있다. "아, 사랑은 우리를 행복하기 해 주려고 있는 게 아니에요. 그것은 고통과 인내 속에서도 우리가 얼마나 강인할 수 있는가를 보여 주기 위해서 있다고 나는 생각합니다." Hermann Hesse, *Peter Camenzind, Das erzählerische Werk*, hrsg. v. V. Michels, Bd. 2(Frankfurt/M: Suhrkamp, 2012), S. 54.

20 Hermann Hesse, *Narziß und Goldmund, Das erzählerische Werk*, hrsg. v. V. Michels, Bd. 4(Frankfurt/M: Suhrkamp, 2012), S. 422.

21 Ebd., S. 411.

22 Ebd., S. 475.

23 Ebd., S. 514.

24 Hermann Hesse, *Das Glasperlenspiel, Das erzählerische Werk*, hrsg. v. V. Michels, Bd. 5(Frankfurt/M: Suhrkamp, 2012), S. 72.

25 바로 이런 점을 가장 잘 보여 주는 것이, 여기에도 여러 편의 논문이 있으나, 『정치와 삶의 세계』(삼인, 2000)에 실린 「이성과 사회적 이성」과 「궁핍한 시대의 이성」이다. 특히 「궁핍한 시대의 이성」은, 그것이 20세기 전체주의 현실 앞에서의 이성의 패배에도 불구하고 어떻게 이성이 오늘날 진리와 윤리적 이상 그리고 형이상학적 차원까지 포괄하면서 인문주의적 이상을 회복해야 하는가를, 서구의 이론가뿐만 아니라 동양의 심학적(心學的) 전통 그리고 불교에 대한 비판적 수용 속에서 보여 준다. 우리는 '반성의 비판적 가능성'에 대한 탐구를 어느 선까지, 어느 극한점까지 밀고 갈 수 있는가? 10여 년 만에 『정치와 삶의 세계』에 실린 이런저런 글을 읽으면서 다시 드는 생각은 어떤 추상적 개념이나 선험적 원리로 환원함 없이 사실과 경험으로부터 시작하여 그 너머의 차원으로까지 끌고 가는 사유의 변증법은, 이 변증법 아래 전개되는 자기비판적 사유의 이 같은 예는 달리 찾아보기 어렵지 않은가라는 것이었다. 미래의 언젠가 한국의 지성사/사상사를 정리하는 시간이 온다면, 그때 우리는 이 땅의 사고가 벌여 온 그 험난한 이론 투쟁의 경로에서 아마도 가장 밀도 높은 하나의 사례로 '사회적 내면성'의 이성을 회고할지도 모른다. 여기에 대해서는 문광훈, 『김우창의 인문주의』(한길사, 2006), 195~286쪽 참고. 김우창 학문의 한 귀결점을 '심미적 이성'이라고 할 때, 이 심미적 이성도 감성과 이성, 개체적 실존과 자연의 전체 사이의 융합에 있다고 할 때, 이런 융합이 일어나는 곳도 주체의 마음, 이 마음의 내외적 작용이라고 할 수 있다. 내외적으로 작동하는 마음이란 곧 사회적 내면성의 이성에 다름 아니다. 그런 점에서 심미적 이성 역시 사회적 내면성의 열린 마음이라고 할 수 있을 것이다. 문광훈, 『아도르노와 김우창의 예술문화론』(한길사, 2006), 121쪽 이하 참조.

26 김우창, 「궁핍한 시대의 이성」, 『정치와 삶의 세계』, 292쪽, 298쪽. 이하 이 글의 인용은 본문 괄호 안에 쪽수로 표시.

27 이 다섯 문장으로 된 논리적 단계의 과정이, 줄이면, '이성의 내면성과 내면적 반성의 도덕성' 그리고 '내면적인 것의 사회성'이다. 문광훈, 『김우창의 인문주의』, 197~286쪽 참조.

28 Hermann Hesse, *Demian*, Ebd., S. 282.

29 Ebd., S. 334.

43 자유에 관한 성찰

1   이 글에서 참고한 도스토옙스키 작품의 판본은 F. Dostoevskii, *Polnoe sobranie sochinenii v 30 tomakh*(Leningrad: Nauka, 1972~1990)이며 본문 괄호 안에 인용한 부분의 권수와 쪽수를 표기했다. 한국어 번역본으로는 『도스또예프스끼 전집』(서울: 열린책들, 2002)을 참고했다.

2   A. Lindenmeyr, "Raskolnikov's City and the Napoleonic Plan," *Dostoevsky: New Perspectives*, ed. R. L. Jackson(Englewood Cliffs: Prentice-Hall, Inc., 1984), p. 107.

3   L. Johnson, *The Experience of Time in Crime and Punishment*(Columbus: Slavica, 1985), p. 18.

4   콘스탄틴 모출스키, 김현택 옮김, 『도스토예프스키 1』(책세상, 2000), 416쪽.

5   S. Bulgakov, *The Orthodox Church*, trans. D. Lowrie(Paris: YMCA Press, 1935), pp. 74~75. 공동체 정신과 관련하여 더 자세한 내용은 석영중, 『러시아 정교: 역사, 신학, 예술』(고려대학교출판부, 2005), 27~29쪽을 참조할 것.

6   미하일 바흐친, 김근식 옮김, 『도스또예프스끼 시학』(서울: 정음사, 1988), 115~149쪽.

7   위의 책, 248쪽.

8   바흐친은 이것을 '위기의 시간'이라 명명한다. "문턱이나 광장에서는 '위기의 시간(crisis time)'만 존재한다. 이러한 시간대에서 순간은 수년, 수십 년 아니 억년과도 필적한다." (위의 책, 248쪽)

44 극예술의 모든 법칙에 반해서

1   이 일화는 체호프의 조카이자 유명한 배우인 미하일 체호프의 증언이다. 『플라토노프』의 원고는 체호프 사후에 우연히 발견되었는데, 표지가 찢어져 있었다. 다만 이 원고가 미하일 체호프가 본 그 원고인지는 확인되지 않는다. А. П. Чехов, *Полное собрание с очинений и писем в 30 томах*(М.: Наука, 1986), т. 11, с. 404.

2   그것은 심지어 관객도 없는 빈 무대 위에서까지 우리를 압도하는 힘이다. 이에 대해 에슬린은 다음과 같이 말하고 있다. "무대 위에 올라서 본 경험이 있는 사람이라면 누구나, 설혹 그것이 빈 극장 안이라 할지라도, 그가 주위에 보이고 있다는 것 때문에 그가 취하는 모든 동작이 의미 있게 된다는 이상한 감정을 경험한다." Martin Esslin, *The Field of Drama*(Methuen, 1996), p. 39.

3   연출가 카르포프의 회상에 따르면, 체호프는 연습 과정에서 배우들에게 줄곧 다음과 같은 요구를 했다고 한다. "여러분, 중요한 것은 연극성이 필요하지 않다는 겁니다. 그냥

전부 소박해야 합니다. 완전히 소박하게. 그들은 모두 소박하고 평범한 사람들이에요."
А. П. Чехов, *Полное собрание сочинений и писем в 30 томах* (М.: Наука, 1986), т.
9, с. 683.

4   트레플레프가 자신의 연극을 통해 어머니와 트리고린을 도발하는 행위는 햄릿이 연극
    공연을 통해 클로디우스의 심중을 떠보려는 것과 비슷하다. 두 극중극의 내용은 다르지
    만, 공연 행위의 표적이 되는 관객들이 보이는 불편한 반응은 영락없는 닮은꼴이다.

5   이 "이상한 결말"은 오늘날의 무대에서도 여전히 혼란을 야기하고 있음을 본다. 허망한
    결말에 관객이 실망하지 않도록 하려는 배려심에서, 많은 연출가들이 트레플레프의 자
    살 장면을 최대한 선정적으로 노출시키고, 총소리는 대포 소리처럼 크게 터뜨린다.

45 소설만이 전할 수 있는 진실

1   Charles Rosen, *Freedom and the Arts: Essays on Music and Literature* (Cambridge: Harvard
    University Press, 2012), p. 381.

2   Paul Wilson, "Kundera: Looking for the Joke," *New York Review of Books* (2015. 11. 5), pp.
    45~46.

3   Milan Kundera, *The Art of the Novel*, trans. Linda Asher (New York: Harper & Row,
    1988), p. 14.

4   Ibid., p. 18.

5   Ibid., p. 17.

6   Milan Kundera, *Testament Betrayed*, trans. Linda Asher (London: Faber & Faber, 1995), p.
    237.

7   Maria Nemcova Banerjee, *Terminal Paradox: The Novels of Milan Kundera* (New York: Grove
    Weidenfeld, 1992), p. 13.

8   Milan Kundera, *Testament Betrayed*, p. 225.

9   Milan Kundera, *The Curtain: An Essay in Seven Parts*, trans. Linda Asher (New York:
    HarperCollins, 2005), pp. 67~68.

10 Milan Kundera, *The Unbearable Lightness of Being*, trans. Michael Henry Heim (New York:
    Harper & Row, 1987), p. 254.

11 George Steiner, *After Babel: Aspects of Language and Translation* (New York: Oxford University
    Press, 1976), p. 22.

12 Charles Baudelaire, *Selected Writings on Art and Artists*, trans. P. E. Charvet (Harmondsworth:

Penguins Books, 1976), p. 143.

13   Paul Wilson, op. cit., p. 45.

14   『농담』에서의 인용문은 대체로 방미경 번역 민음사판을 따랐으나 뜻을 명확히 하기 위해 더러 손을 보았으며 혹 부실이 있다면 필자의 책임임을 밝혀 둔다.

46 삶의 완전성의 추구

1   이에 대해서는 필자의 과거 논문 참고. 로이 알록 꾸마르,「타골의 문학 사상, 그 한국적 수용」, 동국대학교 한국문학연구소,《한국문학연구》제17호(1995. 3).

2   『안과 밖』의 원제는 *Ghare Baire*이며, 영문 제목은 *The Home and the World*(London: Macmillan and co., 1919)이다.

3   반킴 찬드라(Bankim Chandra)가 썼으며 인도에서 국가(國歌)에 버금가는 지위를 가진 노래. 인도를 '어머니'에 비유하고 있다.

4   Pradip Kumar Datta ed., *Rabindranath Tagore's The Home and the World: A Critical Companion*(Anthem Press, 2002), p. 4.

5   인도에서 존경을 표현하며 인사하는 행동이다.

6   한국 젊은이와의 이야기는 타고르 전집 *Rabindra Rachanabali*, Vol. 12(Calcutta: West Bengal Government Publication, 1989), pp. 436~438에 기록되어 있다.

7   Michael Collins, *Empire, Nationalism and the Postcolonial World: Rabindranath Tagore's Writings on History, Politics and Society*(London: Routledge, 2012), p. 155.

고전 강연 전체 목록

고전 강연

7 근대·현대 소설(2)

1판 1쇄 찍음 2018년 3월 16일
1판 1쇄 펴냄 2018년 3월 23일

지은이   문광훈, 석영중, 박현섭, 유종호, 로이 알록 꾸마르
발행인   박근섭·박상준
펴낸곳   **(주)민음사**

출판등록 1966. 5. 19. 제16-490호
주소   (135-887) 서울시 강남구 도산대로 1길 62(신사동)
          강남출판문화센터 5층
대표전화 515-2000 | 팩시밀리 515-2007
홈페이지 www.minumsa.com

ISBN   978-89-374-3663-5 (04100)
       978-89-374-3656-7 (세트)

NAVER
문화재단 이 책은 네이버 문화재단의 후원으로 만들어졌습니다.